5ª EDIÇÃO | ATUALIZADA CONFORME A ISO 14001:2015

Introdução ao controle de poluição ambiental

José Carlos Derisio

5ª edição | atualizada conforme a ISO 14001:2015

Introdução ao controle de poluição ambiental

oficina de textos

1ª reimpressão 2013
5ª edição 2017 | 1ª reimpressão 2022

Grafia atualizada conforme o Acordo Ortográfico da Língua Portuguesa de 1990, em vigor no Brasil a partir de 2009.

Capa e diagramação Malu Vallim
Preparação de Textos Felipe Marques
Projeto gráfico Douglas da Rocha Yoshida
Revisão de Textos Gerson Silva
Impressão e acabamento Renovagraf

Dados Internacionais de Catalogação na Publicação (CIP)
(Câmara Brasileira do Livro, SP, Brasil)

Derisio, José Carlos
Introdução ao controle de produção ambiental / José Carlos Derisio. -- 5. ed. atual. e ampl. -- São Paulo : Oficina de Textos, 2017.

Bibliografia.
ISBN 978-85-7975-273-5

1. Planejamento da qualidade 2. Política ambiental 3. Poluição - Controle 4. Proteção ambiental - Administração 5. Proteção ambiental - Normas 6. Resíduos industriais - Aspectos ambientais - Administração I. Título.

17-04150 CDD-658.4080218

Índices para catálogo sistemático:
1. Gestão ambiental : Empresas : Normas : Administração 658.4080218
2. Normas : Gestão ambiental : Empresas : Administração 658.4080218

Rua Cubatão, 798
CEP 04013-003 São Paulo SP
tel. (11) 3085-7933
www.ofitexto.com.br atend@ofitexto.com.br

Apresentação

O livro *Introdução ao Controle de Poluição Ambiental*, do engenheiro químico e sanitarista José Carlos Derisio, atinge a maioridade. Lançado em 1992, ganhou reedições atualizadas em 2000 e em 2007, e chega, agora, à sua quarta edição. O mundo, nesses quase 20 anos, navegou nas ondas de esperança depositadas na Agenda 21, gestada na Rio-92, mas o barco chocou-se logo na pétrea resistência dos países desenvolvidos, maiores emissores de gases de efeito estufa, em aderir ao Protocolo de Kyoto.

E, mal comemoramos a chegada dos anos 2000, sem o temido *bug* do milênio que ameaçava instaurar o caos neste mundo, então já dependente da informática, assistimos, entre perplexos e atônitos, ao 11 de setembro em Nova York. Tivemos a Rio+10 em Johannesburgo, que fixou o termo *desenvolvimento sustentável*, e vivemos agora a expectativa da Rio+20, a ser realizada em 2012, novamente na "Cidade Maravilhosa".

Uma análise crítica desse período, sem os fundamentos científicos com que historiadores e sociólogos costumam embasar seus discursos, nos permite inferir que as "verdades" apregoadas como absolutas foram ganhando interpretações ou cedendo o lugar para outras "verdades", igualmente absolutas. A distância no tempo nos permite enxergar essa verdade.

O engenheiro Werner Zulauf, que ocupou exatamente o cargo que hoje ocupo, o de presidente da CETESB – Companhia Ambiental do Estado de São Paulo, e que, coincidentemente, assinou o prefácio da segunda edição deste livro, fez nestas mesmas páginas um desenho muito apropriado do cenário ambientalista da época. Tratou do engajamento de um segmento da sociedade nas causas ambientais; citou a adesão da mídia, que disseminou termos como biomassa, biodiversidade, chuvas ácidas, efeito estufa e redução da camada de ozônio; referiu-se à ascensão do Partido Verde, primeiro na Alemanha e depois em outros países, inclusive no Brasil; avalizou a ação de governo no controle da poluição e de defesa do meio ambiente, como a resposta necessária aos movimentos que se insinuavam no seio da sociedade; e identificou nesse processo o que ele batizou como "fase de mercado", que é o "redirecionamento da ciência e da tecnologia – até então voltadas predominantemente para a produção de bens de consumo – para a produção de tecnologia de controle da poluição".

Como afirmei anteriormente, a distância nos permite tirar conclusões com menos riscos de erros. Vemos, hoje, que as questões ambientais não ocuparam o devido espaço no rol das preocupações, nem por parte da sociedade e nem da mídia. O Partido Verde, como podemos observar, não se viabilizou como uma agremiação política estritamente voltada para as questões ambientais. Restam, assim, as ações de governo e das forças do mercado, que têm necessariamente como parâmetros as necessidades de desenvolvimento econômico e social. Nem todos tratam a Economia como um capítulo da Ecologia, como defendia o ex-governador Franco Montoro.

Nesse cenário, que sempre permite interpretações diversas, temos uma verdade cartesiana representada pelo livro de José Carlos Derisio. *Introdução ao Controle de Poluição Ambiental* é fruto do trabalho de um técnico sério e dedicado, que por 25 anos foi um destacado funcionário da CETESB, um dos grandes responsáveis para que a instituição se tornasse uma das cinco maiores agências ambientais do mundo.

A CETESB reuniu uma equipe de especialistas em várias matérias, responsável pela formulação de padrões ambientais para o solo, o ar e as águas, constituindo-se em referência para todo o Brasil e para diversos países, ajudando a formar técnicos e a criar uma cultura ambientalista sólida, baseada no conhecimento.

O livro é fruto dessa cultura, propondo soluções efetivas para os problemas ambientais. Qualquer que seja a proposta política, as soluções para a poluição do solo, do ar e das águas não podem prescindir da tecnologia que vai promover a recuperação e a preservação dos recursos naturais, produzindo qualidade de vida.

O livro é uma leitura obrigatória para todos os que atuam na área ambiental, principalmente aos que militam no setor produtivo e têm consciência de sua responsabilidade, buscando racionalizar a produção, diminuindo o desperdício de insumos, reduzindo a geração de resíduos e otimizando a reciclagem.

Boa leitura a todos.

Otavio Okano
Diretor-Presidente
Cetesb (Companhia Ambiental do Estado de São Paulo)

Agradecimentos

Nesta 4ª edição, agradeço a Maíra Tozzi pelas sugestões no Cap. 6; a Ana Gabriela Derisio pelas atualizações em relação aos requisitos legais; aos meus ex-colegas da Cetesb, Maria Helena Martins e Carlos Komatsu, que contribuíram na atualização de tabelas e figuras dos Caps. 2 e 3; e a Otávio Okano, atual Presidente da Cetesb, pela Apresentação.

Por fim, meu agradecimento a meus pais, Mario e Rina, dois personagens que se foram desta vida, sem os quais eu não estaria, de alguma forma, contribuindo para disseminar o aprendizado e a experiência que conquistei com relação à prevenção e ao controle da poluição ambiental.

O autor

Sumário

Ciclos biogeoquímicos 1

Todo ser vivo reage com seu ambiente e produz resíduos. A menos que o ambiente possa dispô-los convenientemente (autodepuração), esses resíduos poderão interferir no ciclo vital. Vivendo em comunidades, o ser humano tem desenvolvido processos que produzem grandes quantidades de subprodutos ou resíduos em forma de matéria ou energia. Esses processos têm profundo significado econômico, político, social e sanitário; afetam a saúde do próprio homem, seu conforto e segurança, sua riqueza e seu poder. Interferir nesses processos é, na verdade, interferir na civilização, mas ignorar seus subprodutos é ignorar uma ameaça à sobrevivência.

Pode-se considerar a poluição ambiental como a degradação do ambiente, resultante de atividades que, direta ou indiretamente, prejudiquem a saúde, a segurança e o bem-estar das populações; criem condições adversas às atividades sociais e econômicas; afetem desfavoravelmente a biota; afetem as condições sanitárias do meio ambiente; e lancem matéria ou energia em desacordo com os padrões de qualidade ambiental estabelecidos.

A poluição ambiental deve-se à presença, ao lançamento ou à liberação nas águas, no ar ou no solo de toda e qualquer forma de matéria ou energia, com intensidade, quantidade, concentração ou caraterísticas em desacordo com os padrões de qualidade ambiental estabelecidos por legislação, ocasionando, assim, interferência prejudicial aos usos preponderantes das águas, do ar e do solo. Conforme o tipo de poluente, podem ser distinguidas diversas formas de poluição: física, química, físico-química, bioquímica, biológica e radiativa. As diversas formas de poluição se interligam de modo que o controle da poluição deverá ser feito em conjunto. Em outras palavras, o controle da poluição do solo, por exemplo, pode criar problemas para a qualidade das águas superficiais ou subterrâneas, se certas medidas não forem tomadas.

Apesar de sua atual posição de dominância na Terra, o ser humano depende de outros organismos vivos para sua sobrevivência. Ao se segregar nas grandes cidades, o homem civilizado pode pensar que se tornou independente da natureza, mas, se atentar para seu alimento, para o ar respirado e para a água utilizada, irá verificar que, como todos os outros animais, ele é fundamentalmente dependente das relações existentes entre os sistemas vivos e seu ambiente físico.

No sentido lato, o ambiente do homem é a biosfera (parte da esfera terrestre onde se desenvolve a vida animal ou vegetal), a qual apresenta, basicamente, três caraterísticas principais: recebe amplo suprimento de energia, dispõe de água líquida em quantidade substancial e apresenta interfaces entre os estados sólido, líquido e gasoso da matéria. Os elementos químicos essenciais tendem a circular do ambiente para os organismos e vice-versa.

Nossa biosfera é alvo de um fluxo contínuo de energia, em consequência do qual ocorre uma circulação intermitente dos materiais constituintes da superfície terrestre. A fonte preponderante dessa energia é a radiação solar.

A substância mais abundante na biosfera é a água. Os oceanos, as calotas polares, as aglomerações de neve, os lagos, os rios, o solo e a atmosfera contêm cerca de 1,4 milhão de quilômetros cúbicos de água, e 97,2% desse total se encontram nos oceanos. Dos 2,8% restantes, três quartos estão na forma de gelo.

O movimento dos elementos e compostos essenciais à vida pode ser designado como ciclo biogeoquímico.

As relações entre espécies e ambiente físico caracterizam-se por uma constante permuta de elementos em uma atividade cíclica, a qual, por compreender aspectos de etapas biológicas, físicas e químicas alternantes, recebe a denominação geral de ciclo biogeoquímico. Na verdade, o fenômeno é estritamente cíclico apenas em relação ao aspecto químico, pois os mesmos compostos químicos alterados se reconstituem ao final do ciclo, enquanto que o aspecto físico das rochas não se regenera, necessariamente.

Assim, há uma espécie de intercâmbio contínuo entre o meio físico, denominado abiótico (relativo à parte sem vida do meio físico), e o biótico (conjunto de seres vivos), sendo esse intercâmbio de tal forma equilibrado, em relação à troca de elementos nos dois sentidos, que os dois meios se mantêm praticamente constantes.

Embora a fonte primária de energia seja inesgotável, o material necessário à síntese orgânica e a sucessivas transformações energéticas existe em quantidade limitada no meio, devendo, portanto, ser recirculado, o que torna obrigatória a troca recíproca e contínua de elementos químicos entre os seres vivos e o meio físico. O intercâmbio de elementos químicos é acompanhado de ganhos e perdas de energia, que geram um ciclo entre o meio biológico e o meio geofísico, chamado de ciclo biogeoquímico. A existência desses ciclos confere à biosfera um poder considerável de autorregulação, o qual assegura perenidade dos ecossistemas e se traduz em uma notável constância de proporção dos diversos elementos em cada meio. O ecossistema, por sua vez, pode ser conceituado como uma unidade que inclui todos os organismos de uma determinada área interagindo com o meio físico, de forma a originar um fluxo de matéria e energia. As trocas de materiais nos ciclos se dão segundo vias mais ou menos circulares. Em cada um desses ciclos, existe um compartimento que funciona como reservatório do nutriente, constituindo um componente muito grande em relação aos demais, de modo a garantir o escoamento lento e regularizado do elemento em questão.

Em um estudo global da biosfera, podem-se reconhecer dois tipos de ciclos biogeoquímicos: os ciclos gasosos e os ciclos sedimentares. No primeiro caso, o reservatório está situado na atmosfera ou na biosfera, enquanto que, no segundo, localiza-se na crosta terrestre. Por exemplo: o maior reservatório de nitrogênio do Planeta é constituído pelo ar atmosférico, ao passo que o maior reservatório de água é formado pela própria litosfera, a qual armazena vinte vezes mais água que o próprio oceano.

Existe um número importante de ciclos que necessitam ser mencionados, destacando-se o ciclo da água como sendo, provavelmente, o mais óbvio e importante. Além deste, existem ciclos essenciais, como o do oxigênio, do nitrogênio, do fósforo e do carbono, entre outros.

1.1 Ciclo da água

Mais conhecido como ciclo hidrológico, ele representa o percurso da água desde a atmosfera, passando por várias fases, até retornar novamente à atmosfera. Essas fases englobam, basicamente, a precipitação, o escoamento superficial, a infiltração, o escoamento subterrâneo e a evaporação, como mostra a Fig. 1.1.

A precipitação origina-se da água evaporada dos mares, lagos, pântanos, rios, vegetais e animais, que forma as nuvens. As nuvens, por sua vez, ao alcançarem regiões mais frias, se condensam e caem na forma de chuva.

A parcela de água precipitada sobre a superfície sólida pode ter três vias distintas: a infiltração, a evapotranspiração e o escoamento superficial.

É por meio da infiltração que se realiza o recarregamento das reservas freáticas e a reidratação dos solos, ou seja, dos depósitos de água disponível para a vegetação terrestre e para as atividades biológicas que se desenvolvem nas camadas superficiais dos continentes. Essa água, acumulada por efeito de infiltração, é restituída à atmosfera por meio da evapotranspiração.

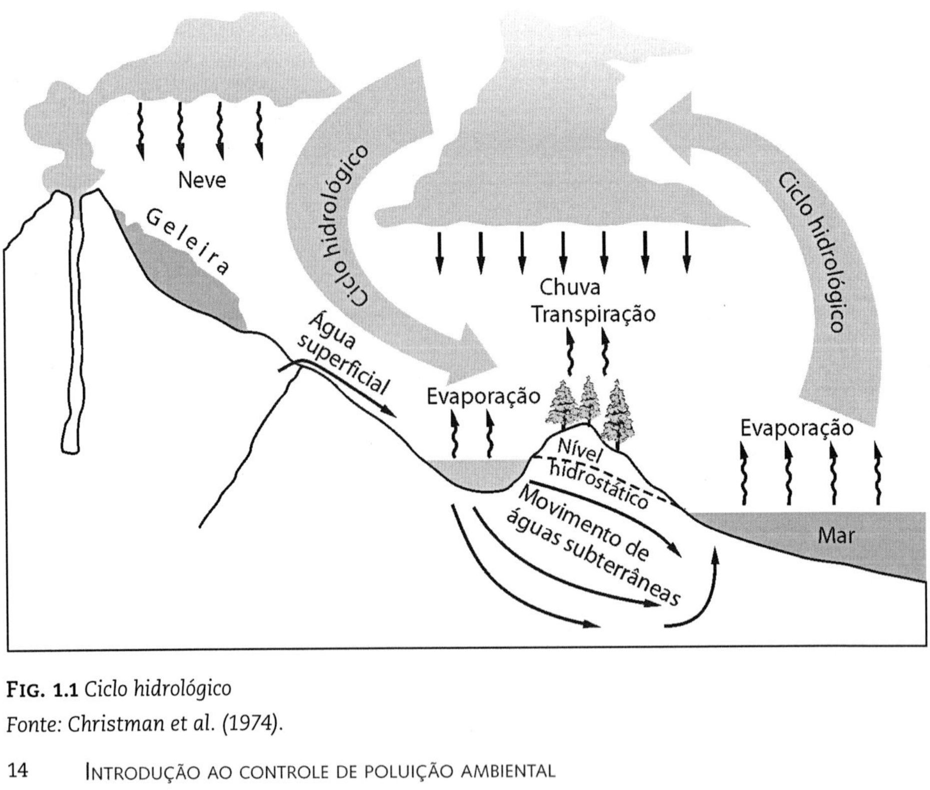

Fig. 1.1 *Ciclo hidrológico*

Fonte: Christman et al. (1974).

O escoamento superficial é responsável (ao lado da ressurgência de águas infiltradas) pela formação de córregos, rios e lagos. A maior ou menor proporção do escoamento superficial em relação à infiltração é influenciada fortemente pela presença ou ausência da cobertura vegetal.

1.2 Ciclo do oxigênio

A Fig. 1.2 apresenta a natureza complexa desse ciclo, que é quase completamente balanceado. O ciclo do oxigênio representa a quantidade de oxigênio (O_2) produzido anualmente pela fotossíntese e o consumo no processo de oxidação do carbono, por meio das plantas e dos animais. A oxidação provoca a formação de CO_2, o qual é utilizado no processo de fotossíntese. Este consiste na utilização da luz pelos organismos dotados de clorofila, como fonte de energia, para sintetizar seu próprio alimento, produzindo oxigênio como subproduto.

A tendência dos organismos vivos é a de manter o meio ambiente interno dentro dos limites de sobrevivência e reprodução, a despeito das forças ambientais, que tendem a remover da posição original esse meio ambiente interno. É útil e interessante considerar o que pode ocorrer se

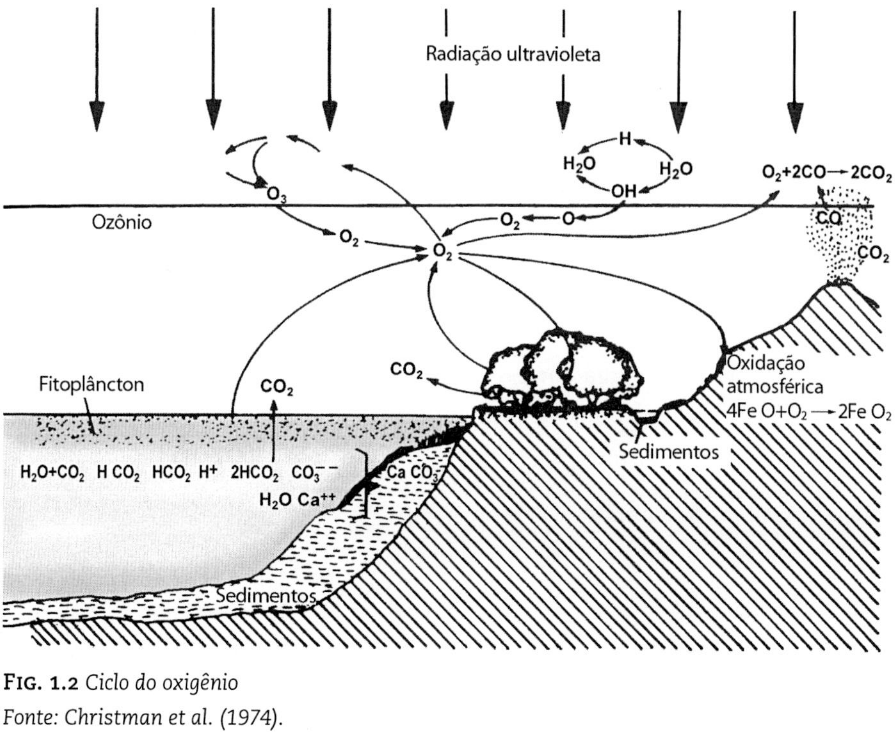

Fig. 1.2 *Ciclo do oxigênio*
Fonte: Christman et al. (1974).

houver uma repentina mudança no ambiente interno do ciclo do oxigênio. Uma queda na demanda de oxigênio de plantas em decomposição, por exemplo, pela remoção de um grande número de plantas da superfície da Terra, poderia resultar num aumento de oxigênio. Subsequentemente poderia haver uma oxidação mais rápida do material remanescente morto, por causa do elevado conteúdo de oxigênio, e uma queda na quantidade de oxigênio produzido pelas novas plantas, levando a uma quantidade aproximadamente estável de oxigênio.

1.3 Ciclo do nitrogênio

Muito embora o nitrogênio (N_2) seja o gás mais abundante na atmosfera, ele é não reativo e, dessa forma, não pode ser usado diretamente por muitos organismos.

O nitrogênio proveniente das células dos seres vivos é decomposto no solo ou nos rios, passando de orgânico a inorgânico, sob a ação das bactérias decompositoras ou por meio do sistema de excreção dos próprios seres superiores. O nitrogênio nitrato (NO_3) é mais utilizável como nutriente pelas plantas verdes, ainda que as outras formas de nitrogênio possam ser usadas por diferentes organismos, completando o ciclo.

O ar está constantemente recebendo nitrogênio por causa da ação de bactérias desnitrificantes, sendo daí continuamente retirado pelas ações das bactérias fixadoras de nitrogênio, além de algas cianofíceas e reações provocadas pelas descargas elétricas atmosféricas.

No ar, em razão da atividade industrial e das descargas de veículos automotores, que produzem óxidos de nitrogênio (NO e NO_2), o ciclo tem sido alterado. Esses gases, na realidade, constituem fases transitórias do ciclo e, em geral, são encontrados em pequena concentração no ambiente.

Em termos de energia necessária ao funcionamento do ciclo, pode-se dizer que dois processos são fundamentais. No primeiro, em que, partindo-se das proteínas, há formação de nitratos (NO_3), a energia é fornecida aos organismos pelo próprio processo de decomposição. No outro, que acontece ao contrário, a energia provém da luz solar ou de outras fontes. A Fig. 1.3 apresenta o ciclo do nitrogênio.

1.4 Ciclo do fósforo

O fósforo é liberado pela decomposição de compostos orgânicos até a forma de fosfato passível de ser aproveitado pelos vegetais. Ao con-

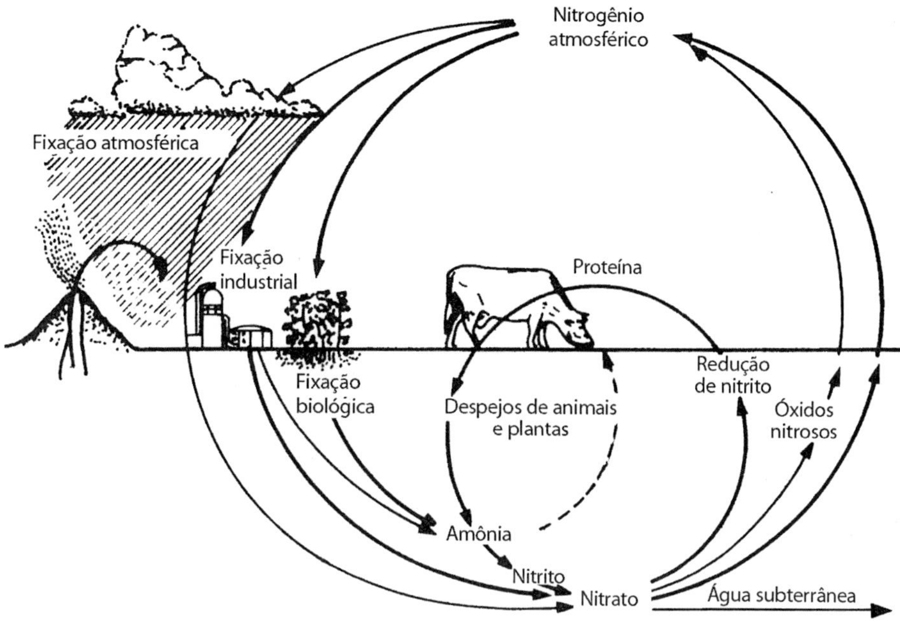

Fig. 1.3 *Ciclo do nitrogênio*
Fonte: Christman et al. (1974).

trário do nitrogênio, o grande reservatório de fósforo não é o ar, mas sim as rochas, formadas em remotas eras geológicas.

A decomposição por fenômenos de erosão gradativamente libera os fosfatos, que entram nos ecossistemas onde são reciclados. Porém, grande parte desse fósforo vai até os mares e oceanos, onde se perde nos sedimentos mais profundos.

Acredita-se que essa parcela sedimentada nos mares volte ao ciclo muito lentamente, não acompanhando a velocidade das perdas de fósforo, que são muito mais intensas. Tanto os movimentos de acomodação da crosta e as elevações dos sedimentos, como também a atividade animal, principalmente de aves e peixes, parecem não ser suficientes para compensar as perdas.

A atividade humana tem contribuído para acelerar as perdas de fósforo, tornando a reciclagem "acíclica". Calcula-se que apenas 60.000 t de fósforo elementar são anualmente restituídas ao mar, embora a retirada desse elemento pela pesca e por peixes marinhos seja proporcionalmente muito maior.

Paralelamente, grande parte do fósforo retirado dos milhões de toneladas de rochas fosfatadas que são processadas é perdida ou arrastada pela água para os sedimentos profundos.

Atualmente o homem se preocupa mais com fosfato dissolvido nas águas interiores, em função de sua importância em termos de qualidade. Nesse aspecto, o fósforo tem papel relevante na produtividade aquática (eutrofização), podendo, como consequência, causar prejuízo à água para fins de abastecimento público. Como principais fontes de fósforo podem ser mencionadas as rochas sedimentares, os fertilizantes, os despejos líquidos domésticos, os detergentes, as águas de chuva, os aditivos anticorrosivos e os aditivos usados no controle de incrustações. A Fig. 1.4 apresenta o ciclo do fósforo.

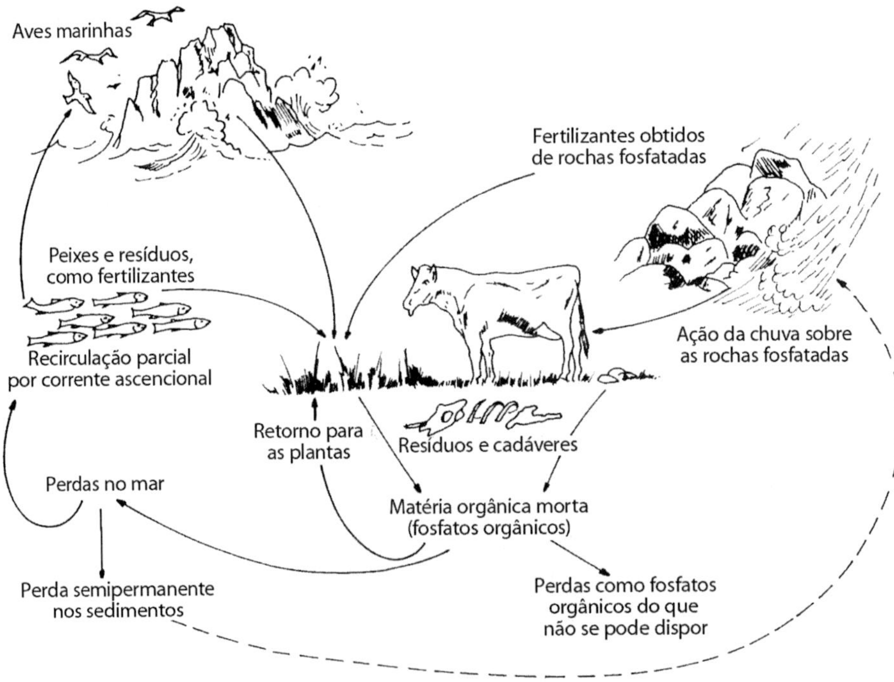

Fig. 1.4 *Ciclo do fósforo*
Fonte: Christman et al. (1974).

1.5 Ciclo do carbono

O carbono é elemento essencial na composição da matéria orgânica, pois a sua recirculação é fundamental na natureza. Encontra-se disponível, principalmente, no ar atmosférico, na forma de gás carbônico (CO_2). Esse carbono, que é utilizado diretamente pelas plantas verdes na construção de matéria orgânica vegetal, deverá ser devolvido ao meio, novamente na forma de gás carbônico, ao final de um ciclo vital, sob pena de diminuírem progressivamente, na natureza, as fontes primárias do elemento carbono. Assim, a matéria orgânica que foi sintetizada pelo vegetal verde será ingerida por um animal, o qual, por sua vez, poderá servir de alimento a outros tipos de animais. Finalmente, o cadáver do último elemento vivo dessa série deverá, de alguma forma, restituir o carbono ao meio, e isso se realiza graças à participação de bactérias e outros seres microscópicos, responsáveis pela decomposição do corpo morto. A mesma coisa sucederá, por meio de um ciclo muito mais abreviado, se o próprio vegetal verde morrer antes de ser devorado por um animal: ou ele apodrece, isto é, é digerido por seres microscópicos, ou ele é queimado e, por conseguinte, transformado também em gás carbônico.

Atualmente, o maior reservatório de carbono é constituído pelos carbonatos existentes nas águas e no solo. O ciclo do carbono é mostrado na Fig. 1.5.

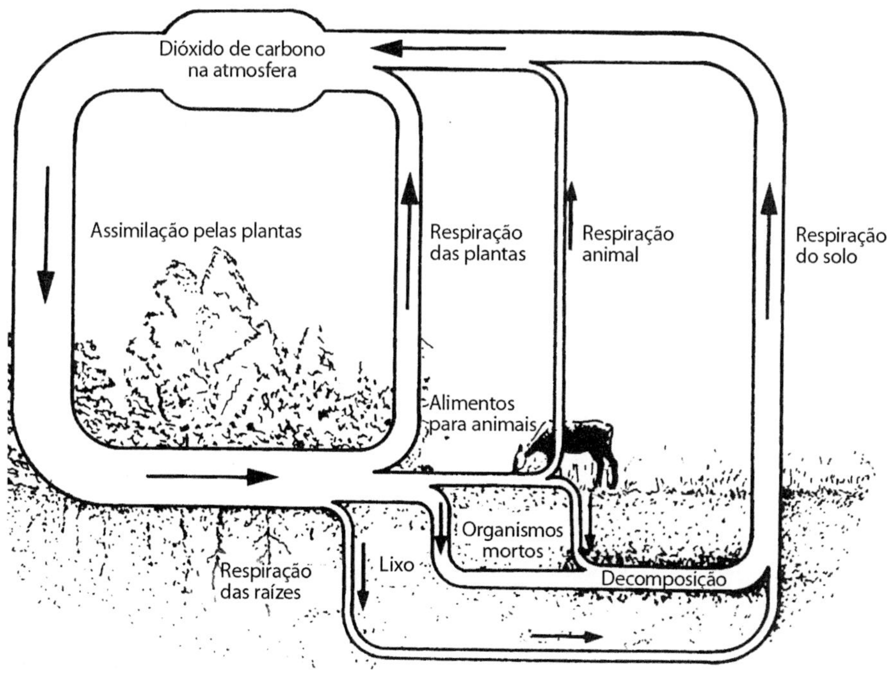

Fig. 1.5 *Ciclo do carbono*
Fonte: Christman et al. (1974).

Recurso Água 2

Ressaltamos, no Cap. 1, a importância da água, elemento vital desde as mais remotas civilizações. Como bem econômico, a sua utilização racional deve ser criteriosamente avaliada e inserida no quadro geral de seus usos múltiplos, enquanto que sua qualidade deve ser rigorosamente preservada diante da ação predatória que o homem lhe infringe no afã de buscar objetivos subalternos.

A importância desse recurso natural escasso foi apresentada, de forma muito clara e objetiva, pela Carta Europeia da Água, promulgada pelo Conselho da Europa em 6/5/1968, a seguir transcrita:

> Não há vida sem água. A água é um bem precioso, indispensável a todas as atividades humanas. A água cai da atmosfera sobre a terra, aonde chega, principalmente, sob a forma de chuva ou neve. Os córregos, rios, lagos, galerias, constituem as grandes estradas pelas quais a água atinge os oceanos. Durante sua viagem, ela é contida pelo solo, pela vegetação, pelos animais. A água retorna à atmosfera, principalmente por evaporação e por transpiração vegetal. Ela é para o homem, para os animais e para as plantas um elemento de primeira necessidade. Realmente a água constitui os dois terços do peso do homem e até os nove décimos do peso dos vegetais.
>
> Ela é indispensável ao homem como bebida e como alimento, para sua higiene e como fonte de energia, matéria-prima de produção, via para os transportes e base das atividades recreativas que a vida moderna reclama cada vez mais.
>
> As disponibilidades de água doce não são ilimitadas. É indispensável preservá-las, controlá-las e, se possível, acrescê-las. Como consequência da explosão demográfica e do rápido aumento das necessidades na agricultura e na indústria moderna, os recursos hídricos constituem objeto de uma demanda crescente. Não poderemos satisfazer essa demanda, nem elevar o nível de vida,

se cada um de nós não considerar a água um bem precioso, que é necessário preservar e utilizar racionalmente.

Alterar a qualidade da água significa prejudicar a vida do homem e dos outros seres vivos que dela dependem. A água na natureza é um meio vivente, portador de elementos benéficos que contribuem para a qualidade. Contaminando-a, corremos o risco de destruir esses organismos e, assim, de transfigurar o processo de autodepuração e mesmo de modificar, de maneira desfavorável e irreversível, o meio vivente. As águas superficiais e subterrâneas devem ser preservadas da contaminação. Toda diminuição importante da qualidade ou da quantidade de uma água corrente ou represada corre o risco de tornar-se nociva para o homem e para os outros seres vivos.

A qualidade da água deve ser tal que satisfaça as exigências das utilizações, mas deve, especialmente, satisfazer as exigências de saúde pública. Essas normas de qualidade podem variar conforme os diferentes usos da água, ou seja, para a alimentação, para as necessidades domésticas, agrícolas e industriais, para a pesca e para as atividades recreativas. Todavia, desde que a vida, nos seus infinitos e diferentes aspectos, é condicionada pelas múltiplas qualidades da água, dever-se-iam tomar medidas voltadas para assegurar a conservação das propriedades naturais da água.

Quando a água, depois de ser utilizada, é restituída ao seu ambiente natural, ela não deve comprometer os possíveis usos que podem ser feitos, tanto públicos como privados. A contaminação é uma modificação da qualidade da água, provocada geralmente pelo homem, de tal forma a torná-la inapta ou danosa ao consumo por parte do homem, da indústria, da agricultura, da pesca, das atividades recreativas, dos animais domésticos e dos selvagens.

A conservação de uma cobertura vegetal apropriada, de preferência florestal, é essencial para a conservação dos recursos hídricos. É necessário manter cobertura vegetal, de preferência florestal, ou então reconstituí-la, o mais rapidamente possível, toda vez que ela for destruída. Salvaguardar as matas constitui um fator de grande importância para a estabilização das bacias de drenagem e para o seu regime hidrológico. As florestas são úteis, de outra parte, tanto como local de recreação como pelo seu valor econômico.

Os recursos hídricos devem ser objeto de um inventário. A água doce utilizável representa menos do que 1,1% da quantidade de água do nosso planeta e é muito desigualmente distribuída. É indispensável conhecer as disponibilidades de água de superfície e subterrânea, tendo em conta o ciclo da água, a sua qualidade e a sua utilização. Por inventário entender-se-á o levantamento e a avaliação quantitativa dos recursos hídricos.

A boa gestão da água deve ser objeto de um plano estabelecido pelas autoridades competentes. A água é um recurso precioso que tem necessidade de uma gestão racional conforme um plano que concilie, ao mesmo tempo, as necessidades a curto e a longo prazos. Uma verdadeira e própria política se impõe no setor de recursos hídricos, os quais requerem numerosas intervenções, tendo em vista a sua conservação, regularização e distribuição. A conservação da qualidade e da quantidade da água requer, por outro lado, o desenvolvimento e o aperfeiçoamento das técnicas de utilização, recuperação e depuração.

A salvaguarda da água implica um importante esforço de pesquisa científica, de formação de especialistas e de informação pública. A pesquisa sobre a água e, especialmente, sobre a água após o seu uso, deve ser encorajada ao máximo. Os meios de informação devem ser ampliados e as trocas internacionais, facilitadas, ao mesmo tempo que se impõe uma formação técnica e biológica de pessoal qualificado nas diversas disciplinas interessadas.

A água é patrimônio comum, cujo valor deve ser reconhecido por todos. Cada um tem o dever de economizá-la e de utilizá-la com atenção. Cada indivíduo é um consumidor e um utilizador da água. E, como tal, tem uma responsabilidade para com os outros consumidores. Usar a água de maneira imprudente significa abusar do patrimônio natural.

A gestão dos recursos hídricos deveria ser enquadrada, preferivelmente, na bacia natural, em vez de entre fronteiras administrativas e políticas. As águas que escoam na superfície seguem a linha de máximo declive e convergem para formar os cursos d'água. Um rio, com seus afluentes, pode ser comparado a uma árvore extremamente ramificada que abrange um espaço chamado bacia. Deve-se ter em conta o fato de que, no interior de uma bacia, as utilizações das águas de superfície e das águas subterrâneas são interdependentes e, portanto, é almejável que também a sua gestão seja.

A água não tem fronteiras. É um recurso comum, que necessita de cooperação internacional. Os problemas internacionais que podem nascer da utilização das águas deveriam ser resolvidos de comum acordo entre os estados, com o fim de salvaguardar a água, tanto na sua qualidade quanto na sua quantidade. (Carta Europeia da Água, 1984).

2.1 Usos da água

Nenhum recurso natural, salvo o ar, apresenta tantos usos legítimos quanto a água.

Em nossa vida social e industrial, os recursos hídricos são utilizados para múltiplos fins, tais como:

- ≈ abastecimento doméstico;
- ≈ abastecimento industrial;
- ≈ irrigação;
- ≈ dessedentação de animais;
- ≈ preservação da flora e fauna;
- ≈ recreação e lazer;
- ≈ geração de energia elétrica;

- ≈ navegação;
- ≈ diluição de despejos.

Por sua vez, esses usos podem ser subdivididos em dois grupos:

Grupo 1 – Usos que impõem a retirada de água das coleções:

- ≈ abastecimento público;
- ≈ abastecimento industrial;
- ≈ bebida de animais;
- ≈ irrigação.

Neste grupo o uso é dito consuntivo, ou seja, aquele em que há perda entre o que é derivado e o que retorna ao corpo d'água. Com exceção do uso para irrigação, aqueles que se enquadram no Grupo 1 frequentemente exigem o tratamento da água antes de sua utilização. São numerosos os exemplos em que águas utilizadas pela indústria apenas para fins de refrigeração têm de sofrer um tratamento prévio.

Grupo 2 – Usos não consuntivos, ou seja, em que não se observa a necessidade de retirar as águas das coleções hídricas onde se encontram:

- ≈ recreação e lazer;
- ≈ preservação da flora e fauna;
- ≈ geração de energia;
- ≈ transporte;
- ≈ diluição de despejos.

Com relação ao uso da água para recreação e lazer, as piscinas representam exceção à classificação proposta.

A seguir, serão abordadas algumas particularidades de cada um desses usos.

2.1.1 Abastecimento doméstico

Trata-se do uso mais nobre da água, o qual remonta às primeiras atividades do homem. Considera-se, nesse caso, não só a água para beber, essencial à manutenção da vida, como também aquela necessária à limpeza de utensílios e habitações, à higiene pessoal, ao cozimento de alimentos, à irrigação de jardins, à lavagem de pisos, ao combate a incêndios e à limpeza de ruas.

Essa utilização da água pelo homem pode ser feita de maneira individual, em que cada pessoa ou família retira da natureza a água necessária para seu uso. Quando não sofre nenhum processo de purificação, a água deve ser isenta de elementos patogênicos, tóxicos ou radiativos e de características que a tornem repulsiva ao homem.

Quando a comunidade se adensa e forma a cidade, a água necessária às suas atividades é suprida por sistemas urbanos ou coletivos de abastecimento.

No caso de sistemas coletivos de tratamento, a água bruta, também chamada *in natura*, pode apresentar um teor de impurezas, o que demanda tratamento que compreende floculação, decantação, filtração e desinfecção. Os tratamentos que envolvem tais operações são genericamente chamados de tratamentos convencionais e exigem que a água bruta esteja dentro de um determinado padrão de qualidade. Ainda a respeito da qualidade da água produzida, deve-se enfatizar que esta não depende somente dos processos de tratamento e distribuição mas, também, da qualidade da água bruta.

Em outros casos, as características da água *in natura* exigem tratamentos mais eficientes que podem ser, inclusive, antieconômicos, pois envolvem controle ainda maior da qualidade da água a ser distribuída. É oportuno considerar que o controle de qualidade da água se processa quando o consumidor está prestes a utilizá-la ou, como ocorre frequentemente, já a utilizou.

2.1.2 Abastecimento industrial

A água retirada pela indústria pode ser aproveitada principalmente nas seguintes situações:

- ser utilizada no processo de fabricação do produto sem se integrar a ele e nem entrar em contato com as matérias-primas. É o caso da água de refrigeração ou para caldeira, que, em geral, exige características não incrustantes e de não agressividade aos equipamentos;
- integrar-se ao produto fabricado. Trata-se da água utilizada na fabricação de produtos alimentícios, bebidas etc., que necessita apresentar uma qualidade bem definida, principalmente nos aspectos de ausência de substâncias que imprimam paladar ou interfiram no gosto do produto e prejudiquem a saúde dos consumidores;
- entrar em contato com a matéria-prima ou produto final. Nesse caso, as características são as mais variadas possíveis, dependendo, niti-

damente, dos produtos a serem fabricados e dos processos de fabricação. Pode-se dizer que a qualidade exigida para esse tipo de água pode envolver alto grau de pureza no que tange, principalmente, à presença de sais minerais, de íons metálicos etc., ou seja, substâncias que possam interferir na qualidade e composição do produto final;

≈ ser utilizada em serviços complementares do processo de fabricação. É o caso, por exemplo, de grandes quantidades de água destinadas à higiene dos operários, limpeza de equipamentos, prevenção e proteção contra incêndio etc. As características da qualidade da água são as mais variadas possíveis, sendo mais restritivas para aquelas ligadas ao consumo humano.

2.1.3 Irrigação e dessedentação de animais

Para fins agropastoris, as águas apresentam aplicações diversas, exigindo qualidades também diferentes.

Os usos vão desde a dessedentação de animais até a rega artificial e, dentro desta, há os mais variados tipos de irrigação de hortaliças, vegetais e frutos ingeridos crus ou com casca. Este último aspecto exige cuidados especiais voltados para a qualidade da água no que tange, principalmente, aos aspectos biológicos e à presença de materiais tóxicos. Se bem que pouco usual, a água utilizada em atividades agropastoris pode ser objeto de tratamento antes de sua utilização.

2.1.4 Preservação da flora e fauna

Um dos usos mais discutíveis da água em termos de qualidade é sua função de manter a flora e a fauna existentes em um dado curso de água, de maneira que não sofram alterações sensíveis. Isso não pode ser conseguido de forma rígida, pois qualquer mudança em um dos parâmetros irá alterar a distribuição dos organismos vivos ali presentes, surgindo espécies que se adaptam às novas condições impostas.

O ciclo biológico, descrito sucintamente no Cap. 1, dá uma ideia do processo da vida aquática. Sabe-se que as bactérias convertem a matéria orgânica solúvel em material inorgânico. Os materiais inorgânicos são utilizados pelas algas para seu desenvolvimento; estas, por sua vez, servem de alimento ao zooplâncton (protozoários, rotíferos e crustáceos), o qual, por seu turno, vai alimentar pequenos peixes. Os peixes evoluem em tamanho e os maiores se utilizam dos menores para sua alimentação. Por último, o homem utiliza-se do peixe como fonte de proteínas e fornece ao meio aquático o seu esgoto. Esse esgoto, de uma maneira ou de outra, vai até as coleções de água e é utilizado pelas bactérias, fechando, assim, o círculo. Esse ciclo pode compreender inúmeros curtos-circuitos no ambiente aquático, como a utilização direta de bactérias pelo zooplâncton, de algas e bactérias pelos peixes etc.

Toda obra hidráulica, seja a construção de uma barragem, o canal de drenagem de uma área, ou a retificação de um curso d'água, provoca alteração da vida aquática por causa da modificação nas condições de escoamento hidráulico, tais como: velocidade, temperatura e uma série de variáveis de qualidade do meio líquido. É preciso, pois, quando se fala na preservação da flora e da fauna, definir o que se quer preservar e qual o equilíbrio que se quer manter. Esse objetivo está intimamente ligado aos outros usos da água anteriormente mencionados e relaciona-se com os aspectos econômicos do desenvolvimento da piscicultura.

2.1.5 Recreação

Trata-se de atividade que apresenta significado social e econômico cada vez maior, em decorrência do processo de urbanização e da automação industrial, que propiciam tempo de lazer ao homem de hoje.

Em relação à recreação, predominam dois tipos de atividades:

- aquelas em que o homem entra em contato direto com o meio líquido (contato primário). Exemplo: natação, mergulho, esqui aquático e surfe;
- aquelas em que não há contato direto com o meio líquido (contato secundário). Exemplo: esportes náuticos com o uso de barco a remo, vela ou motor e pesca esportiva.

Além desses dois tipos, há situações em que a água é utilizada para fins de composição do ambiente, isto é, fins paisagísticos.

Dos usos citados, os que exigem as condições mais restritivas em relação à qualidade da água são aqueles referentes às atividades de contato primário, e é o banho (natação) que oferece maior perigo para o ser humano. Além da ausência de substâncias tóxicas, de matéria em suspensão e de óleos e graxas, os critérios relacionados com a presença ou não de organismos patogênicos são os que representam melhor o estado de segurança para o uso de uma água para natação. Os organismos patogênicos não fazem parte natural do meio aquático: sua presença na água indica a introdução de fezes de seres eventualmente portadores de doenças. Identificar esse fato, em geral, é difícil e custoso; por isso, é usual a adoção de critérios que considerem a presença de bactérias do grupo coliforme. A *Escherichia coli* (*E. coli*) tem sido o indicador preferido da contaminação de origem fecal, se bem que a presença dessa bactéria não evidencia a existência de organismos patogênicos, que estarão apenas na dependência de que as fezes provenham de seres portadores de doenças veiculadas pela água, pois são um indicador de contaminação potencial.

2.1.6 Geração de energia

O aproveitamento da energia hidráulica e a sua transformação em energia elétrica tornou-se um dos mais intensos usos que se faz desse recurso, não só no Brasil, como no mundo inteiro.

Outros métodos de geração de energia elétrica, como a utilização de combustível fóssil ou nuclear, em usinas termoelétricas, utilizam água em grande quantidade para produção de vapor e controle térmico das instalações. Essa água exige condições particulares quanto à sua qualidade, tendo em vista evitar problemas de incrustação em tubulações e aparelhos. Esse uso da água acarreta problemas de poluição, especialmente de ordem térmica.

A qualidade da água para a geração de energia, aproveitando quer a velocidade, quer a queda hídrica, é condicionada à proteção dos equipamentos em contato com a água, tais como: comportas, condutos, túneis e canais, turbinas, estruturas etc. É importante ressaltar que, para o aproveitamento da água na geração de energia, são construídas, em geral, obras de represamento que transformam as condições de escoamento.

O represamento exige que a qualidade da água que aflui seja controlada quanto à presença de sais nutrientes e matéria orgânica, a fim de que problemas de eutrofização não sejam acelerados nesses represamentos, de maneira a prejudicar o posterior aproveitamento da água.

2.1.7 Transporte

Desde épocas longínquas, a água é usada como meio de transporte, seja de carga ou de pessoas. Mais recentemente, com o advento da tecnologia referente à propulsão de embarcações e à possibilidade de uma integração com os demais meios de transporte, esse uso vem assumindo importância das mais significativas.

A proteção de embarcações e a segurança da navegação são os itens principais que governam o controle de qualidade ligado a esse uso da água.

2.1.8 Diluição de despejos

Apesar de este não ser uso dos mais nobres, é preciso não esquecer que se trata de uma das mais antigas e indispensáveis serventias da água. A atividade humana gera, cada vez mais, uma série de resíduos que, de uma maneira ou de outra, têm de ser dispostos no ambiente.

A água – por suas propriedades e por possibilitar diluição, e dada a quantidade existente no globo terrestre – foi e continuará a ser o meio mais utilizado de que o homem se valerá para dispor de seus resíduos. Essa afirmação não significa que se deva utilizar indiscriminadamente a água como receptora de despejos humanos. Como esse uso conflita com quase todos os demais, torna-se necessário usar a água de maneira criteriosa, preservando-a de forma a salvaguardá-la para as demais aplicações. Toda e qualquer disposição de resíduos no meio líquido deverá dar-se de maneira adequada, sendo observados todos os efeitos que conduzem à minimização da carga poluidora e considerados os efeitos desta em relação aos demais usos que a água tem a jusante do lançamento da fonte poluidora.

Enquanto a maior parte dos recursos naturais colocados ao alcance do homem desaparece com o uso, a forma de utilização da água produz alterações que repercutem sobremaneira nos seus aspectos qualitativos e quantitativos. Mais do que qualquer outro, o uso da água para a diluição de despejos pode torná-la inaproveitável para usos nobres, como o abastecimento doméstico, abastecimento industrial, preservação da flora e fauna, recreação e lazer, irrigação e dessedentação de animais. Exemplos clássicos desse fato são o rio Tietê e a represa Billings, na Região Metropolitana de São Paulo, cujas quantidades de água poderiam atender à área no que concerne ao abastecimento doméstico, ao abastecimento industrial e a outros usos nobres; no entanto, a qualidade desses corpos d'água, afetada por lançamentos de pesadas cargas poluidoras, torna as águas inaproveitáveis em grande parte para esses usos, obrigando o Estado a investir vultosos recursos em reversões, buscando água até cerca de 80 km de distância para suprir o abastecimento público da região.

O planejamento dos recursos hídricos deve visar sempre ao aproveitamento múltiplo da água, o que nem sempre se consegue plenamente por causa dos denominados conflitos na sua utilização. A solução desses conflitos depende de uma abordagem ampla e geral do planejamento dos recursos hídricos de uma bacia hidrográfica, e, às vezes, até incluindo bacias vizinhas, tendo como objetivo maximizar os benefícios que esses recursos possam proporcionar à comunidade.

2.2 Tipos de poluição

A poluição das águas basicamente se origina de quatro tipos de fontes, a saber:

2.2.1 Poluição natural

Trata-se de um tipo de poluição não associada à atividade humana, causada por:

- ≈ chuvas e escoamento superficial;
- ≈ salinização;
- ≈ decomposição de vegetais e animais mortos.

Esse tipo de poluição costuma fugir ao alcance de medidas controladoras diretas, o que justifica a não realização de um levantamento específico para o caso.

2.2.2 Poluição industrial

Constitui-se de resíduos líquidos gerados nos processos industriais de uma maneira geral. É quase sempre o fator mais significativo em termos de poluição e, portanto, será abordado em detalhes o levantamento desse tipo de fonte. As principais indústrias poluidoras são as seguintes:

- ≈ papel e celulose;
- ≈ refinarias de petróleo;
- ≈ usinas de açúcar e álcool;
- ≈ siderúrgicas e metalúrgicas;

≈ químicas e farmacêuticas;
≈ abatedouros e frigoríficos;
≈ têxteis;
≈ curtumes.

2.2.3 Poluição urbana

É aquela proveniente dos habitantes de uma cidade, que geram esgotos domésticos lançados direta ou indiretamente nos corpos d'água.

É um tipo de fonte que dispõe de tecnologia de controle, cujo levantamento será abordado mais adiante.

2.2.4 Poluição agropastoril

Poluição decorrente de atividades ligadas à agricultura e à pecuária por meio de defensivos agrícolas, fertilizantes, excrementos de animais e erosão.

Esse tipo de fonte é de difícil controle e necessita de um esquema de conscientização elevado, de modo a se obter resultados positivos.

Além desses quatro tipos, existe e deve ser considerada a poluição dita acidental, decorrente de derramamentos de materiais prejudiciais à qualidade das águas. A poluição, em caso de acidentes, pode ocorrer tanto na fase de produção como nas operações de transportes, que é, aliás, onde esse tipo mais acontece. As ações de controle, nesse caso, são de emergência, mas é imprescindível uma preparação baseada na experiência existente, aliada a medidas de caráter preventivo.

2.3 Danos causados pela poluição

Em linhas gerais, a poluição das águas pode ocorrer por meio das seguintes formas:

≈ poluição natural provocada por folhas, cadáveres de animais mortos, erosão, escoamento superficial etc.;
≈ poluição por causa de lançamento de despejos industriais provenientes das operações desenvolvidas nos diferentes processamentos industriais;
≈ poluição por causa de esgotos domésticos, os quais resultam do uso da água para fins higiênicos, preparo de alimentos, lavagem de pisos e utensílios etc.;

- ≈ poluição dos corpos d'água advinda da drenagem de áreas agropastoris, provocada pelo carreamento de fertilizantes, defensivos agrícolas, fezes de animais etc.

Sempre que pensarmos no problema da poluição das águas, devemos considerar o uso a ser dado a elas. Partindo desse princípio, serão feitas a seguir algumas considerações sobre os prejuízos causados pela poluição nas águas em função de seus principais usos.

2.3.1 Águas destinadas ao abastecimento público

Sem sombra de dúvida, esse é o mais nobre de todos os usos, já que o homem pode viver alguns dias sem alimento, mas morrerá caso permaneça horas sem beber água.

O sistema de abastecimento público de água situado a jusante ou depois de locais de descarga de resíduos líquidos estará sujeito a uma série de danos, tais como:

- ≈ contaminação ou poluição bacteriana das águas, em que o número de microrganismos do grupo coliforme poderá ultrapassar os limites estabelecidos para o tratamento econômico de uma água por processos convencionais, com consequente perigo potencial à saúde pública;
- ≈ variações rápidas e imprevisíveis na qualidade das águas receptoras, com consequentes problemas na operação do tratamento;
- ≈ poluição química das águas, com inclusão de substâncias não removíveis pelos processos normais de tratamento, podendo ocorrer:
  - dureza excessiva;
  - corrosão das canalizações;
  - cor, sabor e odor desagradáveis;
  - condições para o desenvolvimento de algas;
  - formação de espumas;
  - elevação do custo do tratamento em razão da necessidade de aumento na adição de produtos químicos.

2.3.2 Águas para uso industrial

As indústrias que usam as águas de locais situados a jusante de lançamentos estarão sujeitas a danos, tais como:

- ≈ os provocados pelos agentes químicos (dureza excessiva, corrosão nas tubulações, operação e manutenção dispendiosas das caldeiras, limitação para o uso industrial das águas e aumento no custo do tratamento das águas, com consequente aumento no custo produtivo);

- ≈ obstruções e entupimentos nas tomadas de água e outras instalações em função da presença de excesso de materiais oleosos, compostos químicos e demais materiais em suspensão.

2.3.3 Águas em que ocorrem pesca comercial

As áreas utilizadas para a pesca comercial, quando sofrem influência de despejos líquidos não tratados, estarão sujeitas a danos, tais como:

- ≈ destruição de peixes por asfixia, pelo abaixamento do nível de oxigênio, por obstrução das guelras e pela presença de substâncias tóxicas;
- ≈ degenerescência e enfraquecimento dos peixes, em razão da prevalência de doenças e da ação destrutiva de outros animais;
- ≈ obstrução dos locais destinados à deposição de ovos e de áreas que servem de alimento, por causa da deposição de lodo;
- ≈ substituição natural das espécies mais desejáveis por espécies mais resistentes;
- ≈ redução do valor econômico de áreas, por estarem atreladas à indústria da pesca.

2.3.4 Águas utilizadas na agricultura e pecuária

A presença de lançamentos poluidores a montante de áreas agropecuárias implicam a:

- ≈ poluição bacteriana, podendo resultar na condenação do leite produzido na região e na contaminação de hortaliças, no caso de uso dessa água para irrigação;
- ≈ poluição química, podendo resultar em doenças ou até na morte de animais;
- ≈ elevação de despesas por causa da necessidade de se construir cercas para evitar o contato do gado com as águas do corpo d'água;
- ≈ depreciação das terras pela degradação das águas, com presença de maus odores, aspectos estéticos indesejáveis e ofensivos aos sentidos;
- ≈ destruição de plantações, em razão da presença de agentes poluidores agressivos.

2.3.5 Águas para navegação

Os prejuízos à navegação decorrem principalmente da:

- ≈ formação de bancos de lodo;
- ≈ ação agressiva das águas sobre as estruturas das embarcações;
- ≈ necessidade de dragagem dos locais navegáveis, com consequente encarecimento na conservação de canais e estruturas.

2.3.6 Águas destinadas à recreação e lazer

Águas poluídas por resíduos domésticos e/ou industriais podem promover inconvenientes no que se relaciona ao uso para fins de práticas desportivas e recreativas, implicando a:

- ≈ contaminação por bactérias e vírus e infecção por parasitas, com o consequente aparecimento de disenterias intestinais, febre tifoide, cólera, doenças de pele etc.;
- ≈ ocorrência de incômodos à população gerados por maus odores, aspectos estéticos indesejáveis, presença de espuma etc.

2.4 Quantidade de água

A ciência que trata dos processos que regem a ocorrência, circulação e distribuição da água na Terra é a hidrologia. O consumo da água, cada vez maior, torna vital a obtenção de dados cada vez mais completos, relativos à disponibilidade dos recursos hídricos. O conhecimento dessa disponibilidade é um fator da maior importância no desenvolvimento dos programas de controle da poluição das águas.

Por outro lado, essa mesma água, que tão grandes benefícios presta ao homem, pode, quando da ocorrência de tormentas ou inundações, transformar-se temporariamente em agente de destruição, provocando mortes, erosões e destruindo propriedades.

Tudo isso exige que se aprimore cada vez mais o conhecimento das leis da natureza que regem a ocorrência e o comportamento dos recursos hídricos no planeta Terra.

No Brasil, o gerenciamento dos recursos hídricos é de responsabilidade de órgãos das esferas federal e estadual, representados, respectivamente, pela Agência Nacional de Águas (ANA) e pelo Departamento de Águas e Energia Elétrica (DAEE), no Estado de São Paulo. No entanto, na esfera estadual, existem outros órgãos que mantêm equipes medindo a quantidade de água que cai na superfície terrestre sob a forma de chuva (dados pluviométricos) e aquelas que escoam em canais livres (córregos e rios), conhecidos como dados fluviométricos.

2.4.1 Dados pluviométricos

Os dados pluviométricos gerados da precipitação de todas as formas de água depositadas na superfície terrestre e provenientes da atmosfera dependem de fenômenos meteorológicos e estão intimamente ligados à variação do volume das gotículas de água presentes nas nuvens e ao seu processo circulatório, que acompanha a movimentação geral do ar atmosférico.

As medidas de precipitação consistem na altura pluviométrica, ou altura de precipitação, geralmente expressa em milímetros, e na quantidade de água que cai por unidade de área horizontal. Cada milímetro de altura em um metro quadrado representa um litro por metro quadrado. No caso do Brasil, a altura pluviométrica pode se referir a uma única chuva, a períodos diários, mensais ou anuais. As medidas são realizadas por pluviômetros, equipamentos muito simples de instalar e operar. Esses dispositivos efetuam medidas de totais precipitados entre duas leituras sucessivas. Registros contínuos podem ser obtidos por meio de pluviógrafos.

Em termos de precipitação, são importantes os seguintes elementos: duração, intensidade, intervalo intertemporal e severidade.

A duração representa o tempo decorrido entre o instante em que se iniciou a precipitação e o seu término. Em geral, é expressa em minutos ou horas. A intensidade, também conhecida como taxa de precipitação, representa a altura pluviométrica dividida pela duração. Comumente, a intensidade é expressa em milímetro por minuto, milímetro por hora ou mesmo milímetro por ano. A intensidade pode ser medida diretamente por aparelhos denominados pluviógrafos (pluviômetros registradores), que procedem automaticamente ao registro da precipitação em função do tempo. O intervalo intertemporal indica a frequência com que ocorrem determinados eventos chuvosos, representados também pela distribuição da chuva ao longo do ano. Essa distribuição conterá eventos extremos que representarão o grau de severidade dos eventos chuvosos. Na prática, os eventos chuvosos máximos podem indicar a ocorrência de enchentes, enquanto os eventos mínimos indicam períodos de estiagem. A análise dos registros históricos desses eventos severos possibilita estimativas da sua probabilidade de ocorrência, explicitada por meio do chamado período de retorno. O período de retorno, por sua vez, representa o número de anos previstos para que uma dada precipitação de duração conhecida tenha uma intensidade também conhecida, igualada ou mesmo ultrapassada.

Os dados pluviométricos se revestem de importância no desenvolvimento de programas de controle da poluição das águas, principalmente em relação a períodos de retorno relativos a baixas precipitações.

Com base em dados pluviométricos e nos estudos de Regionalização Hidrológica no Estado de São Paulo realizados pelo DAEE em 1988, é possível calcular vazões mínimas anuais de sete dias consecutivos, vazões estas muito úteis na aplicação dos programas de controle de poluição das águas.

2.4.2 Dados fluviométricos

Esses dados representam as águas depois de se deslocarem na superfície terrestre por ação da gravidade, ocupando depressões no terreno e indo finalmente se lançar nos oceanos, constituindo as coleções de águas (rios, córregos e lagos), onde são obtidos.

Uma informação importante em relação aos dados fluviométricos se refere à bacia hidrográfica, que corresponde à área abrangida pelo sistema de drenagem das águas de uma determinada região, referida à seção da foz do rio principal. Por sua vez, o divisor de águas constitui o limite entre duas bacias hidrográficas, conforme mostra a Fig. 2.1.

Neste ponto, torna-se oportuna a conceituação de algumas grandezas relativas à obtenção dos dados fluviométricos. Nesse sentido, numa seção qualquer de um corpo d'água, consideram-se:

- largura: normalmente medida na superfície da água, entre uma margem e outra;
- profundidade: medidas entre a superfície e o leito ou álveo do rio, por meio das quais se avalia uma profundidade média;
- área da seção: normalmente calculada pelo produto da largura pela profundidade média;
- nível de água (NA): altura atingida numa dada seção em relação a uma referência de nível, que pode ser o nível do mar ou o zero de uma régua graduada, implantada no leito do rio, denominada linímetro ou fluviômetro;

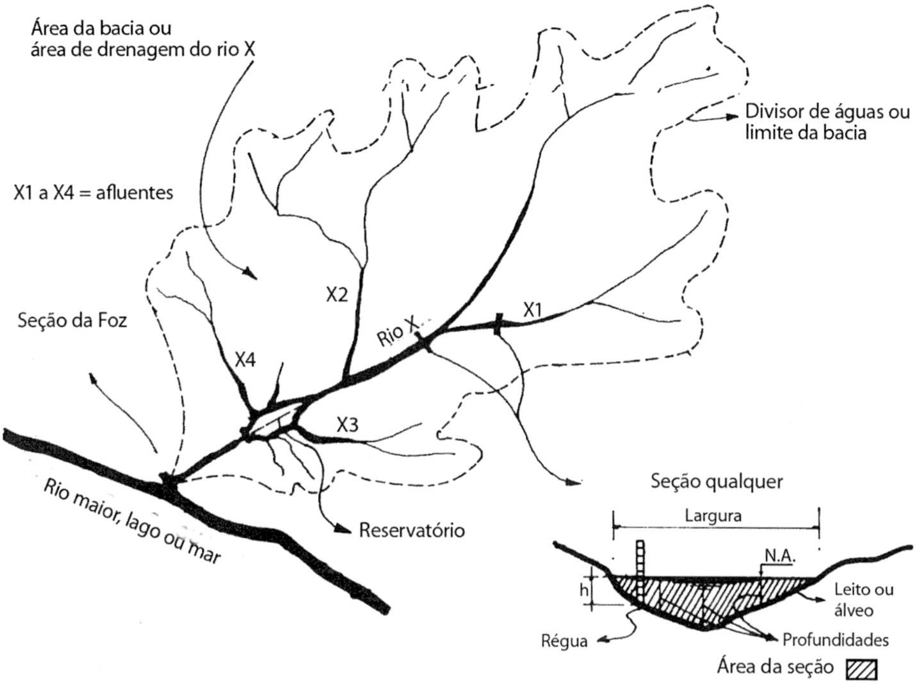

Fig. 2.1 *Esquema de uma bacia hidrográfica e de uma seção qualquer*
Fonte: Cetesb (1988).

- velocidade da água: relação entre o espaço percorrido pela partícula líquida e o tempo de percurso (ou de trânsito), geralmente expressa em m/s, a qual varia com a profundidade e ao longo da largura, podendo-se calcular a velocidade média;
- vazão: quantidade (volume) de água escoada através da seção numa unidade de tempo geralmente expressa em m^3/s; é equivalente ao produto da velocidade média pela área da seção.

Para se realizar medidas de vazão, vários são os métodos e dispositivos que podem ser utilizados, e a sua seleção depende de uma série de fatores, tais como: objetivos da medição; porte do corpo d'água; tipo, variabilidade e regime de escoamento; acessibilidade ao local; recursos econômicos e tempo disponíveis.

Entre as formas de se medir a vazão de rios e córregos, podemos destacar algumas que se utilizam de:

- molinete;

- vertedor e medidor tipo Venturi;
- flutuador.

No primeiro caso, levanta-se a seção por meio de sondagem manual de profundidade ou de ecobatímetro. Na sondagem manual, o espaçamento entre as verticais deve estar entre 5 e 10% da largura do rio e utiliza-se régua ou cabo com peso devidamente calibrados. A velocidade é medida por um aparelho chamado molinete, dotado de uma hélice ou roda, posta em rotação pela força da corrente líquida. O aparelho mede o número de rotações por minuto, que é convertido em velocidade através de uma tabela. Normalmente se determina a vazão das seções verticais, e a vazão na seção do rio é obtida pela soma das vazões parciais. Esse método aplica-se para corpos d'água em geral; no entanto, para córregos e pequenos canais artificiais, podem ser usados vertedores e medidores tipo Venturi.

O uso de flutuador possibilita estimar a vazão de um corpo d'água de modo simples e rápido. O conhecimento da seção transversal de escoamento ou sua determinação permite estimar a vazão por meio do produto dessa área pela velocidade média de escoamento. Inicialmente se determina a velocidade superficial com auxílio de um objeto flutuante, o qual adquire praticamente a mesma velocidade da água que o circunda. É recomendável escolher, sempre que possível, um trecho de curso d' água retilíneo que apresente a menor variação da seção transversal (velocidade constante no trecho). Localiza-se o flutuador no meio do rio ou canal, permitindo que ele percorra um pequeno trecho antes de iniciar a cronometragem. A velocidade superficial é, então, obtida pela relação da distância percorrida pelo tempo medido. A velocidade média na vertical pode ser obtida multiplicando-se a superficial por 0,85.

Vertedores são dispositivos implantados no leito do córrego ou canal, conforme esquema mostrado na Fig. 2.2. Há vertedores de várias formas: retangulares, triangulares, circulares etc.; com ou sem contração lateral, isto é, largura da passagem de água menor ou igual à largura do córrego; de parede espessa ou delgada; em queda livre, como é mostrado no corte da Fig. 2.2; ou afogado. Cada tipo tem sua fórmula de cálculo de vazão, em que entram as dimensões, um coeficiente próprio das condições de escoamento e a carga hidráulica (h), ou seja, a altura que atinge a água

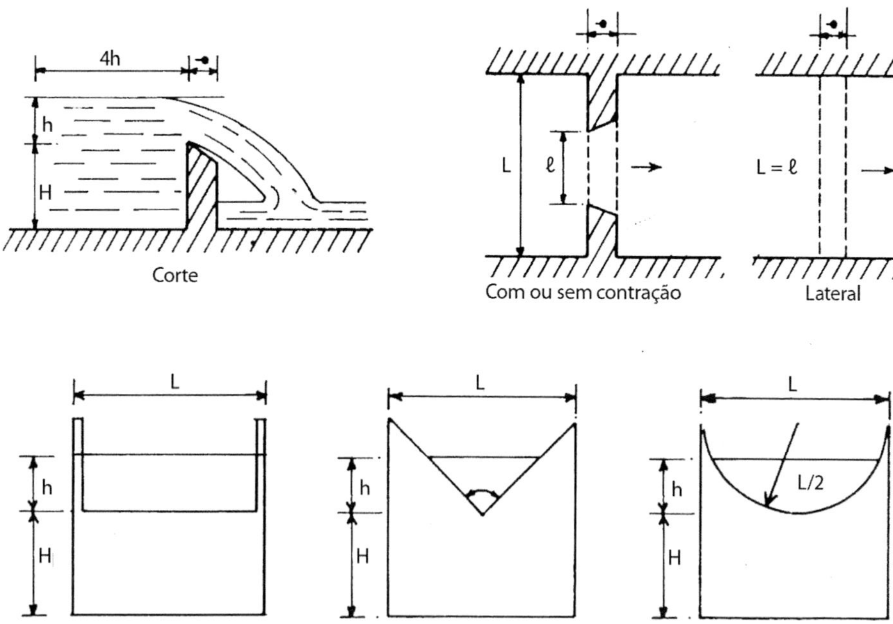

FIG. 2.2 *Esquema de vertedores*
Fonte: Cetesb (1988).

medida acima da soleira (H), considerando-se o nível mais alto, isto é, a uma distância de cerca de 4h a montante da soleira.

Para o vertedor retangular, de parede delgada, sem contração lateral e em queda livre, a fórmula já simplificada de cálculo da vazão é:

$$Q = CLh^{3/2} \quad (2.1)$$

onde:

Q = vazão do rio (m^3/s);

L = largura do vertedor (m);

h = carga hidráulica sobre o vertedor (m) (não confundir com altura de régua);

C = coeficiente de vazão.

Valores de C para vertedores retangulares com parede delgada são apresentados na Tab. 2.1.

Tab. 2.1 Coeficiente *C* para vertedores retangulares de parede delgada

Relação H/h	Carga hidráulica h(m)				
	0,05	**0,10**	**0,50**	**1,00**	**1,50**
0,50	2,316	2,285	2,265	2,262	2,261
1,00	2,082	2,051	2,029	2,025	2,024
2,00	1,964	1,933	1,910	1,907	1,906
10,0	1,870	1,839	1,816	1,813	1,812

Quando se trata de medição em caráter permanente, e se houver material sólido em suspensão, com o tempo o assoreamento a montante do vertedor pode alterar as condições de medida. Nesse caso, têm-se preferido os medidores tipo Venturi, entre os quais o mais comum é o medidor Parshall.

A calha Parshall consiste em uma seção convergente na entrada, com fundo em nível, seguida por uma seção estrangulada ou garganta, com fundo em declive, e, na saída, uma seção divergente, com fundo em aclive. A vazão é determinada a partir da leitura, em escala, da lâmina na seção convergente. A Fig. 2.3 ilustra esse tipo de medidor de vazão.

A vazão dos cursos de água constitui elemento fundamental para se avaliar os problemas de poluição das águas. Por isso, é necessária uma rede de postos fluviométricos abrangendo, se não todos, pelo menos os principais rios de uma região, em relação aos quais, dia após dia, ano após

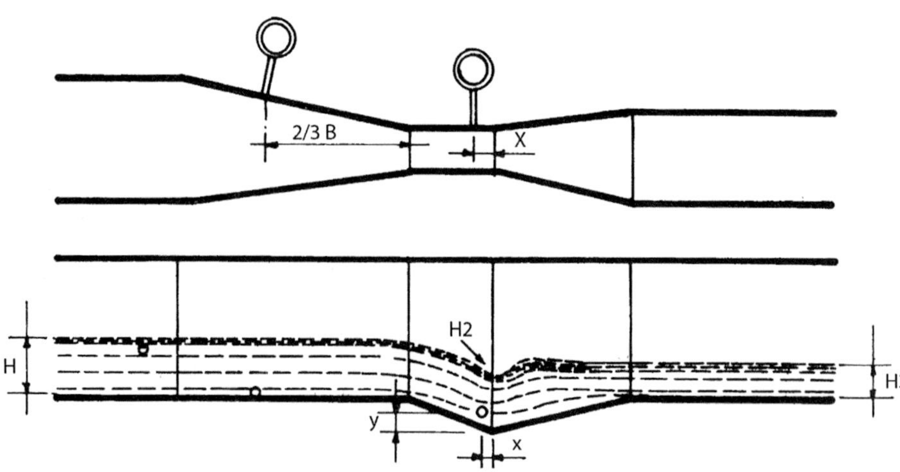

Fig. 2.3 *Calha Parshall*

Fonte: Azevedo Netto e Acosta (1973).

ano, irão sendo acumulados dados de vazão, tanto nas grandes estiagens como nas grandes chuvas.

Um posto fluviométrico é dotado de um fluviômetro, com régua calibrada na qual, duas vezes por dia, um operador lê e anota a altura *h*, ou de um fluviógrafo, que registra essa altura por mecanismo automático e pode até transmitir esse dado por telemetria a um sistema central de computação.

O uso da régua exige a preparação da curva-chave ou curva cota-descarga na seção, por meio de medições de vazão com o nível de água em diversas alturas.

Para controle da poluição, interessa conhecer as vazões mínimas do curso d'água e costuma-se adotar, nos cálculos, a vazão $Q_{7,10}$, isto é, a vazão média mínima de sete dias consecutivos e 10 anos de período de retorno, que, semelhantemente ao visto no caso das chuvas, é aquela que tem probabilidade de ocorrer, em média, uma vez a cada 10 anos. Esse cálculo estatístico somente pode ser feito a partir de uma série de dados diários de vários anos, daí a importância das redes fluviométricas. A Fig. 2.4 mostra o cálculo de $Q_{7,10}$ pelo método gráfico, usando-se o papel log-probabilístico de Galton.

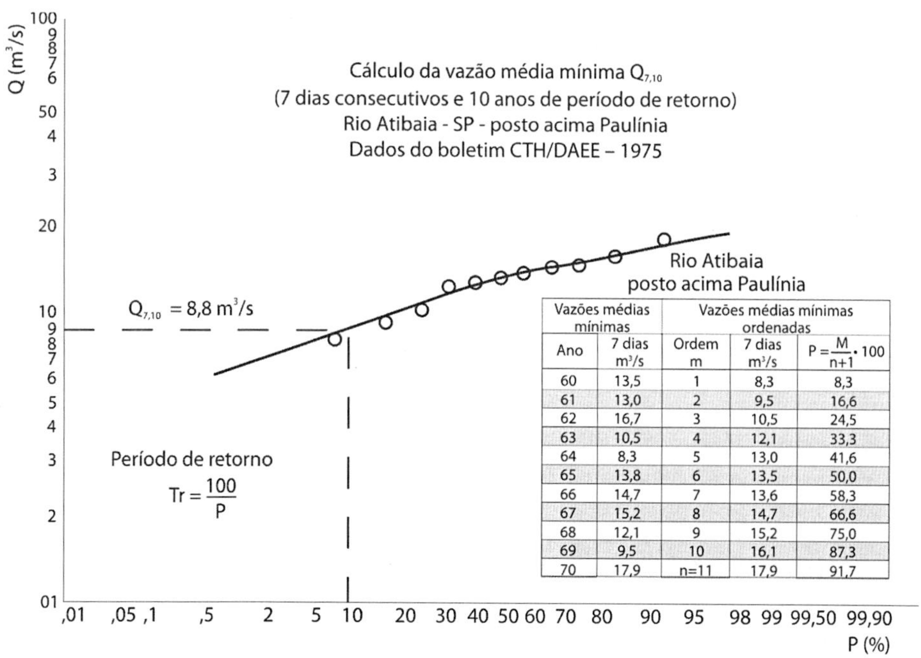

Vazões médias mínimas		Vazões médias mínimas ordenadas		
Ano	7 dias m³/s	Ordem m	7 dias m³/s	$P = \frac{M}{n+1} \cdot 100$
60	13,5	1	8,3	8,3
61	13,0	2	9,5	16,6
62	16,7	3	10,5	24,5
63	10,5	4	12,1	33,3
64	8,3	5	13,0	41,6
65	13,8	6	13,5	50,0
66	14,7	7	13,6	58,3
67	15,2	8	14,7	66,6
68	12,1	9	15,2	75,0
69	9,5	10	16,1	87,3
70	17,9	n=11	17,9	91,7

Fig. 2.4 *Cálculo do $Q_{7,10}$, método gráfico*
Fonte: Cetesb (1988).

Esse método compreende as seguintes etapas:

- ≈ para cada ano, acha-se a vazão média mínima de sete dias consecutivos, depois de calcular, ao longo dos 365 dias do ano, as médias móveis de sete dias, isto é, a do 1º ao 7º dia, a do 2º ao 8º dia e assim por diante, até a do 359º ao 365º dia; na prática, pela observação dos dados, basta cobrir o período mais agudo da estiagem;
- ≈ ordenam-se, então, as vazões mínimas anuais da menor ($m = 1$) para a maior ($m = n$), no período considerado;
- ≈ calcula-se, para cada ano, a posição da plotagem:

$$p = (m/(n + 1))\cdot 100 \qquad (2.2)$$

- ≈ traça-se o gráfico no papel de Galton.

Sendo o período de retorno:

$Tr = 100/p$, e usando $Tr = 10$ anos;

tem-se que $p = 10$, e por meio do gráfico da Fig. 2.4 obtém-se o valor de $Q_{7,10} = 8{,}8\ m^3/s$.

É claro que não se tem a vazão medida em todas as seções e, portanto, é preciso fazer as necessárias interpolações ou extrapolações. Existem métodos mais e menos precisos; porém, um conceito útil é o da vazão (ou contribuição) específica (ou unitária) de determinado trecho da bacia hidrográfica. Esta é calculada dividindo-se a vazão em uma seção pela área de drenagem relativa a essa seção. Por exemplo, a vazão $Q_{7,10}$, específica do posto acima de Paulínia no rio Atibaia, é de 8.800 ℓ/s, que, dividindo pela área de drenagem, 2.670 km^2, resulta 3,33 ℓ/s/km^2.

Esse valor pode parecer constante no âmbito da bacia. Na verdade, não é, pois os fatores intervenientes não são iguais em toda a bacia. Ainda, para exemplificar, o posto de Itatiba, no mesmo rio Atibaia, a montante, tem $Q_{7,10} = 6{,}2\ m^3/s$ e área de drenagem AD = 1.150 km^2, que dá uma $Q_{7,10}$ específica de 5,38 ℓ/s/km^2, bem maior que na seção de Paulínia. No caso, o $Q_{7,10}$ em várias seções de uma bacia que conduz a contribuições específicas diferentes pode estar representando diferentes características da bacia hidrográfica contribuinte, tais como: geologia, cobertura vegetal, declividade desta e do curso d'água principal.

Conceitualmente, o $Q_{7,10}$ é obtido por registros históricos fluviométricos, como já mencionado, representando, pois, as condições naturais da bacia. O exemplo em questão mostra uma bacia que sofreu uma intensa influência antrópica, exemplificada pela construção do Sistema Cantareira, cuja operação foi iniciada em 1973. Outros usos da água fora da calha do rio incluem, por exemplo, o abastecimento doméstico e a irrigação. Esses aspectos normalmente não são considerados na obtenção do $Q_{7,10}$, frequentemente utilizado como elemento de referência nos cálculos da capacidade assimilativa dos corpos d'água. Isso mostra a necessidade de cuidados a serem tomados quando da utilização dos valores de $Q_{7,10}$.

Além do método gráfico de Galton, existem outros, como o de Gumbel, o qual se utiliza de uma ferramenta estatística baseada na teoria dos extremos, ou seja, nas assíntotas de Cauchy, uma vez que a teoria de que as vazões se comportam como variáveis normalmente distribuídas não é sempre verdadeira.

Nesse método, o período de retorno (t) ou tempo de recorrência é definido como o intervalo médio de anos dentro do qual ocorre ou é superado um evento de magnitude (Q). Se (p) é a probabilidade desse evento ocorrer ou ser superado (para os máximos) em um ano qualquer, tem-se que $t = 1/p$, e a probabilidade de que ocorram valores menores ou iguais a Q é $1 - p$, ou seja, $p = (1 - 1/t)$.

Em geral, a probabilidade (p) é desconhecida e a solução é fazer-se uma estimativa com base na frequência das vazões observadas. A partir de uma série anual de N anos de observação das vazões de n dias consecutivos de mínimas anuais, será desenvolvido o estudo de vazão de estiagem.

Para o estudo de mínimas, a série é organizada em ordem crescente de vazão a partir do menor valor. A cada evento é atribuído um número de ordem m, um período de retorno t e uma probabilidade p.

Cada amostra usada é o mínimo entre 365 valores médios diários do ano. Em outras palavras, são N amostras, cada uma constituída de 365 elementos cuja variável aleatória é a vazão diária. De acordo com a lei dos extremos, a distribuição estatística da série de N termos constituída pelos menores valores de cada amostra tende assintoticamente para uma lei simples de probabilidade, que é independente daquela que rege a variável aleatória nas diferentes amostras e no próprio universo da população infinita. Esta é a base da lei de Gumbel, em que:

$$P = 1 - e^{-e^{-y}} \quad (2.3)$$

sendo y uma variável reduzida.

Existem atualmente, em razão da disponibilidade de programas de computador, facilidades relativas à obtenção de dados de vazões mínimas de sete dias e período de retorno de 10 anos.

Apesar da diferença mostrada, a forma mais rápida e prática de se avaliar a vazão de um rio consiste em assumir uma vazão específica e multiplicá-la pela área da bacia hidrográfica correspondente.

Embora exista uma extensa rede fluviométrica no Estado de São Paulo, a rede pluviométrica é bem maior. Frequentemente, na ausência de registros fluviométricos na bacia de interesse, pode-se recorrer aos dados pluviométricos com a finalidade de se estimar a vazão. Para tal, existem hoje várias metodologias que possibilitam a obtenção das informações necessárias.

Entre os métodos de medição de vazão apontados anteriormente, é importante se ter uma ideia em relação à faixa de valores aplicáveis do ponto de vista prático. O Quadro 2.1 apresenta essa aplicação em função da vazão.

Quadro 2.1 Faixa de vazão em função do método de medição

Método de medição	Vazão (ℓ/s)					
	1 a 5	**5 a 30**	**30 a 300**	**300 a 1.000**	**1.000 a 4.000**	**> 4.000**
Molinete	–	–	x	x	x	x
Vertedor retangular	–	–	–	x	–	–
Calha Parshal	x	x	x	x	x	–
Flutuador	x	x	x	x	x	x

As principais vantagens e desvantagens dos métodos apresentados são mostradas de forma resumida no Quadro 2.2.

2.5 Qualidade das águas

Além da quantidade, a qualidade é outro aspecto da água que assegura determinado uso ou conjunto de usos. A qualidade é representada

Quadro 2.2 Principais vantagens e desvantagens dos métodos de medição de vazão

Métodos	Itens					
	Precisão	Custo	Operação	Tipo de medição*	Interferentes na operação	Calibração
Molinete	sim	alto	especializada	descontínua	sim	sim
Vertedor	sim	baixo	simples	descontínua	sim	não
Calha Parshall	sim	médio	simples	descontínua	não	não
Flutuador	não	baixo	simples	descontínua	sim	não

*A medição contínua indireta torna-se possível com a instalação de aparelhos registradores de níveis, associada à calibração do sistema.

por caraterísticas intrínsecas, geralmente mensuráveis, de natureza física, química e biológica.

Essas características, se mantidas dentro de certos limites, viabilizam determinado uso. Esses limites constituem os critérios (recomendações), ou padrões (regras legais) da qualidade da água.

Os padrões não permanecem imutáveis ao longo do tempo; pelo contrário, é preciso que reflitam adequadamente os objetivos, a tecnologia e as condições econômicas da sociedade em cada estágio do seu desenvolvimento. As exigências de saúde pública são prioritárias e têm menor flexibilidade em termos de se afrouxar os limites estabelecidos.

Inúmeras razões justificam a realização de trabalhos de avaliação de qualidade da água. Uma delas tem a ver com o interesse em constatar a observância ou violação dos padrões de qualidade da água. Nesse sentido, a Organização Mundial da Saúde sugere três formas básicas de obtenção de dados de qualidade da água:

- ≈ monitoramento (*monitoring*);
- ≈ vigilância (*surveillance*);
- ≈ levantamento especial (*survey*).

O monitoramento prevê o levantamento sistemático de dados em pontos de amostragem selecionados, de modo a acompanhar a evolução das condições de qualidade da água ao longo do tempo, fornecendo séries temporais de dados. Certos países adotam, também, os chamados inventários de qualidade, que, em geral, são realizados a intervalos de cinco anos. A experiência em São Paulo com relação aos programas de monitoramento dos recursos hídricos superficiais tem demonstrado bons resultados pelo uso de frequências mensais e até bimensais de coleta de dados de qualidade das águas.

A vigilância implica uma avaliação contínua da qualidade da água. Procura detectar alterações instantâneas, de modo a permitir providências imediatas para resolver ou contornar o problema, como, por exemplo, suspender a captação para abastecimento público. Isso exige, normalmente, o emprego de equipamentos automáticos. Há quem use os bioensaios, que consistem em verificar o efeito da morte em peixes colocados em tanque por onde passa continuamente uma parte da água em estudo.

O levantamento especial é projetado para atender às necessidades de um estudo em particular. Geralmente é feito por meio de campanhas intensivas e de determinada duração.

Após a seleção de qualquer uma das formas citadas de avaliação, o passo seguinte consiste na caracterização do recurso hídrico propriamente dito, o que engloba o seguinte conjunto de etapas:

- ≈ definição dos objetivos da amostragem;
- ≈ seleção dos parâmetros;
- ≈ seleção dos locais de coleta;
- ≈ fixação do número de amostras e da frequência da amostragem;
- ≈ seleção dos métodos analíticos;
- ≈ seleção dos métodos de coleta e de preservação das amostras;
- ≈ aplicação de métodos de controle de qualidade dos dados.

Em seguida, cada uma das etapas de caracterização dos recursos hídricos será abordada para possibilitar o seu entendimento e destacar a sua importância no processo de avaliação da qualidade.

2.5.1 Caracterização dos recursos hídricos

a) Definição dos objetivos da amostragem

O objetivo da amostragem é coletar amostras (geralmente frações muito pequenas) do corpo d'água que está sendo estudado, de forma que representem, o mais próximo possível, a qualidade dessa massa líquida.

Ao iniciar a elaboração de um programa de amostragem, é preciso ter bem claros os seus objetivos, senão corre-se o risco de perder tempo e dinheiro. Recomenda-se explicitar os objetivos, uma vez que a informação escrita é menos suscetível a dúvidas. Entre os possíveis objetivos, podem-se elencar:

≈ registro do nível de referência para qualidade da água;
≈ verificação da conformidade com os padrões de qualidade fixados;
≈ avaliação das tendências de qualidade ao longo do tempo;
≈ levantamento de perfis sanitários ao longo dos rios;
≈ vigilância em relação a acidentes ou lançamentos clandestinos;
≈ desenvolvimento de pesquisa;
≈ calibração e uso de modelos matemáticos;
≈ estudos de eutrofização;
≈ estudos de contaminação bacteriana;
≈ estudos de toxicidade;
≈ determinação das causas de mortandade de peixes e de outros efeitos.

Para garantir essa representatividade, a amostragem deve atender os seguintes requisitos:

≈ por ocasião da análise, as concentrações dos constituintes devem permanecer idênticas às existentes no corpo d'água por ocasião da coleta;
≈ locais e ocasiões de coleta que permitam aos resultados representar (com adequada exatidão) a qualidade da água com relação à variação no espaço e no período de tempo de interesse.

Outro ponto a ser considerado é com relação ao tipo de amostragem a ser executada, a qual pode ser simples, composta, manual ou automática. A amostra simples consiste na coleta de uma porção da água em estudo numa determinada data e hora, enquanto que a amostra composta consiste na coleta e mistura de porções individuais durante um determinado intervalo de tempo. No caso da amostra composta, será obtida uma qualidade média do corpo d'água no período considerado. A amostra manual é executada com o auxílio de um técnico, o qual retira a amostra do corpo d'água utilizando um frasco ou equipamento. Por sua vez, na maioria dos casos, a coleta automática exige a construção, próximo ao corpo d'água, de um dispositivo devidamente projetado e protegido, o qual promoverá a coleta das amostras. No caso da coleta automática, é possível também instalar dispositivos que possam medir alguns parâmetros indicadores da qualidade.

Do ponto de vista prático, em São Paulo, a grande maioria das amostras que visam avaliar a qualidade dos recursos hídricos tem sido do tipo simples e colhida manualmente, para posterior análise em laboratório. A partir de 2002 foram instaladas estações de coleta e medição automática em alguns corpos d'água no Estado de São Paulo.

b) Seleção dos parâmetros

A seleção dos parâmetros está também intimamente relacionada ao objetivo do trabalho, bem como aos locais a serem escolhidos para representar o corpo d'água em estudo. Existe um número bastante grande de indicadores de qualidade, os quais podem ser agrupados de modo a caracterizar os diversos tipos de fontes poluidoras, como, por exemplo:

≈ poluição orgânica (demanda bioquímica de oxigênio, demanda química de oxigênio, cloretos, fenóis e oxigênio dissolvido);
≈ poluição inorgânica (metais, praguicidas, outras substâncias tóxicas e testes de toxicidade);
≈ contaminação bacteriana (coliformes totais e fecais);
≈ processo de eutrofização (nitrogênio, fósforo, transparência e clorofila);
≈ poluição geral (potencial hidrogeniônico, temperatura, resíduo total e turbidez).

A seleção dos indicadores deverá sempre levar em conta os usos previstos para o corpo d'água e as fontes de poluição existentes na área de drenagem do recurso hídrico.

A importância e o significado de cada parâmetro indicador se constituem também em um elemento importante no processo de escolha de cada um deles. A seguir, de forma resumida, são apresentadas informações sobre os indicadores mais utilizados na avaliação da qualidade das águas.

Potencial hidrogeniônico – pH

Este indicador, mais conhecido por pH, nada mais é que uma relação numérica que expressa o equilíbrio entre íons (H^+) e íons (OH^-).

A faixa de variação do pH é de 0 a 14, sendo 7,0 o valor considerado como neutro, no qual a concentração de íons (H^+) é igual à concentração de íons (OH^-). Quando há predominância de íons (H^+), ocorrem valores de pH menores que 7,0; é o chamado pH ácido. No caso de predominar íons (OH^-), o pH será maior que 7,0 e tem-se o pH básico.

Do ponto de vista desse indicador, as maiores alterações nas coleções de água são provocadas por despejos de origem industrial.

Deve-se considerar também que os organismos aquáticos (peixes) estão geralmente adaptados às condições de neutralidade e, como consequência, alterações bruscas do pH de uma água podem acarretar o desaparecimento dos seres nela presentes.

Temperatura da água

A temperatura é uma característica física das águas. Trata-se de uma medida de intensidade de calor. A presença dos gases na água, ou, mais exatamente, a solubilidade dos gases nos líquidos, é inversamente proporcional à temperatura. Assim, quanto maior a temperatura de um líquido, menor a possibilidade de esse líquido reter os gases.

O aumento dos valores de temperatura nos corpos d'água superficiais é promovido, principalmente, por despejos de origem industrial e descargas de usinas termoelétricas.

Os efeitos danosos à flora e fauna aquáticas provocados pelo aumento de temperatura nos corpos d'água são indiretos, pois um aumento de temperatura implica maior movimentação dos seres aquáticos, com consequente aumento no consumo de oxigênio dissolvido (elemento este de importância vital para os seres aquáticos aeróbios), e diminuição do poder de retenção do gás oxigênio através desse líquido. Para se ter uma ideia da variação do teor de oxigênio dissolvido numa água em função da temperatura, é suficiente lembrar que, no nível do mar, um rio de água doce poderá, à temperatura de 0°C, conter cerca de 14,0 mg/ℓ de oxigênio dissolvido e, à temperatura de 30°C, cerca de 7,5 mg/ℓ.

Demanda bioquímica de oxigênio – DBO

A DBO, como é conhecida, pode ser entendida como a quantidade de oxigênio necessária para a oxidação da matéria orgânica por meio da ação de bactérias. Por outro lado, a oxidação é um processo de simplificação da matéria orgânica por meio de microrganismos em substâncias mais simples, tais como NH_3, CO_2, H_2O e sais minerais. É uma medida que procura retratar, em laboratório, o fenômeno a ser realizado no corpo d'água.

A DBO é um teste padrão, realizado a uma temperatura constante (20°C) e durante um período de incubação também fixo (5 dias). Em relação a sua determinação, devem ser levados em consideração certos cuidados, por causa de possíveis interferências na ação bacteriana, já que as bactérias são as principais protagonistas do teste.

A determinação da DBO em águas que contêm metais pesados, por exemplo, levará sempre à obtenção de resultados não condizentes com a realidade.

Os maiores aumentos em termos de DBO num corpo d'água são provocados por despejos de origem predominantemente orgânica.

Demanda química de oxigênio – DQO

A DQO, que, como a DBO, é um indicador da presença de matéria orgânica, pode ser definida como a quantidade de oxigênio necessária para a oxidação da matéria orgânica por meio de um agente químico. Assim, enquanto que na DBO se tem uma oxidação com auxílio de bactérias, na DQO o fenômeno é provocado pela ação de uma substância química.

Geralmente os valores da DQO são maiores que os da DBO, e em testes de laboratório, a DQO, que é realizada num prazo muito menor que a DBO, é determinada em primeiro lugar, e os resultados servem de orientação para o teste da DBO (estabelecer as diluições).

A DQO, em alguns casos, pode e deve substituir a DBO na determinação da matéria orgânica, em razão da presença de substâncias que interferem na medida da DBO.

O aumento da concentração de DQO num corpo d'água decorre principalmente de despejos de origem industrial.

Oxigênio dissolvido – OD

Esse elemento é de importância vital para os seres aquáticos aeróbios. A introdução de oxigênio dissolvido na água pode se dar através do ar atmosférico, do fenômeno de fotossíntese e da ação de aeradores ou insufladores de ar. O teor de oxigênio na água varia principalmente com a temperatura e com a altitude.

As reduções nas concentrações de oxigênio nos corpos d'água são provocadas principalmente por despejos de origem orgânica.

A ausência completa de oxigênio num corpo d'água pode dar origem à formação de gases objetáveis (H_2S, mercaptanas etc.), além, evidentemente, de não permitir a vida a nenhum ser aeróbio.

Metais

Os metais ocorrem nos corpos d'água em razão de despejos decorrentes principalmente de processos industriais na forma de substâncias químicas orgânicas e/ou inorgânicas. A seguir, serão feitas breves considerações sobre os metais mais utilizados como indicadores de qualidade das águas e cujos padrões encontram-se estabelecidos na legislação federal vigente no Brasil.

≈ *Cádmio*

Encontrado nas águas naturais em concentrações muito baixas, o cádmio é um metal de elevado potencial tóxico. Os despejos de galvanoplastias são os maiores contribuintes em relação ao aumento das concentrações desse elemento nas coleções de água.

Estudos realizados mostram que o cádmio se acumula em organismos aquáticos, havendo, assim, possibilidade de sua entrada na cadeia alimentar.

O limite máximo definido para os corpos d'água doce (salinidade igual ou menor que 0,5%) classes 1 e 2 é de 0,001 mg/ℓ e os de classe 3, de 0,01 mg/ℓ.

≈ *Cromo*

A ocorrência de cromo nas águas é rara e sua presença decorre principalmente de despejos de origem industrial (galvanoplastias, fabricação de couro e processamento de tintas e corantes). O cromo na forma total é mais tóxico que na trivalente. Os sais de cromo não têm poder acumulativo.

O limite para os corpos d'água doce é de 0,05 mg/ℓ em termos de cromo total, em se considerando os de classes 1, 2 e 3.

≈ *Cobre*

Esse elemento ocorre nas águas naturais em pequenas concentrações. É benéfico e essencial ao metabolismo humano; sua ausência pode provocar problemas de anemia.

A ocorrência de cobre nas águas resulta de despejos industriais e da sua utilização como algicida. Concentrações elevadas de cobre nas águas são danosas aos organismos aquáticos, havendo também a possibilidade de aparecimento de gosto na água de abastecimento público.

O limite para as águas superficiais doces classes 1 e 2 é de 0,09 mg/ℓ e de 0,013 mg/ℓ para os da classe 3.

≈ *Chumbo*

Nas águas naturais, apenas pequenos traços de chumbo são encontrados. Os despejos de origem industrial são os incrementadores da concentração desse elemento nas águas.

O chumbo tem poder cumulativo e é tóxico ao homem e aos animais. O limite estabelecido para as águas superficiais doces classes 1 e 2 é de 0,01 mg/ℓ, enquanto para as de classe 3 o limite é de 0,033 mg/ℓ.

≈ *Mercúrio*

O mercúrio encontra-se distribuído no meio ambiente e seu aumento tem origem em indústrias e aplicações agrícolas. No homem, a toxicidade aguda por mercúrio é caracterizada por náuseas, vômitos, dores abdominais, diarreia, danos nos ossos e morte. O mercúrio mostra-se mais tóxico na forma de metilmercúrio.

Tóxico tanto para o homem como para os animais, o limite de mercúrio estabelecido para as águas superficiais doces é de 0,0002 mg/ℓ para as classes 1 e 2, e de 0,002 mg/ℓ para a classe 3.

≈ *Zinco*

Esse elemento é essencial e benéfico ao metabolismo humano. Ocorre nas águas naturais em pequenas concentrações e o seu aumento é proveniente de despejos industriais.

A toxidez do zinco em relação aos organismos aquáticos está relacionada principalmente às concentrações de oxigênio e à dureza da água.

A concentração limite para as águas superficiais é de 0,18 mg/ℓ para as classes 1 e 2, e de 5,0 mg/ℓ para a classe 3.

Praguicidas (defensivos agrícolas)

São substâncias químicas, naturais e sintéticas, usadas no controle e na destruição de plantas e animais considerados adversos à sociedade humana. Os praguicidas são muito conhecidos no Brasil como “pesticidas” e também chamados de defensivos agrícolas.

De acordo com sua ação biológica, os praguicidas são chamados de inseticidas, herbicidas, fungicidas, carrapaticidas, raticidas etc. Os praguicidas podem ser quimicamente divididos em orgânicos e inorgânicos. Dentro dessa classificação, os orgânicos sintéticos são os praguicidas mais utilizados e merecem uma maior atenção. Entre os sintéticos orgânicos, destacam-se os organoclorados e os organofosforados, sendo os primeiros mais persistentes e menos tóxicos.

A contaminação dos corpos d'água pelos praguicidas não tem como fonte primária de poluição as atividades de produção ou transformação desse tipo de produto. A contaminação normalmente acontece no seu uso ou transporte.

Os peixes e organismos aquáticos são muito mais sensíveis aos praguicidas que outros animais, incluindo o próprio homem.

Do ponto de vista da preservação do meio ambiente, seria quase sempre preferível o uso dos organofosforados em vez dos organoclorados, tendo em vista, principalmente, a persistência desses últimos. Contudo, fatores técnicos e econômicos impedem a substituição de um pelo outro.

Nutrientes

Os nutrientes são compostos principalmente à base de nitrogênio e fósforo, que, em determinadas concentrações, possibilitam o aparecimento e a proliferação de organismos aquáticos.

Os compostos de nitrogênio e fósforo ocorrem naturalmente em pequenas concentrações. O aumento nas concentrações desses elementos nas águas deriva, sobretudo, dos esgotos de origem doméstica.

A presença de nitrogênio e fósforo nas águas em determinadas concentrações contribui para a proliferação de organismos aquáticos e a consequente eutrofização – aumento da presença de algas e de plantas aquáticas. O processo de eutrofização pode causar prejuízos principalmente a usos da água como abastecimento público, recreação e navegação.

Turbidez

A turbidez da água acontece por causa de matérias em suspensão, como argila, silte, substâncias orgânicas finamente divididas, organismos microscópicos e partículas similares.

A turbidez é uma característica das águas correntes, sendo, em geral, baixa nas dormentes.

A turbidez pode ocorrer naturalmente, em função do processo de erosão, e artificialmente, em função do lançamento de despejos domésticos e industriais.

Do ponto de vista sanitário, a turbidez poderá afetar esteticamente os corpos d'água ou, ainda, encarecer os processos de tratamento para fins de abastecimento público e industrial. Outro fator a ser considerado é com relação à fauna e flora, que poderão sofrer distúrbios em função da redução de penetração de luz.

Resíduo total

Estritamente falando, toda matéria, exceto a água contida em materiais líquidos, é classificada como resíduo. A definição comum de resíduo, no entanto, refere-se àquele material que permanece como resíduo após evaporação à temperatura de 105°C.

A utilização do resíduo ou sólido total como indicador de qualidade das águas tem mostrado pouca utilidade prática, e sua maior aplicação tem-se restringido aos cálculos do índice de qualidade das águas. O significado desse parâmetro, em termos ambientais, limita-se à água para fins de abastecimento público, em que o padrão é de 500 mg/ℓ para a água bruta.

Coliformes termotolerantes

As bactérias do grupo coliforme são consideradas as principais indicadoras de contaminação fecal. O grupo coliforme é formado por um número de bactérias que inclui os gêneros Klebsiella, Escherichia, Serrata, Erwenia e Enterobactéria. Essas bactérias têm se mostrado, até então, como os melhores indicadores da possível presença de seres patogênicos (causadores de doença ao homem).

A investigação de seres patogênicos é, na prática, inviável, em razão do seu grande número. Os coliformes termotolerantes ou a *Escherichia coli*, por sua vez, além da vantagem de terem resistência igual ou maior que os seres patogênicos, estão presentes em grandes quantidades nas fezes dos animais de sangue quente, são facilmente isolados e identificados na água e as técnicas bacteriológicas são simples, rápidas e econômicas.

A presença de coliformes numa água, por si só, não representa um perigo à saúde, mas indica a possível presença de outros seres causadores de problemas à saúde.

A determinação desse indicador é expressa pela contagem de unidades formadoras de colônias (UFC) por 100 mℓ de amostra.

Esse indicador pode ser medido como coliforme total e fecal, e este último é revelador em relação à presença de esgotos de origem sanitária.

Muitas vezes, a investigação quanto à qualidade abrange não só a água, como também os sedimentos e os organismos aquáticos.

c) Seleção dos locais de coleta

Em geral, os objetivos de um programa de amostragem possibilitam a definição, de forma aproximada, dos locais de coleta. O uso da internet (Google Maps) ou, ainda, de mapas na escala 1:50.000, por exemplo, e uma visita ao campo irão facilitar a demarcação dos locais.

Ao amostrar um corpo d'água, há que se escolher uma ou mais seções dentre uma infinidade delas e, portanto, devem ser selecionados pontos-chave, de forma a detectar influências mais representativas de fontes poluidoras. Outra situação é quando se busca conhecer a evolução da qualidade da água por meio de uma sequência de pontos no recurso hídrico, podendo-se obter um perfil sanitário.

Levando em conta as caraterísticas hidráulicas, é preciso conhecer e escolher bem o ponto de amostragem. A distribuição de concentrações na seção pode ou não ser homogênea.

Por outro lado, podem ocorrer reações químicas ou bioquímicas com diferentes intensidades, como, por exemplo, o crescimento de algas nas camadas superiores dos corpos d'água, com influência sobre variáveis como pH e OD (oxigênio dissolvido). Em lagos e reservatórios, é preciso considerar a possibilidade de existir estratificação térmica com formação de camadas que não se misturam. Por isso, nesses ambientes convém que se amostre pelo menos na superfície e no fundo. Como regra geral, é sempre conveniente realizar uma verificação da eventual heterogeneidade numa estação de amostragem.

Se houver disponibilidade de recursos, uma investigação preliminar de campo possibilitará uma compreensão mais aprimorada sobre o grau de heterogeneidade do corpo d'água, com consequentes subsídios para o estabelecimento dos locais de amostragem. Essa investida preliminar deverá considerar medidas de campo tais como oxigênio dissolvido, condutividade elétrica e temperatura. Outra ferramenta que poderá ser utilizada são traçadores, como corantes ou materiais radiativos, que visam definir melhor o grau de mistura do recurso hídrico.

O acesso ao local de amostragem deve ser, sempre que possível, facilitado. É comum o uso de pontes para facilitar o acesso ao meio do rio, e, no caso de reservatórios, torna-se indispensável o uso de barco. Geralmente locais de amostragem próximos às margens de rios ou reservatórios devem ser evitados, a menos que se tenha um interesse específico.

Sem dúvida, a vazão do rio influencia o nível de qualidade da água. Assim, é muito útil que a estação de amostragem coincida ou se localize suficientemente próximo de uma estação fluviométrica para que se possa conhecer a vazão quando da amostragem.

d) Número de amostras e frequência da amostragem

O número de amostras e a frequência da amostragem estão diretamente ligados aos objetivos do trabalho de avaliação que se pretende realizar. No entanto, do ponto de vista prático, a determinação do número de amostras mínimo e da frequência é, muitas vezes, de difícil realização, em função das limitações econômicas e operacionais.

Normalmente a determinação do número mínimo de amostras implica o uso de alguma ferramenta estatística. Se as variações de qualidade ocorrerem durante o período de interesse, forem essencialmente aleatórias, independentes e seguirem uma distribuição normal, os limites de p% de confiança sobre o valor médio (x) calculado a partir de N amostras individuais é dado por $x + L$, com

$$L = (t.s)/\sqrt{N} \qquad (2.4)$$

onde:

t = fator cujo valor depende de N e p (t de Student);

s = desvio-padrão dos resultados, que inclui a variabilidade da qualidade da água e também a variabilidade adicional introduzida pelos processos analíticos e de amostragem.

Assim, se a incerteza tolerável no resultado médio for de $+U$, tem-se:

$$N > (t.s/U)^2 \qquad (2.5)$$

Por exemplo, suponha-se que fosse preciso estimar a concentração média da amônia com limites de 95% de confiança, não excedendo a

0,2 mg N/ℓ, e informações anteriormente disponíveis indicassem que $s = 0,5$ mg N/ℓ. Quantas amostras deveriam ser analisadas num ano? A substituição da Eq. (2.5) fornece:

$$N > 6,25\ t^2$$

Um exame da tabela de t de Student mostra que essa desigualdade só é satisfeita quando N estiver entre 25 e 30, ou seja, aproximadamente 30 amostras deveriam ser coletadas e analisadas.

Os cálculos apresentados são baseados em diversas hipóteses que podem não ser totalmente válidas. Todavia, o mérito dessa abordagem é permitir uma decisão razoavelmente objetiva quanto ao número de amostras, e isso é preferível a abordagens subjetivas e intuitivas. A Fig. 2.5 apresenta um gráfico da variação de N em função de s/U.

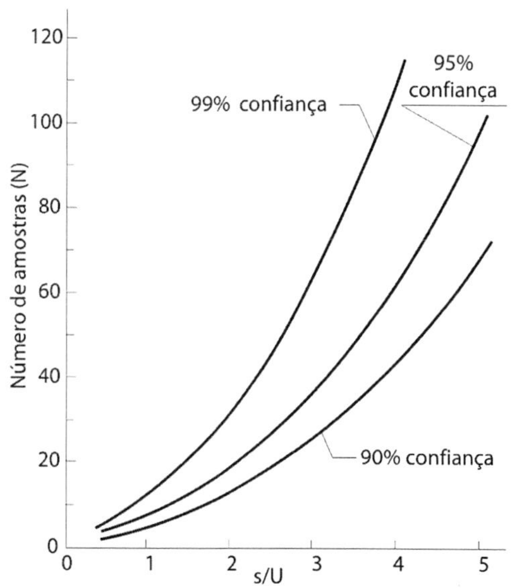

Fig. 2.5 *Número aproximado de amostras requeridas na estimativa da concentração média Fonte: Cetesb (1988).*

Há melhores procedimentos estatísticos, mas o valor prático desses procedimentos para se estabelecer programas de medição é duvidoso, porque geralmente requerem informações mais detalhadas sobre a variabilidade da qualidade. A seguir, expõem-se algumas observações sobre as hipóteses básicas da abordagem sugerida.

As estimativas do desvio-padrão "s" devem, de preferência, ser obtidas a partir de resultados anteriores, distribuídos ao longo do mesmo período de tempo em que se pretende estimar a concentração média. Por exemplo, se o objetivo é calcular a concentração média anual, "s" deve ser estimado por meio dos resultados distribuídos ao longo de um ano. A exatidão do valor estimado de "s" melhorará à medida que aumentar o número de resultados disponíveis, mas valores razoáveis de "s" poderão ser obtidos a partir de 10 resultados.

Quando pouco ou nenhum resultado passado estiver disponível, dois enfoques são possíveis:

- ≈ aproveitar os resultados de sistemas similares para a obtenção de uma estimativa de "s";
- ≈ fazer uma investigação experimental preliminar do sistema.

Ambos os enfoques provavelmente irão fornecer estimativas que necessitam de revisão subsequente. Assim, é desejável iniciar o programa de rotina numa frequência duas vezes maior que a calculada a partir da estimativa preliminar de "s".

Se houver suspeita da existência de ciclos diários e semanais, a magnitude desses ciclos só pode ser estimada mediante testes experimentais. Para os ciclos diários (pelo menos seis ou, de preferência, mais), as amostras deverão ser coletadas em intervalos de tempo aproximadamente iguais, durante diversos dias, e todas as amostras, analisadas individualmente. Os resultados vão revelar se há ou não uma variação cíclica persistente.

Analogamente, para a identificação de ciclos semanais, as amostras deverão ser retiradas no mesmo instante do dia, em cada um dos dias de uma semana, sendo as sete amostras obtidas e analisadas individualmente. Todo esse procedimento deverá ser repetido por diversas semanas.

Supõe-se que as variações aleatórias sigam a distribuição normal. Muitos parâmetros não seguem essa distribuição, mas os efeitos de tais afastamentos não serão grandes se N for maior ou igual a 6. Pode-se adequar os cálculos quando a distribuição seguida por uma variável for conhecida pelo menos aproximadamente.

Montgomery e Hart (1974) propõem um método para estimar N quando as variações seguem uma distribuição log-normal. Algumas medidas bacteriológicas, cujos resultados são expressos como soma total, geralmente seguem outras distribuições, como, por exemplo, a de Poisson.

Outro ponto a ser considerado é que os resultados obtidos em amostras sucessivas são independentes. Isso geralmente não é verdade, porque muitas variáveis estão sujeitas à correlação serial, isto é, o resultado da amostra precedente. O efeito dessa persistência na qualidade, para um dado valor de N, é tornar o valor de L maior que o indicado na Eq. (2.4). Quando o período entre as amostras sucessivas é maior que uma semana, é provável que esse efeito não seja muito grande.

Uma vez decidido o valor de N, os intervalos entre as amostras sucessivas devem ser fixados. Rigorosamente, a aplicação das Eqs. (2.4) e (2.5) requer que as ocasiões de amostragem sejam selecionadas aleatoriamente ao longo do período em que se está interessado. Entretanto, diversos autores concluíram que a amostragem sistemática (com espaçamentos não exatamente iguais) conduz à boa precisão na estimativa das concentrações médias.

e) Seleção dos métodos analíticos

Quanto à escolha dos métodos analíticos, para operacionalizar o programa de amostragem são necessários os recursos de laboratório e de campo, que permitirão realizar as coletas e as análises físico-químicas e biológicas das amostras.

O preparador de um programa de amostragem tem de se transformar num químico e biologista, ou obter ajuda desses profissionais para auxiliar na escolha dos métodos analíticos adequados, em razão dos limites de detecção impostos pelos objetivos. Por exemplo, caso se procure avaliar a conformidade da qualidade da água com o padrão de mercúrio, que é de 0,0002 mg/ℓ, convém que o método analítico seja capaz de medir concentrações até dez vezes menores, isto é, da ordem de 0,00002 mg/ℓ.

f) Seleção dos métodos de coleta e de preservação das amostras

Quanto à coleta, a escolha de uma técnica correta para coletar amostras é de suma importância, e nela estão envolvidos dois aspectos: o dispositivo de amostragem e o método operacional.

Os dispositivos de amostragem não serão necessários quando estiverem disponíveis instrumentos ou sensores que possam ser diretamente imersos no corpo d'água, como, por exemplo, os sensores de condutividade elétrica e oxigênio dissolvido.

Para muitas das aplicações relativas às águas naturais, não se faz necessário qualquer dispositivo especial de amostragem. Geralmente basta imergir um recipiente (por exemplo, um balde) na água, enchendo-o; em seguida, a água deve ser despejada em recipientes apropriados para as amostras.

Muitas vezes, os próprios recipientes de amostra podem ser diretamente imersos na água. Quando houver necessidade de retirar amostras de profundidade que inviabilizem o uso dessa técnica simples, lança-se mão de amostradores especiais para mergulho na água e retirada de amostras seladas da profundidade escolhida.

Muitos dispositivos de amostragem têm sido usados, e os principais estão descritos no *Guia Técnico de Coleta e Preservação de Amostras de Água* publicado pela Cetesb (Agudo, 1988).

As concentrações dos constituintes na amostra não devem sofrer alteração na passagem para o dispositivo de amostragem. Esses constituintes podem depositar-se nesse dispositivo; os sólidos sedimentáveis podem sedimentar-se por gravidade; e os materiais dissolvidos podem ser absorvidos. Também é possível que os constituintes sofram reações químicas e/ou biológicas. Grandes proporções de amônia podem, por exemplo, ser oxidadas por incrustações bacterianas nas paredes dos amostradores.

Algumas precauções gerais são úteis para minimizar esses efeitos. A primeira delas consiste em minimizar o tempo de contato entre a amostra e o dispositivo de amostragem.

Os materiais usados nos dispositivos de amostragem não devem permitir nenhuma contaminação significativa da amostra. Materiais plásticos são adequados, especialmente, quando se trata de determinar traços de metais. Já para outras aplicações, pode ser preciso utilizar amostradores metálicos; por exemplo, para águas a altas temperaturas ou quando baixas concentrações de compostos orgânicos precisam ser determinadas. O aço inoxidável é adequado para esse fim e o vidro, apesar de frágil, também pode ser útil.

Quando são usados tubos de amostragem, eles deverão ser o mais curtos possível e no seu interior deverá ser mantida uma alta velocidade linear (coleta automática).

O dispositivo de amostragem deverá ser conservado limpo, especialmente no que diz respeito a substâncias não dissolvidas e a incrustações biológicas. As tubulações de amostragem opacas são desejáveis para prevenir o crescimento de algas. É útil realizar descargas regulares do sistema de coleta com um algicida. O algicida residual também deverá ser descarregado, para evitar uma eventual contaminação. Ao se elaborar projetos de sistemas de amostragem, convém concebê-los de maneira simples para assegurar sua limpeza, com superfícies lisas e sem perturbações de vazão, tais como: áreas estagnadas, muitas torneiras, válvulas e curvas.

Quanto ao transporte e à preservação da amostra, é necessário assegurar que os recipientes com as amostras não quebrem nem se percam durante o transporte do local de amostragem até o lugar onde será realizada a análise.

Convém enfatizar dois pontos:

- ≈ os recipientes das amostras deverão ser manipulados e acondicionados de modo a evitar a contaminação de sua superfície externa (especialmente ao redor de seu gargalo e tampa);
- ≈ uma precaução legítima (e frequentemente essencial) é analisar a amostra o mais breve possível após a coleta. Assim, devem ser tomadas providências para que o transporte da amostra seja realizado rapidamente. Se não for possível trazer as amostras para o laboratório com rapidez suficiente, deve-se cogitar o uso de laboratórios locais para a determinação de variáveis de qualidade especialmente instáveis, como demanda bioquímica de oxigênio, bactérias e outras. Dependendo do caso, devem ser usados laboratórios móveis para a realização das análises no próprio local.

Uma vez recebidas pelo laboratório, as amostras deverão ser guardadas, até o início da análise, em condições que previnam a contaminação da superfície externa dos respectivos recipientes. De preferência, deverá ser escolhida uma área separada (onde não são utilizados agentes químicos) e que possa ser conservada escura e limpa.

O aspecto vital da armazenagem de amostras diz respeito às mudanças nas concentrações dos constituintes das amostras, ocorridas entre a coleta e a análise. Muitas reações químicas, biológicas e físicas podem ocorrer durante esse período. A natureza e a velocidade dessas reações são tais que, se nenhuma precaução for tomada na ocasião da análise, as amostras poderão não mais representar as condições existentes na ocasião da amostragem.

São poucas as variáveis que não experimentam esses efeitos. Essas reações geralmente são afetadas pela natureza química e biológica da amostra, por sua temperatura e grau de exposição à luz e pelo tipo de recipiente usado. Desse modo, a taxa de alteração de um determinado parâmetro pode variar não somente de um tipo de água para outro, mas também, de tempos em tempos, para amostras de um determinado corpo d'água. Ressalta-se que essas taxas de deterioração são de tal ordem que, algumas vezes, mudanças importantes ocorrem em poucas horas, em menos de uma hora e, frequentemente, em um dia.

Em geral, a atividade biológica pode ser evitada ou acentuadamente reduzida ao se guardar as amostras no escuro e a baixas temperaturas (aproximadamente 4°C). Esse método de preservação é amplamente empregado e pode ser muito útil, valendo a pena adotá-lo como precaução mínima, sempre que houver dúvidas no que diz respeito à estabilidade da amostra.

A atividade bacteriana ou das algas numa amostra pode ser suficientemente reduzida filtrando-se a amostra através de um filtro de poros de pequena dimensão, que possa reter algas e bactérias. Os filtros de membrana (poros de aproximadamente 0,5 mm) ou de fibra de vidro são frequentemente usados para esse fim. A técnica é conveniente e tem sido recomendada por inúmeros autores, especialmente para compostos de fósforo e silício. Essa abordagem não se aplica para constituintes que são parcial ou totalmente removidos pelo filtro. É igualmente importante assegurar que as impurezas lixiviadas do filtro não causem contaminação importante; para tanto, recomenda-se extensiva pré-lavagem do filtro para prevenir esse tipo de problema.

As técnicas de preservação apresentadas na Tab. 2.2 devem ser consideradas apenas como sugestões viáveis. Provavelmente são adequadas em muitas aplicações; porém, cada analista deverá testar a eficiência delas para as suas próprias amostras. Se for revelada uma instabilidade, deverá ser testada a eficiência de outros preservativos.

No que se refere à preservação das amostras quando forem muitos os constituintes a serem determinados, pode ser necessária a utilização de vários recipientes para cada tipo ou conjunto de indicadores de qualidade. Embora seja inconveniente, não há outra alternativa.

Os recipientes da amostra devem ser identificados de modo claro, sem ambiguidade, para que os resultados analíticos possam ser interpretados corretamente. É desejável que todos os detalhes relevantes para caracterizar a amostra sejam registrados no rótulo colocado no recipiente da amostra.

Os rótulos ou as etiquetas devem ser preenchidos na ocasião da coleta da amostra. Todas as informações necessárias para caracterizar as condições gerais da água que está sendo coletada precisam ser coligidas. Os dados mínimos requeridos para a maioria das amostras de águas superficiais são os seguintes:

TAB. 2.2 Técnicas úteis de preservação

Parâmetros	Recipiente da amostra[1]	Método de preservação[2]	Tempo máximo entre coleta e análise[3]	Volume da amostra (mℓ)
Alcalinidade	P ou V	Refrigeração a 4°C	24 horas	200
DBO 5d, 20°C	V	Refrigeração a 4°C	6 horas	2.000
Borato	P	Nenhuma exigência	7 dias	500
Cálcio	P ou V	Nenhuma exigência	7 dias	500
DQO	V	1 a 2 ml H_2SO_4/l de amostra	7 dias	200
Cloreto	P ou V	Nenhuma exigência	7 dias	200
Cloro	V	-	Analisar imediatamente	-
Cor	P ou V	Refrigeração a 4°C	24 horas	200
Condutividade	P ou V	Nenhuma exigência	1 a 7 dias	500
Cianeto	P	pH entre 10 e 11	24 horas	1.000
Detergentes	V	20 mg $HgCl_2$ de amostra	1 dia	500
Oxigênio dissolvido	V	-	Analisar o mais breve possível, de preferência, no local [4]	300 (frasco cheio)
Fluoreto	P	Nenhuma exigência	7 dias	500
Dureza	P ou V	Nenhuma exigência	7 dias	300
Magnésio	P ou V	Nenhuma exigência	7 dias	500
Metais totais	P	2 a 10 mℓ HNO_3/ℓ de amostra Filtrar no local: 2 a 10 ml	Muitas semanas	1.000
Metais dissolvidos	P	HNO_3/ℓ de amostra	Muitas semanas	500
Mercúrio	P	5 a 10 mℓ HNO_3/ℓ de amostra	7 dias	300
Nitrogênio amoniacal	P ou V	40 mg $HgCl_2$/ℓ de amostra	1 a 7 dias	1.000
Nitrogênio nitrato	P ou V	40 mg $HgCl_2$/ℓ de amostra	1 a 7 dias	300
Nitrogênio nitrito	P ou V	40 mg $HgCl_2$/ℓ de amostra	24 horas	200
Nitrogênio orgânico	V	40 mg $HgCl_2$/ℓ de amostra	24 horas	1.000
Odor	V	Refrigeração a 4°C	6 a 24 horas	1.000 (frasco cheio)
Óleos e graxas	V	1 a 2 mℓ H_2SO_4/ℓ de amostra	24 horas	1.000

Tab. 2.2 Técnicas úteis de preservação (cont.)

Parâmetros	**Recipiente da amostra**(1)	**Método de preservação**(2)	**Tempo máximo entre coleta e análise**(3)	**Volume da amostra (mℓ)**
Carbono orgânico	V	1 a 2 mℓ H_2SO_4/ℓ de amostra	1 a 7 dias	200
pH	P ou V	–	Analisar o mais breve possível, de preferência, no local	200
Fenóis	V	1g $CuSO_4.5H_2O$/ℓ de amostra, ajustar pH até 4 com H_3PO_4 e refrigerar a 4°C	24 horas	1.000
Ortofosfato (5)	P ou V	Filtrar no local e refrigerar a 4°C	24 horas	300
Fósforo total	P ou V	Refrigerar a 4°C	1 a 7 dias	1.000
Potássio	P	Nenhuma exigência	7 dias	500
Sílica	P	Filtrar no local e refrigerar a 4°C	1 a 7 dias	500
Sódio	P	Nenhuma exigência	7 dias	500
Sólidos totais	P ou V	–	7 dias	1.000
Sólidos filtráveis	P ou V	–	24 horas	1.000
Sólidos não filtráveis	P ou V	–	24 horas	1.000
Sulfato	P ou V	Nenhuma exigência	7 dias	300
Sulfeto	V	2 mℓ de solução 1 M de acetato de zinco por litro de amostra, seguido de 2 mℓ de solução 1 N de NaOH (6)	7 dias	1.000
Turbidez	P ou V	–	4 a 24 horas	200

Notas: (1) P = polietileno e V = vidro; (2) Para muitas variáveis, diversos autores têm sugerido outros métodos de preservação; (3) Os prazos apontados devem ser considerados somente como indicações; (4) A análise pode ser iniciada no local da coleta e completada no laboratório; (5) Para baixas concentrações de ortofosfato, < 0,02 mg P/ℓ, pode ser necessário guardar o filtrado em garrafas de polietileno especialmente preparadas; (6) Têm surgido dificuldades quando o acetato de zinco é usado. O acetato de cádmio também tem sido recomendado.

- nome do corpo d'água;
- local do ponto de amostragem;
- data e hora da coleta;
- nome do coletor da amostra;
- aparência do corpo d'água e da amostra;
- temperatura da água;
- vazão (quando a amostragem é realizada num corpo d'água com barragem, por exemplo);

- altura do nível da água (quando existir régua limnimétrica);
- condições do tempo durante a amostragem (por exemplo: chuva, sol e ventos);
- indicadores a serem examinados.

Alguns autores têm sugerido a inclusão de outros detalhes, tais como os métodos de amostragem e de preservação.

g) Aplicação de métodos de controle de qualidade dos dados

Um dos fatores da maior importância é o controle da qualidade dos dados, tanto de campo como de laboratório.

Para assegurar o grau de confiança dos dados obtidos no campo, é imprescindível tomar algumas medidas gerais, tais como: manter todos os equipamentos, aparatos e instrumentos limpos, calibrados e em bom estado de funcionamento; utilizar metodologias padronizadas já aprovadas; e registrar informações que possam afetar o sucesso do estudo.

Além do uso de métodos padronizados, o controle da qualidade dos dados de campo requer: análise de amostras em branco e duplicatas para testar a pureza dos preservativos químicos; verificação da contaminação dos equipamentos de coleta, papéis de filtro, equipamentos de filtração e outros dispositivos usados na coleta; coleta de amostras em duplicata visando detectar, sistematicamente ou ao acaso, erros que possam ocorrer no intervalo entre a coleta e a análise; e réplicas de amostras para verificar a reprodutibilidade da amostragem.

A amostra em branco consiste na substituição da porção a ser colhida por água destilada, a qual será submetida à análise dos parâmetros de interesse. A amostra em duplicata consiste na divisão de uma amostra colhida em duas ou mais subamostras, enquanto que a réplica significa coletar duas ou mais amostras no mesmo local, sequencialmente, em intervalos de tempo previamente definidos.

O propósito básico de um laboratório de análise de água é produzir dados exatos e confiáveis para descrever caraterísticas de qualidade do corpo d'água em estudo. Um dos componentes essenciais para assegurar resultados analíticos exatos e confiáveis é o controle de qualidade analítica (CQA), o qual se refere à aplicação de rotinas e procedimentos para controlar os processos de medição.

Muitos administradores e técnicos não estão convencidos da necessidade do controle de qualidade analítica. Eles simplesmente consideram que o uso de métodos padronizados de análise são suficientes para assegurar a exatidão dos resultados.

A fim de assegurar resultados de laboratório de boa qualidade e confiáveis, se faz necessário dispor de: instalações laboratoriais adequadas; instrumentos atualizados e calibrados; equipamentos de amostragem, frascos e reagentes; procedimentos analíticos e faixas de concentração; pessoal de laboratório bem treinado e conscientizado; equipamentos e instalações bem mantidos; um programa sistemático de controle de qualidade analítica.

2.5.2 Rede de monitoramento

No âmbito das bacias hidrográficas de um estado ou país, quando se quer ter uma visão de conjunto da qualidade das águas, adota-se um esquema de amostragem em vários pontos, formando uma rede de pontos de amostragem. Os pontos escolhidos para tal são pontos-chave que não precisam guardar correlação entre si. Esse esquema de amostragem constitui o que se denomina Rede de Monitoramento de Qualidade de Águas. Assim, a rede de monitoramento é um conjunto de estações de amostragem estrategicamente localizadas na área de uma bacia hidrográfica, com o intuito de representar, com boa aproximação, as condições existentes e as tendências de evolução de qualidade das águas.

A Companhia Ambiental do Estado de São Paulo (Cetesb), a exemplo de outras entidades envolvidas no controle da poluição ambiental, opera uma rede de amostragem constituída por estações distribuídas nos principais recursos hídricos do Estado de São Paulo. Nos pontos de amostragem correspondentes a essas estações, são monitoradas, sistematicamente, 35 variáveis de qualidade das águas. O tipo de informação a ser obtida pela amostragem depende do objetivo definido para a rede de monitoramento. O objetivo da rede operada pela Cetesb é justamente avaliar tendências de qualidade em cada ponto de amostragem com o uso da água para fins de abastecimento público. Isso não impede, obviamente, que os dados coligidos em cada ponto sejam marginalmente utilizados para outras finalidades, como, por exemplo, dar uma perspectiva das áreas prioritárias para o controle da poluição.

De modo geral, as atividades de monitoramento se dividem em dois grandes grupos: o de aquisição de dados, que abrange as atividades operacionais da rede de monitoramento, e o da utilização dos dados, que encerra aspectos marcadamente de informação. Ambos são igualmente importantes para a eficácia do sistema como um todo, embora normalmente se dê mais atenção à área de aquisição dos dados. Esta consiste basicamente de coleta de amostras, análises de laboratório e armazenagem e recuperação dos dados.

A fase de utilização tem recebido menor atenção dos projetistas de rede de monitoramento, talvez por ser menos objetiva. Assim, um sistema completo de monitoramento deve compreender o trabalho com a informação, desde o projeto do sistema até o uso da informação para as tomadas de decisão.

O Quadro 2.3 apresenta, de forma resumida, uma perspectiva global dessas atividades, uma vez fixados os objetivos do monitoramento.

Quadro 2.3 Resumo das atividades a serem desenvolvidas numa rede de monitoramento

Atividades básicas	Detalhamento
Definição da rede	Localização das estações de amostragem Escolha dos parâmetros Fixação da frequência de amostragem
Coleta das amostras	Técnica de amostragem Medidas de campo Local da coleta Preservação da amostra Transporte da amostra Controle da qualidade dos dados
Análises de laboratório	Métodos de análise Procedimentos operacionais Controle de qualidade analítica Registro de dados
Processamento de dados	Recebimento dos dados de laboratório e de campo Triagem e verificação dos dados Armazenamento e recuperação dos dados Listagem dos dados Disseminação dos dados
Análise de dados	Resumo de estatística básica Análises de regressão Interpretação e avaliação da qualidade Análise das séries temporais Aplicação de índice de qualidade Aplicação de modelos de qualidade
Utilização da informação	Verificação da necessidade de informação Forma de apresentação Procedimentos operacionais Avaliação da utilização

2.5.3 Índices de qualidade da água

As tentativas de sintetizar as informações de qualidade da água, de modo a torná-las facilmente interpretáveis, remontam a 1948, quando, na Alemanha, tentou-se relacionar o nível de pureza da água e a poluição com a ocorrência de determinadas comunidades de organismos macro e microscópicos (peixes, organismos bentônicos e plantas). Em lugar de atribuir um valor numérico à qualidade de água, esses sistemas categorizavam os corpos d'água em uma classe – entre as várias – de poluição. Os índices que utilizam uma escala numérica para representar os vários níveis de qualidade da água começaram a surgir mais recentemente, por volta de 1965. O primeiro deles foi o índice de Horton. Há vários tipos de índices, entre os quais podemos citar:

- ≈ de qualidade da água em geral;
- ≈ para usos específicos;
- ≈ para planejamento;
- ≈ aqueles desenvolvidos segundo abordagens estatísticas.

Sabe-se que a água admite uma variedade de usos, e como os requisitos de qualidade variam em função do uso, buscou-se desenvolver índices voltados para usos específicos. Entretanto, com base na hipótese de que a qualidade da água é um atributo geral das águas superficiais, independentemente do uso que delas se faz, foram também desenvolvidos índices gerais de qualidade da água, tais como: o índice de Horton, o índice de qualidade da National Sanitation Foundation, o índice de poluição implícito de Prati, o índice de poluição de rios de McDuffie e o sistema de contabilidade social de Dinius.

Horton, pesquisador alemão que fez a primeira apresentação formal de um índice de qualidade da água na literatura, em 1965, referiu-se aos índices como ferramenta para a avaliação dos programas de redução da poluição e para a informação pública. A disseminação do índice de Horton foi prejudicada pela falta de acordo entre as diferentes agências de controle da poluição, quanto aos padrões e critérios, o que tornou impraticável o sistema de classificação por ele previsto.

Horton argumentava que qualidade da água e poluição são termos relativos e que a apresentação da qualidade de modo binário, do tipo sim ou não, tal como requerido pelo sistema de classificação dos cursos d'água, apresentava problemas em razão de não permitir gradações nas condições. Recomendava, ainda, para evitar esse tipo de problema, que a qualidade da água fosse avaliada em bases comparativas, evitando qualquer conotação de valores absolutos, como poluição e não poluição, ou qualidade adequada e inadequada. Assim, um índice projetado de maneira adequada deveria possibilitar ao usuário comparar diferentes locais e ocasiões no tempo, em termos de gradações de qualidade da água. No que se refere à seleção das variáveis a serem incluídas no índice, Horton adotou o seguinte critério:

- o número de variáveis seria limitado, a fim de garantir a praticidade;
- as variáveis seriam significativas em todo o país;
- as variáveis deveriam refletir a disponibilidade de dados.

Basicamente o índice de Horton consiste em um somatório ponderado de subíndices, dividido pelo somatório dos pesos multiplicado por dois coeficientes (M_1 e M_2), que consideram, respectivamente, a temperatura e a poluição manifesta, e levam o valor 1 ou 1/2. Esse índice não levou em conta substâncias tóxicas. A justificativa para essa conduta foi que em "nenhuma circunstância os cursos de água deveriam conter substâncias que fossem prejudiciais aos seres humanos, animais ou à vida aquática".

2.5.4 Índices usados pela Cetesb

O índice de qualidade das águas (IQA), utilizado pela Cetesb a partir de 1975, é uma adaptação do índice de qualidade da água da National Sanitation Foundation (NSF). Em 1970, Brown, McClelland, Deininger e Tozer apresentaram um índice de qualidade da água bastante similar, em sua estrutura, ao índice de Horton. O trabalho para o desenvolvimento desse índice foi financiado pela National Sanitation Foundation.

O índice de qualidade da água da NSF foi obtido a partir de um procedimento formal para combinar as opiniões de um grande painel de 142 especialistas de todas as partes dos Estados Unidos, baseado na técnica de Delphi, da Rand Corporation. Segundo essa abordagem, os membros do painel foram inquiridos por correio, através de questionários. Os resultados desses questionários foram tabulados e enviados novamente a cada participante, permitindo-lhes comparar sua resposta com aquelas dadas pelos demais participantes. A seguir, cada membro foi novamente inquirido, a fim de se chegar a um consenso final. Os criadores desse índice acreditavam que tal procedimento ajudaria a minimizar os problemas associados com o julgamento arbitrário, incorporado nos índices previamente desenvolvidos.

Os profissionais que participaram da pesquisa indicaram as variáveis de qualidade da água que deveriam ser medidas, o peso relativo dessas variáveis e a condição em que se apresentava cada uma delas, segundo uma escala de valores (*rating*).

Das 35 variáveis indicadoras de qualidade de água inicialmente propostas, foram selecionadas nove. Para estas, a juízo de cada profissional, foram estabelecidas curvas e a variação da qualidade da água, de acordo com o estado ou condição de cada variável. Os julgamentos dos profissionais foram sintetizados em um conjunto de curvas médias, uma para cada parâmetro, as quais são mostradas na Fig. 2.6 e utilizadas pela Cetesb.

O IQA é determinado pelo produtório ponderado das qualidades da água correspondentes às variáveis: OD, DBO, coliformes fecais, temperatura, pH, nitrogênio total, fósforo total, turbidez e resíduo total.

A seguinte fórmula é utilizada para esse fim:

$$IQA = pi.qi^{wi} \quad (2.6)$$

onde:

$i = 1$;

IQA = índice de qualidade das águas (um número entre 0 e 100);

qi = qualidade da i-ésima variável, obtido do respectivo gráfico de qualidade, em função de sua concentração ou medida (resultado da análise);

wi = peso correspondente à i-ésima variável, fixado em função de sua importância para a conformação da qualidade, isto é, um número entre 0 e 1;

n = número de variáveis que entram no cálculo (indicadas nos gráficos da Fig. 2.6, onde, no presente caso, $n = 9$);

pi = produtório de i variando de 1 a n $(q1^{w1}.q2^{w2}..... qn^{wn})$

A variável temperatura é levada em conta no IQA como um desvio, seja qual for o nível da temperatura de equilíbrio. Essa temperatura de equilíbrio é aquela que ocorre naturalmente, quando não há influência de descargas aquecidas ou resfriadas. Nas aplicações em campo, duas tem-

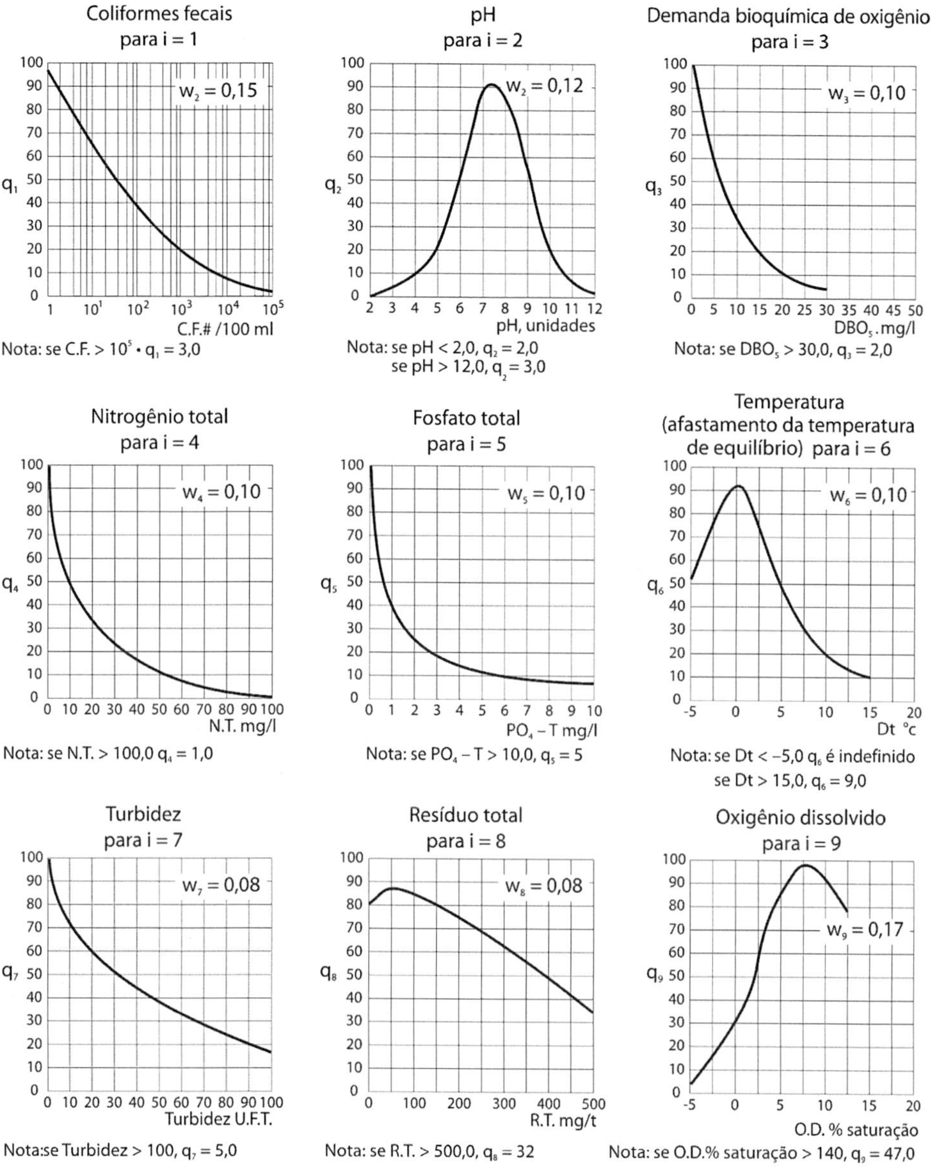

Fig. 2.6 *Curvas de qualidade das águas*
Fonte: Cetesb (1995).

peraturas são medidas: uma no local de amostragem e outra em algum ponto a montante, livre de descargas frias ou quentes. Em termos práticos, não havendo referência específica sobre desvios de temperatura, será considerado $dt = 0$ ($q_6 = 93$).

É necessário prestar atenção às unidades, em particular ao OD, que normalmente é dado em mg O_2/ℓ, enquanto a curva de qualidade q_9 está em % do OD de saturação. A transformação pode ser feita com base na Tab. 2.3, em função da altitude do ponto de amostragem e da temperatura da amostra.

Tab. 2.3 OD de saturação (mg/ℓ) em função da altitude (pressão) e temperatura da água

Temperatura (°C)	Altitude (m)				
	0	250	500	750	1.000
0	14,6	14,2	13,8	13,3	12,9
2	13,8	13,4	13,0	12,6	12,2
4	13,1	12,7	12,3	12,0	11,6
6	12,5	12,1	11,7	11,4	11,0
8	11,9	11,5	11,2	10,8	10,5
10	11,3	11,0	10,7	10,3	10,0
15	10,2	9,9	9,5	9,3	9,0
20	9,2	8,9	8,6	8,4	8,1
25	8,4	8,1	7,9	7,6	7,4
30	7,6	7,4	7,2	7,0	6,7

Notas: interpolar linearmente; % saturação OD = 100x(OD(a T°C)/OD saturação (a T°C))

A qualidade das águas interiores (doces), indicada pelo IQA numa escala de 0 a 100, pode ser classificada em faixas de acordo com a Tab. 2.4 (critério Cetesb).

Tab. 2.4 Escala do IQA usada para a qualificação das águas superficiais

Faixa de IQA	Qualificação
80 a 100	ótima
52 a 79	boa
37 a 51	aceitável
20 a 36	ruim
0 a 19	péssima

Conforme já assinalado, a interpretação dos dados de qualidade tem de ser feita por partes e depois da análise individual. A primeira forma de aglutinação dos dados abrange os seguintes conjuntos de variáveis de qualidade:

≈ pH e temperatura;
≈ matéria orgânica (OD, DBO_5, DQO etc.);
≈ nutrientes (N e P);
≈ contagem bacteriana (coliformes totais e fecais);
≈ sólidos filtráveis e não filtráveis (turbidez, cor, sólidos totais etc.);
≈ outros indicadores (cloretos, surfactantes etc.).

Tais variáveis de qualidade têm as seguintes características:

≈ todas admitem uma larga faixa de variação, permitindo uma gradação qualitativa individual expressiva;

- ≈ de modo geral, são bastante flexíveis em relação às restrições provocadas nos usos da água e ao grau de toxicidade;
- ≈ refletem os efeitos relacionados com a grande maioria das fontes poluidoras e o que se poderia chamar de macropoluentes.

A segunda forma de aglutinação de dados abrange os seguintes conjuntos de variáveis de qualidade:

- ≈ metais pesados (mercúrio, chumbo, cromo, zinco etc.);
- ≈ defensivos agrícolas (organoclorados, fosforados, carbamatos etc.);
- ≈ outros tóxicos inorgânicos (cianetos, sulfetos etc.);
- ≈ outros tóxicos orgânicos (trialometanos, bifenilas policloradas etc.).

As características dessas variáveis de qualidade são:

- ≈ de modo geral, têm faixa de variação restrita, o que torna pouco prática uma gradação individual de qualidade;
- ≈ são pouco flexíveis em relação ao grau de toxicidade;
- ≈ refletem efeitos relacionados com fontes poluidoras específicas; são o que se poderia chamar de micropoluentes.

Portanto, o IQA traz no seu bojo a primeira forma de aglutinação de dados de qualidade da água, inter-relacionando quase todos os conjuntos num indicador único.

No entanto, a qualidade da água obtida por meio do IQA apresenta limitações, entre elas a de considerar apenas a sua utilização para abastecimento público, sem considerar outros parâmetros, tais como: metais pesados e compostos orgânicos com potencial nitrogênico, entre outros. Dessa forma, a partir de 2002, visando superar essas limitações a Cetesb passou a atualizar índices específicos para cada uso do recurso hídrico, a saber:

- ≈ IAP – Índice de Qualidade de Águas Brutas para fins de Abastecimento Público;
- ≈ IVA – Índice de Proteção da Vida Aquática;
- ≈ IET – Índice de Estado Trófico;
- ≈ IB – Índice de Balneabilidade;
- ≈ Índices das Comunidades Biológicas (Fito e Zooplanctônica e organismos bentônicos, representados pelo ICF, ICZ e ICB, respectivamente).

Todos esses índices, bem como o uso deles nos programas de qualidade das águas e controle de poluição no Estado de São Paulo, podem ser evidenciados pelo relatório (*Qualidade das Águas Superficiais no Estado de São Paulo*), disponibilizados anualmente pela Cetesb, via internet, em seu *website*.

2.6 Caracterização das fontes poluidoras

2.6.1 Diagnóstico industrial

O diagnóstico industrial é consubstanciado na apresentação de um levantamento da situação real da indústria quanto ao seu potencial poluidor. Tal atividade envolve trabalhos de conscientização do industrial e a obtenção de dados.

Estabelece-se um primeiro contato com o industrial, visando à sua conscientização no tocante ao problema da poluição das águas e à apresentação detalhada da sistemática de atuação do organismo responsável pelo controle da poluição. Em seguida, parte-se para a obtenção dos dados necessários à efetivação de um levantamento sanitário industrial. São necessárias três etapas de trabalho, conforme descrito a seguir.

a) Coleta de dados no escritório da indústria

Essa etapa compreende o preenchimento detalhado de um questionário previamente elaborado, o qual deve ser esquematizado para a coleta de informações estritamente necessárias para o caso. Essas informações englobam:

- ≈ dados gerais da indústria;
- ≈ natureza e quantidade das matérias-primas e dos produtos elaborados;
- ≈ dados gerais sobre água e resíduos líquidos;
- ≈ pormenores sobre o processamento industrial.

Os dados gerais da indústria consistem em informações de natureza geral que, entre outras finalidades, constituem valiosos subsídios para futuras providências administrativas. São eles:

- ≈ data do levantamento;
- ≈ nome da indústria;
- ≈ endereço completo (cidade, bairro, rua, número do prédio, telefone etc.);

- ≈ tipo de indústria (alimentícia, mecânica, química etc.);
- ≈ data de início de funcionamento;
- ≈ regime de trabalho (turno diário e semanal de trabalho);
- ≈ número de empregados no escritório e no processamento;
- ≈ nome e função da pessoa entrevistada.

Uma relação detalhada das matérias-primas e da natureza dos produtos elaborados, principalmente no tocante ao seu aspecto qualitativo, possibilitará saber anteriormente a provável composição do resíduo líquido. Para o serviço de laboratório, é de grande valia a informação antecipada da existência de possíveis tóxicos que possam interferir nos resultados das análises, principalmente das bioquímicas. Para um técnico experiente em levantamentos industriais, o conhecimento pormenorizado do consumo de uma determinada matéria-prima e da quantidade realmente necessária para o processamento industrial permite avaliar a quantidade dessa matéria perdida ao escoar para o sistema de esgoto, e que vai constituir, naturalmente, um incremento da carga poluidora.

Ao se relacionar os diferentes tipos de matérias-primas com os produtos elaborados, é possível constatar o consumo, por parte da indústria, de algumas substâncias altamente tóxicas, as quais, sendo utilizadas esporadicamente, são de difícil detecção por meio das amostragens esporádicas dos resíduos líquidos.

Os dados gerais mais importantes sobre a água de abastecimento utilizada na indústria são:

- ≈ quantidade de água consumida nas diversas operações da indústria e para fins de potabilidade;
- ≈ origem da água (rede pública, poço, rio etc.);
- ≈ sistemas de tratamento.

Quanto aos efluentes industriais, o que mais importa saber é:

- ≈ vazão do efluente;
- ≈ regime de vazão;
- ≈ composição aproximada;
- ≈ local de disposição (rede pública, corpo d'água ou disposição no solo);
- ≈ sistema de tratamento (caso exista);
- ≈ eventual mistura de esgotos domésticos com resíduos líquidos industriais e águas pluviais.

No que se refere aos resíduos líquidos (efluentes) gerados por qualquer indústria, não se pode esquecer dos efluentes provenientes dos banheiros, vestiários e refeitórios, os quais devem ser identificados quanto à coleta e seu destino final, de forma similar aos resíduos líquidos provenientes do processo produtivo.

Os pormenores sobre o processamento industrial envolvem a elaboração de um fluxograma sumário da indústria, desde a matéria-prima até o produto final, o que é de grande importância porque sintetiza todo o processamento industrial. O conhecimento das diferentes unidades permite constatar as possíveis omissões das matérias-primas anteriormente levantadas. É comum constatar que a indústria, embora tendo conhecimento preciso sobre os produtos elaborados, não sabe em detalhe sobre os múltiplos tipos de matéria-prima, ou eventuais adicionantes químicos que, às vezes, acabam fazendo parte também dos resíduos líquidos. Especial atenção deve ser dada a certas unidades industriais, muitas vezes não inseridas na linha principal de produção, tais como: niquelação, cromeação etc., que podem vir a constituir focos significativos de poluição.

O conhecimento detalhado sobre o funcionamento das diferentes unidades da indústria permite, muitas vezes, uma posterior recomendação para a redução da carga poluidora a ser tratada, por meio de medidas relativamente simples, como:

≈ mudança de processo;
≈ modificação ou substituição de equipamentos;
≈ segregação de resíduos;
≈ equalização de resíduos;
≈ recuperação de produtos.

b) Inspeção das instalações industriais

Todos os dados até aqui coletados são baseados em informações gerais emitidas por profissional conhecedor das múltiplas atividades da indústria, devidamente credenciado para o desempenho dessa incumbência.

De posse de todas as informações obtidas no escritório, o técnico responsável pelo levantamento e o citado profissional devem percorrer todas as fases do processamento da indústria, seguindo o fluxograma elaborado, desde a entrada da matéria-prima (almoxarifado) até a saída do produto elaborado (expedição). Durante essa inspeção, deverá ser comprovada a veracidade das informações coletadas, que poderão ser corrigidas ou complementadas.

São de grande valia as observações sobre um eventual sistema de tratamento, principalmente no tocante a sua conservação e operação, tendo em vista medidas corretivas a serem tomadas posteriormente.

Caso a indústria lance seus resíduos líquidos na rede pública, as informações e observações sobre o estado de conservação da rede pública tornam-se importantes. Na maioria dos casos, quando se efetua um lançamento num corpo d'água qualquer sem tratamento, o impacto da carga poluidora no corpo receptor é de fácil constatação visual, devendo ser, inclusive, objeto de registro fotográfico.

c) Coleta de amostras dos resíduos líquidos industriais

Em complementação às diversas atividades mencionadas anteriormente, o responsável pelo levantamento industrial deve elaborar uma instrução detalhada referente ao programa de coletas, para que estas possam ser desenvolvidas o mais racionalmente possível.

As informações mais importantes, que devem ser de conhecimento prévio da equipe de coleta, são:

- ≈ croqui de localização da indústria;
- ≈ croqui detalhado dos diversos lançamentos, quanto à sua posição relativa com pontos facilmente identificáveis existentes no local;
- ≈ vazão aproximada do efluente industrial e do corpo receptor (ordem de grandeza, pelo menos);
- ≈ pontos de coleta com demarcação adequada;
- ≈ dia e hora em que deve ser realizada a coleta, em função do tipo de processamento e do regime de funcionamento da indústria;
- ≈ possíveis características dos resíduos líquidos;
- ≈ tipos de exames que o laboratório deverá realizar, tendo em vista o dimensionamento do potencial poluidor da indústria.

É oportuno salientar que não se devem superestimar dados de análise de laboratório para a elaboração de qualquer estudo dessa natureza. Os resultados das análises constituem apenas uma das informações que devem ser necessariamente associadas às demais.

2.6.2 Diagnóstico sanitário do esgoto urbano

O diagnóstico sanitário do esgoto urbano constitui-se na apresentação de um levantamento sanitário do serviço público de esgoto, no que tange ao seu potencial poluidor. Tal atividade envolve basicamente as seguintes tarefas:

a) Conscientização das autoridades públicas

Deve-se estabelecer um primeiro contato, em que deverão ser abordados assuntos atinentes à poluição das águas, à sistemática do seu controle e às suas implicações socioeconômicas na região, além do problema específico de saúde pública. Poderão ser dadas informações sobre as eventuais facilidades de se obter financiamento para a implantação de obras de saneamento básico, colocadas à disposição das municipalidades pelo governo.

b) Obtenção de dados

É imprescindível a obtenção de dados de interesse para o estudo de prioridades de controle, não somente em termos técnicos como também administrativos.

Dados gerais do município

Referem-se aos seguintes itens: data do levantamento; nome do município; região administrativa; bacia hidrográfica; população urbana nos últimos anos; número de habitações; e arrecadação tributária.

Cabe, ainda, mencionar o tipo de administração dos sistemas municipais de água e esgoto: se pela administração direta (serviço autônomo) ou indireta, por órgão estadual ou, ainda, concessão a empresa privada.

Abastecimento de água

Embora o objetivo precípuo, no caso, não seja o conhecimento dos pormenores relacionados ao sistema de abastecimento de água, alguns dados básicos referentes a ele são de fundamental importância, dado o fato de existir, quase sempre, uma interdependência muito estreita com o sistema de esgoto, tanto no que concerne ao potencial poluidor como no tocante à definição de prioridades referentes à melhor utilização dos recursos orçamentários. Em síntese, tais dados se resumem em:

- ≈ mananciais de água superficiais e/ou subterrâneos;
- ≈ número de ligações;
- ≈ vazão aduzida;
- ≈ tipo de tratamento;
- ≈ população abastecida.

Esgotos sanitários

Deverão ser coletados dados que sirvam direta e principalmente para o dimensionamento da carga poluidora. São eles:

- ≈ extensão da rede coletora, interceptores e emissários;
- ≈ número de ligações;
- ≈ população com esgoto;
- ≈ número de estações elevatórias e potência instalada;
- ≈ tratamento (tipo e vazão tratada);
- ≈ corpo receptor;
- ≈ bacia hidrográfica.

c) Avaliação

Baseado no diagnóstico sanitário dos esgotos realizado, o órgão responsável pelo controle da poluição poderá auferir uma série de informações, como:

- ≈ taxa média anual de crescimento, que dimensiona o grau de incremento necessário, relativo aos serviços públicos locais; no caso, aqueles ligados ao saneamento básico;
- ≈ índice médio de habitantes por prédio;
- ≈ recursos orçamentários municipais *per capita*;
- ≈ porcentagem da população servida pela rede coletora cujos esgotos são tratados;
- ≈ consumo médio de água *per capita*;
- ≈ tipo ou tipos de mananciais de água potável;
- ≈ carga poluidora de esgotos sanitários.

Por meio da análise global do diagnóstico e da respectiva avaliação, pode-se observar que os principais fatores que influenciam a composição dos esgotos incluem:

- ≈ hábitos da população;
- ≈ clima;

≈ sistema de esgoto;
≈ sistema de abastecimento de água;
≈ natureza dos estabelecimentos existentes;
≈ técnicas de construção dos coletores e condições do subsolo;
≈ tempo dispendido no afastamento do esgoto.

2.6.3 Diagnóstico agropastoril

Consideraremos aqui exclusivamente os problemas de aplicação de praguicidas (defensivos agrícolas) em áreas de cultivo, dos excrementos de animais e fertilizantes e da erosão, por se tratar de fatores de maior significância para a realização de um diagnóstico agropastoril.

a) Praguicidas

O levantamento de dados quanto ao uso de praguicidas deve propiciar um adequado conhecimento quanto:
≈ à situação socioeconômica da região;
≈ à possível utilização de doses nocivas de praguicidas nas culturas e sua influência na ecologia do ambiente aquático;
≈ ao conhecimento dos teores de praguicidas admissíveis nos mananciais.

Uma série de informações deve ser colhida *in loco*, a partir, por exemplo, da forma de ocorrência da poluição. Alguns fatores podem ser analisados, como:
≈ partículas ou gotículas de formulações levadas à deriva pelo vento, na ocasião das aplicações;
≈ névoas provenientes da aplicação por aeronaves;
≈ carreamento superficial dos praguicidas depositados no solo, pelas águas de chuva e de irrigação;
≈ lavagem de equipamentos de aplicação;
≈ lançamento de restos de formulações.

Outras investigações que podem ser realizadas são:
≈ grau de estabilidade dos defensivos e nível de toxicidade em relação aos peixes;
≈ localização das lavouras, quanto à proximidade de corpos d'água;
≈ aplicação de defensivos com relação à época oportuna e concentração recomendada;

- forma de aplicação (pulverização, grânulos ou polvilhamento);
- tipo de equipamento empregado na aplicação (aéreo ou terrestre);
- processo sistemático de descarte de restos de formulações e águas de lavagem de equipamentos (em corpos d'água ou em escavações feitas no solo destinado exclusivamente a receber os restos de praguicidas, e localizados em zonas não sujeitas a erosão e distantes de qualquer coleção de água superficial ou subterrânea);
- se as aplicações são processadas independentemente das condições atmosféricas ou somente quando estas são favoráveis;
- tipo de formulações empregadas (quaisquer encontradas no mercado, ou somente as adequadas, permitidas e especificamente registradas pelos órgãos competentes);
- sistemática de utilização das áreas de cultivo às margens de corpos d'água (culturas que não exigem o uso de praguicidas, ou culturas que exigem o seu uso intensivo);
- existência de medidas de conservação do solo e da flora ribeirinha, como curvas de nível e cordão de contorno;
- se a aplicação de praguicidas for realizada em culturas sujeitas a irrigação, cujas águas retornam aos recursos hídricos, como em pôlderes utilizados para o plantio de arroz de várzea.

Os praguicidas clorados orgânicos, ao contrário dos fosforados, são muito mais persistentes, e podem permanecer no solo por vários anos. Por outro lado, as condições ambientais e outras influem no processo, como:

- tipo de solo: os solos argilosos retêm os compostos por mais tempo que os solos arenosos. Os solos ácidos conservam melhor os inseticidas fosforados que os alcalinos. Em certos casos, os praguicidas podem ser adsorvidos de tal maneira pelas partículas de solo (substância orgânica), que permanecem fortemente ligados a elas, tornando-se inativos;
- fatores climáticos: as altas temperaturas aceleram o desaparecimento do produto, por transformação em outros compostos e por volatilização. A umidade do solo dificulta a adsorção dos praguicidas pelas partículas do solo; ao contrário, são fortemente adsorvidos pelos solos secos;

- irrigação: as águas de irrigação e as chuvas carreiam os praguicidas para os corpos d'água; no entanto, é interessante notar o seu não arrastamento para as partes mais profundas do solo. Esse movimento é muito pequeno, e os praguicidas quase sempre permanecem nos primeiros centímetros do solo;
- cultivo do solo: culturas que cobrem o solo dificultam o desaparecimento dos defensivos agrícolas, provavelmente por que diminui o movimento de ar sobre a superfície do solo;
- microrganismos no solo: os germes existentes no solo podem contribuir para o desaparecimento gradual dos praguicidas existentes, por acarretarem a sua decomposição;
- fungicidas mercuriais orgânicos: trata-se de compostos utilizados no tratamento de sementes exclusivamente destinadas ao plantio, e de outras partes vegetais, quando o plantio se processa por meio de mudas. Esses compostos são tóxicos cumulativos e podem causar lesões no sistema nervoso central. Os peixes acumulam com facilidade mercúrio em seus tecidos, absorvendo-o das águas e de outros animais aquáticos.

O mecanismo da autoassimilação de praguicidas no solo pode ser sintetizado em processos físicos (fotodecomposição, volatilização, lixiviação e adsorsão), químicos (oxidação, redução e hidrólise) e biológicos (absorção por raízes de plantas e decomposição por germes do solo).

Deve-se levar em conta o fato de que esses processos normais não são eficientes para o caso dos inseticidas clorados orgânicos, os quais podem permanecer como contaminantes do solo por até dezenas de anos.

A redução de uma dada espécie de peixes, muitas vezes, é decorrente da transferência, para o vitelo dos ovos, de quantidades letais de praguicidas para o pequeno peixe em formação. No caso das aves, os praguicidas clorados interferem no mecanismo de formação da casca do ovo, impedindo a deposição da quantidade normal de sais de cálcio. Com isso, há o arrebentamento fácil dos ovos quando as aves se colocam sobre eles para incubá-los. Por esse mecanismo indireto, os praguicidas clorados têm acarretado diminuição nítida de algumas espécies de aves marinhas que se alimentam de peixes contaminados.

Em virtude de estar no fim da cadeia alimentar, o homem recebe os praguicidas que foram se acumulando sucessivamente no plâncton, nos peixes, nas pastagens (com consequente acúmulo na gordura do gado), nas aves e nos ovos. Por outro lado, o homem também recebe resíduos de praguicidas provenientes da eventual contaminação das águas e do ar. Quanto às áreas circunvizinhas de um dado manancial de água potável que estão sujeitas à aplicação de praguicidas, deve-se estabelecer uma sistemática frequente de avaliação do estado sanitário do manancial. Os teores dos praguicidas em águas tratadas devem obedecer aos padrões estabelecidos para fins de potabilidade.

b) Excrementos de animais e fertilizantes

Embora fator de grande importância quanto ao problema da poluição, o escoamento de excremento de animais e de fertilizantes é pouco considerado. Trata-se de fontes poluidoras características de zonas rurais, que poderão ser relevantes quando, por exemplo, a criação é confinada ou realizada em estábulo.

O levantamento sanitário relacionado ao excremento de animais caracteriza-se, basicamente, na quantificação de sua carga poluidora, que é quase sempre realizada em termos de equivalentes populacionais, conforme a Tab. 2.5.

Tab. 2.5 Equivalentes populacionais

Origem dos despejos	Equivalente populacional
Homem	1,0
Vaca	16,4
Cavalo	11,3
Galinha	0,014
Ovelha	2,45
Porco	3,0

Em áreas de cultivo com adubação, deve-se verificar o problema da facilidade de carreamento dos fertilizantes para os corpos d'água, por causa da sua má aplicação, sem uma proteção adequada, para evitar o seu arrastamento, em decorrência, principalmente, das enxurradas em épocas de chuva.

c) Erosão

A erosão geralmente decorre de atividade agrícola mal orientada no tocante à conservação do solo. O efeito da erosão é a perda do solo agricultável, de um lado, e o assoreamento exagerado de reservatórios, com perda do volume de armazenamento, do outro. As medidas de controle estão ligadas à orientação das práticas agrícolas e pouco se relacionam com o controle da poluição das águas no sentido formal.

2.6.4 Caracterização dos esgotos domésticos

A partir deste tópico serão apresentadas as principais caraterísticas dos esgotos domésticos e, posteriormente, de alguns despejos industriais, de modo que se possa estimar o impacto que o lançamento de tais efluentes líquidos teria se fossem lançados sem tratamento nos corpos d'água receptores, e também o grau de tratamento necessário. Ressalte-se que os dados a seguir devem ser usados apenas em trabalhos de planejamento.

Para os esgotos da cidade de São Paulo, Max Veit apresentou os dados médios conforme a Tab. 2.6. No entanto, têm-se utilizado para os esgotos domésticos no Estado de São Paulo os valores da Tab. 2.7.

Tab. 2.6 Dados médios para esgotos da cidade de São Paulo

Vazão	180 ℓ/hab./dia
DBO_5	300 mg/ℓ
DBO_5 (contribuição diária)	54 g/hab./dia
Sólidos não filtráveis	300 mg/ℓ

Tab. 2.7 Dados médios para esgotos do Estado de São Paulo

Vazão	200 ℓ/hab./dia
DBO_5	250 mg/ℓ
Sólidos não filtráveis	200 mg/ℓ

A Tab. 2.8 apresenta faixas de valores normalmente encontrados para esgotos domésticos típicos, para cada habitante.

Tab. 2.8 Características dos esgotos domésticos (contribuições unitárias)

Parâmetro	**Faixa de valores (g/habitante/dia)**
DBO_5	45 - 54
DQO	$(1,6\text{-}2,5)\cdot DBO_5$
Sólidos totais	170 - 220
Sólidos não filtráveis	70 - 145
Sólidos filtráveis	50 - 150
Areia (ϕ > 2 mm)	5 - 15
Substâncias solúveis em hexana	10 - 30
Cloretos	4 - 8
Nitrogênio total, como N	5 - 12
Nitrogênio orgânico	(0,4)xNtotal
Nitrogênio amoniacal	(0,6)xNtotal
Fósforo total, como P	0,8 - 4
Fósforo orgânico	(0,3)xPtotal
Fósforo inorgânico (orto e polifosfatos)	(0,7)xPtotal

Tab. 2.8 Caraterísticas dos esgotos domésticos (contribuições unitárias) (cont.)

Microrganismos presentes	**(por 100 ml)**
Total de bactérias	10^9 - 10^{10}
Coliformes fecais	10^6 - 10^9
Streptococos fecais	10^5 - 10^6
Salmonella typhosa	10 - 10^4
Cistos de protozoários	>10^3
Ovos de helmintos	>10^3
Vírus	10^2 - 10^4
Vazão	**(ℓ/hab./dia)**
Contribuição *per capita*	80 - 300

2.6.5 Caracterização dos despejos industriais

Os despejos líquidos industriais (Tab. 2.9) apresentam variações acentuadas para um mesmo tipo industrial, dependendo da matéria-prima e das tecnologias empregadas, da idade da indústria, dos cuidados nas operações industriais, da recuperação ou não de subprodutos e de outros fatores.

Tab. 2.9 Caraterísticas de alguns despejos industriais típicos

Ramo industrial	**Unidade básica de produção**	**Volume de despejos por unidade de produção (litros)**	**DBO 5 dias, 20°C (mg/ℓ)**
Aciaria	1 t de aço	4.500 – 9.100	-
Galvanoplastia	93 m de placa galvanizada	4,5 – 90	-
Papel	1 t de fibra	45.000 – 270.000	20 – 100
Lavanderias	45 kg de roupa	450 – 1.800	300 – 1.000
Tinturaria têxtil e acabamento	0,45 kg de roupa	20 – 450	100 – 2.000
Limpeza de lã	45 kg de lã	220 – 900	500 – 10.000
Curtume	0,45 kg de couro	9 – 90	400 – 5.000
Matadouro	1 boi, 1 porco	220 – 1.300	800 – 8.000
	1 carneiro	90 – 540	-
Laticínio	4,5 ℓ de leite	4,5 – 25	300 – 2.000
Enlatados	1 t de matéria-prima	910 – 3.200	300 – 3.000
Cervejaria	4,5 ℓ de cerveja	25 – 130	400 – 1.200
Produtos farmacêuticos	45 kg de produtos químicos	450 – 1.300	500 – 10.000

Um dos parâmetros mais importantes nos estudos de poluição das águas é a DBO (5 dias, 20°C), e para se poder estimar a sua contribuição em decorrência das atividades industriais, técnicos da Cetesb, com base em dados de literatura e de sua experiência, reuniram os dados transcritos na Tab. 2.10, que permitem estimar o potencial poluidor por tipo de indústria, em função da quantidade de matéria-prima utilizada ou da produção industrial.

Tab 2.10 Coeficientes de despejos industriais (kg de DBO_5)

Atividade	Base	Valor adotado	Faixa de DBO 5 dias, 20°C
Papel	t papel	11,0	–
Celulose	–	–	–
Sulfato branqueada	t celulose	40,0	–
Sulfato não branqueada	t celulose	20,0	–
Sulfito não branqueada	t celulose	180,0	–
Açúcar e álcool	t cana	13,0	6,0 – 15,0
Açúcar	t cana	3,4	–
Álcool	ℓ álcool	0,65	0,3 – 0,65
Água de lavagem de cana	t cana	2,0	1,5 – 4,0
Restilo	t cana	8,4	5,0 – 10,0
Laticínio	m³ de leite	–	0,2 – 20,0
Com queijaria	m³ de leite	10,0	–
Sem queijaria	m³ de leite	3,0	–
Café solúvel	t de produto	150,0	5,0 – 3.000,0
Matadouro	t animais vivos	–	2,0 – 27,0
Bovino	t animais vivos	7,0	–
Suíno	t animais vivos	8,0	–
Aves	1.000 aves	10,0	8,0 – 20,0
Frigorífico com salsicharia	t produto	9,0	5,0 – 12,0
Cervejaria	m³ de cerveja	62,0	–
Têxtil com tingimento	–	–	–
Lã	t produto	40,0	200,0 – 700,0
Algodão	t produto	180,0	30,0 – 300,0
Sintético	t produto	40,0	3,0 – 80,0
Borracha	t produto	2,0	0,5 – 5,0
Refinaria – Petróleo	1.000 m³ petróleo	200,0	85,0 – 300,0
Fecularia – mandioca	t mandioca	10,0	–
Amidonaria	t milho	30,0	–
Conserva	t produto	10,0	6,0 – 40,0

Tab 2.10 Coeficientes de despejos industriais (kg de DBO_5) (cont.)

Atividade	Base	Valor adotado	Faixa de DBO 5 dias, 20°C
Química	t produto	0,5	0,1 – 2,0
Suco cítrico	t produto	3,0	2,0 – 6,0
Óleo vegetal	t produto	6,0	5,0 – 20,0
Curtume	t pele	40,0	10,0 – 100,0

2.6.6 Equivalentes populacionais

População equivalente é uma unidade que indica a força poluidora de despejos industriais, por exemplo, relacionada ao número de habitantes de uma cidade. Isso quer dizer que, se uma determinada indústria despeja um efluente que apresenta, por exemplo, uma população equivalente (ou equivalente populacional) de 10.000 habitantes, a força poluidora dessa indústria equivale à carga poluidora de uma cidade de 10.000 habitantes despejando os seus esgotos sem tratamento prévio.

Esse equivalente populacional tem sido utilizado considerando-se somente dois parâmetros, a saber:

- teor de matéria orgânica, representado pela DBO_5;
- teor de sólidos não filtráveis.

O equivalente populacional relacionado à demanda bioquímica de oxigênio tem maior interesse quando se quer relacionar a força do despejo industrial com a do esgoto doméstico, tendo por base o consumo de oxigênio provocado pelo despejo industrial para a sua estabilização.

O equivalente populacional relacionado ao teor de sólidos não filtráveis assume maior interesse quando se quer relacionar, por exemplo, a produção de lodo de um despejo industrial com a do despejo doméstico.

Normalmente a população equivalente relacionada à DBO_5 é diferente da população equivalente relacionada ao teor de sólidos não filtráveis, sendo iguais apenas por contingência.

O uso dos equivalentes populacionais relacionados tanto à DBO_5 como aos sólidos não filtráveis é bastante comum para a taxação de despejos industriais em redes públicas de esgotos, especialmente para que a cobrança seja, em parte, relacionada com a tarifa paga pela população que se utiliza desse sistema.

A aplicação dos equivalentes populacionais merece restrições, pois, mesmo quando são determinados com base em resultados de um grande número de análises que permitam elevado grau de confiabilidade, está se admitindo que a DBO_5 do despejo industrial é do mesmo tipo que a do despejo doméstico. Essa premissa pode ser falsa, uma vez que a DBO_5 pertence a uma amostra que foi neutralizada, esterilizada, isenta de toxicidade e diluída com uma solução de nutrientes minerais, e não representa, necessariamente, o efeito de um despejo industrial sobre um sistema de tratamento biológico.

Em outras palavras, o uso da população equivalente supõe que o despejo industrial tenha a mesma tratabilidade que o esgoto doméstico, e isso pode ser, muitas vezes, um erro grosseiro.

Para ilustrar esse aspecto, tem-se o seguinte exemplo: a DBO_5 do esgoto doméstico é usualmente reduzida em um decantador primário de um terço de seu valor inicial. O despejo da destilação da polpa da uva, por exemplo, deve aproximadamente 99% de sua DBO_5 à matéria dissolvida, e por isso a remoção dessa DBO_5 em um decantador primário é quase desprezível. A aeração de esgotos domésticos em um sistema de lodos ativados pode reduzir a sua DBO_5 em 80%, com quatro horas de detenção. Para se obter a mesma redução para um despejo orgânico da fabricação de celulose, podem ser necessárias mais de 24 horas, o que indica que esse despejo industrial tem um grau de tratabilidade seis vezes menor que o do esgoto doméstico. Nesses casos, o equivalente populacional não representa a poluição causada pela indústria em termos de tratamento de despejos.

Existem e são explicados a seguir vários despejos industriais para os quais os equivalentes populacionais não representam, no todo ou em parte, a poluição causada por eles sobre os corpos d'água ou sobre os sistemas públicos de esgotos, por causa de outros efeitos que não apenas o consumo de oxigênio ou a quantidade de lodo formada em decorrência desses despejos.

Despejos ácidos

Esses despejos podem causar a precipitação ou a coagulação de outras substâncias, produzindo, dessa maneira, uma grande turbidez ou depósitos de fundo. Excessiva acidez inibe o desenvolvimento dos processos biológicos, e soluções com pH menor que 6,0 causam prejuízo por corrosão em muitos equipamentos.

Despejos alcalinos

Soluções muito alcalinas (como despejos de indústrias têxteis, lavanderias, curtumes e algumas indústrias químicas) podem inibir a ação dos microrganismos presentes nos sistemas biológicos de tratamento.

Despejos de curtumes

São tipicamente orgânicos; no entanto, a presença de cromo proveniente do processamento industrial pode inibir a ação dos microrganismos e interferir no calculo do equivalente populacional.

Despejos contendo metais

A presença de metais em despejos líquidos industriais impede ou torna inviável a utilização da DBO_5 como indicador confiável no cálculo do equivalente populacional, em função da ação inibidora exercida sobre os microrganismos.

Despejos contendo cianetos

Da mesma forma que os metais, a presença de cianetos em determinados despejos industriais impede o uso do equivalente populacional em termos de DBO_5.

2.7 Autodepuração de corpos d'água

O estudo dos efeitos da descarga de despejos orgânicos num corpo d'água constitui um problema importante no campo do controle da poluição das águas.

A redução da matéria orgânica pela ação das bactérias se dá pela utilização do oxigênio dissolvido por parte desses microrganismos. A reposição desse oxigênio se processa através da superfície da água exposta à atmosfera.

Um aumento na carga poluidora estimula o crescimento de bactérias, e a oxidação se processa num ritmo acelerado. A concentração da carga orgânica pode ser tão grande que todo o oxigênio dissolvido existente inibe a presença de formas superiores de vida biológica e, consequentemente, se estabelecem condições prejudiciais aos seres humanos. Assim, a concentração de oxigênio dissolvido é um dos critérios mais significativos no âmbito do saneamento dos cursos d'água.

Todo curso d'água possui uma limitação quanto a sua capacidade de assimilar despejos orgânicos. Até o ponto em que esse limite não é excedido, a disposição de despejos orgânicos nos cursos d'água representa o método mais econômico de disposição. Por esse motivo, a avaliação da capacidade de autodepuração natural de um rio é valiosa para a engenharia. Quando os cursos d'água são utilizados como estações de tratamento naturais, é necessário, como nos projetos, definir as respectivas capacidades de tratamento, isso para não impedir o uso das águas desses rios para outros fins.

A ação simultânea da desoxigenação e da reaeração produz um perfil característico da concentração de oxigênio dissolvido nas águas de um rio. Esse padrão, conhecido como "curva de decaimento de oxigênio dissolvido", foi explicado pela primeira vez por Streeter e Phelps (1925).

A equação que descreve a ação simultânea da desoxigenação e da reaeração é dada por:

$$dD/d\mathrm{t} = k_1 L - k_2 D \quad (2.7)$$

onde:

D = déficit de oxigênio dissolvido;

L = concentração da matéria orgânica;

k_1 = coeficiente de desoxigenação;

k_2 = coeficiente de reaeração.

Com o desenvolvimento da informática, a utilização de modelos matemáticos como ferramenta para acompanhar o processo de autodepuração de corpos d'água tem sido facilitada. Os modelos matemáticos nada mais são do que a reunião de formulações matemáticas que procuram reproduzir os processos de transformação da matéria orgânica, de declínio bacteriano e de diluições que ocorrem nos corpos d'água, processo global denominado autodepuração.

De modo geral, pode-se dizer que os corpos d'água possuem uma capacidade de assimilação de despejos líquidos que, se não ultrapassada, permite a harmonização de usos aparentemente conflitantes, como, por exemplo, o abastecimento de água e a recepção de efluentes. O gerenciamento dos recursos hídricos baseia-se, portanto, no conhecimento da capacidade de autodepuração, bem como da forma em que ela está sendo distribuída ou utilizada pelas diversas atividades humanas.

Ainda quanto à natureza, um modelo reúne todos os aspectos indispensáveis a uma abordagem completa da administração dos recursos hídricos: usos múltiplos, quantidade e qualidade das águas.

O exercício diário do gerenciamento ambiental aponta as seguintes finalidades básicas de um modelo de autodepuração:

- ≈ orientação ao planejamento ambiental e aos planos diretores de uso e ocupação do solo;
- ≈ ferramenta para o zoneamento ambiental;
- ≈ subsidiar as decisões quanto à liberação de licenças ambientais de empreendimentos;
- ≈ avaliação de impactos ambientais sobre os recursos hídricos;
- ≈ elaboração de diagnósticos ambientais;
- ≈ elaboração de propostas de enquadramento e reenquadramento de corpos d'água e preparação dos respectivos instrumentos legais (decretos, resoluções ou portarias);
- ≈ subsidiar estudos de localização industrial e de outras atividades;
- ≈ concessão de autorização para captação de água;
- ≈ subsidiar políticas ambientais e de esquemas de cobrança de taxas de utilização dos recursos hídricos, visando ao autofinanciamento da administração e do controle da poluição das águas;
- ≈ servir de base racional para o estabelecimento de sistemas de monitoramento da qualidade das águas;
- ≈ possibilitar a gestão interinstitucional dos recursos hídricos, ou seja, a coordenação de todas as instituições envolvidas e que possam trazer o potencial da sua vocação ao esforço conjunto para manter a capacidade de uso das águas;
- ≈ fornecer bases técnicas e gerenciais para a implantação do gerenciamento dos corpos d'água por bacias hidrográficas;
- ≈ possibilitar uma comunicação mais simples das condições sanitárias das águas à população.

Geralmente um modelo realiza as seguintes operações:

- ≈ recebe dados que constituem os cenários criados pelo usuário, conforme formulário de entrada de dados;
- ≈ processa o balanço hídrico a partir dos dados de vazão obtidos por postos fluviométricos ou pluviométricos;
- ≈ registra o inventário de cargas orgânicas de cada uma das fontes de poluição;

≈ calcula a DBO_5 em todos os trechos (nós) do sistema;
≈ calcula o OD em todos os trechos do sistema;
≈ calcula o índice de coliformes (NMP/100 mℓ) em todos os trechos do sistema;
≈ elabora gráficos de DBO_5, OD e MNP, correspondentes a cada cenário definido pelo usuário.

A qualidade das águas para as diversas condições do corpo receptor e para as diferentes situações de lançamentos (cargas poluidoras) pode ser obtida pelo uso das seguintes formulações:

≈ cálculo da DBO_5:

$$DBO_5(f) = DBOu(i) \times exp(-k_1 \times t) \tag{2.8}$$

≈ cálculo da DBOn:

$$DBOn(f) = DBOn(i) \times exp(-kn \times t) \tag{2.9}$$

≈ cálculo do déficit de oxigênio:

$$D(f) = Ea + Eb + Ec \tag{2.10}$$

$$Ea = D(i) \times exp(-k_2 \times t) \tag{2.11}$$

$$Eb = DBOn(i) \times kn \times (-kn \times t)\text{-}exp(-k_2 \times t)/k_2\text{-}kn \tag{2.12}$$

$$Ec = DBOu(i) \times k_1 \times (-k_1 \times t)\text{-}exp(-k_2 \times t)/k_2\text{-}k_1 \tag{2.13}$$

O déficit de oxigênio é a diferença entre a concentração de saturação e a concentração de oxigênio dissolvido na água do rio. A concentração de saturação é dada, conforme visto anteriormente, pela solubilidade do oxigênio na água, que varia em função da temperatura e da pressão ou altitude.

≈ cálculo do NMP/100 mℓ (Lei de Chick):

$$NMP(f) = NMP(i) \times exp(-kb \times t) \tag{2.14}$$

≈ significado das notações:

$DBO_5(f)$ = DBO_5 no final do trecho (em mg/ℓ);
$DBOu(i)$ = DBO carbonácea do primeiro estágio no início do trecho (em mg/ℓ);
$DBOn(f)$ = DBO nitrogenada no final do trecho (em mg/ℓ);
$DBOn(i)$ = DBO nitrogenada no início do trecho (em mg/ℓ);
$D(f)$ = déficit de oxigênio no final do trecho (em mg/ℓ);
$D(i)$ = déficit de oxigênio no início do trecho (em mg/ℓ);
k_1 = coeficiente de desoxigenação em 1/dia;
k_2 = coeficiente de reaeração em 1/dia;

kn = coeficiente de desoxigenação nitrogenada em 1/dia;

kb = taxa de declínio de coliformes;

t = tempo de percurso (em dias);

$exp(-k \times t)$ = expoente natural de $-k \times t$ (base dos logaritmos naturais elevado à potência $k \times t$);

$NMP(i)$ = número mais provável de coliformes no início do trecho (em 100 mℓ de amostra);

$NMP(f)$ = número mais provável de coliformes no final do trecho (em 100 mℓ de amostra).

O modelo basicamente manipula as fórmulas para fazer o balanço material em cada nó do sistema, associando vazões, concentrações e cargas.

Como pode ser observado por meio das formulações matemáticas, as reações bioquímicas da matéria orgânica, o fenômeno de transferência de massa (reaeração) e, ainda, o declínio bacteriano são governados por equações diferenciais de primeira ordem, com constantes de reação denominadas k.

Essas constantes, denominadas parâmetros de reação, variam em função da natureza do meio aquático e da natureza do substrato. Os parâmetros de reação variam com a temperatura e os seus valores são dados à temperatura de 20°C.

A variação de k_1, k_2 e kb com a temperatura é dada pelas seguintes equações:

$$k1(t) = k1x1{,}045^{(t-20)} \quad (2.15)$$

$$k_2(\mathrm{t}) = k2x1{,}024^{(t-20)} \quad (2.16)$$

$$kb(t) = kbx1{,}015^{(t-20)} \quad (2.17)$$

O coeficiente de desoxigenação k_1 é normalmente adotado em função da biodegradabilidade do substrato, ou seja, da natureza da matéria orgânica lançada no corpo d'água. O modelo poderá aceitar qualquer valor de k_1, possibilitando, assim, simulações para diferentes velocidades de reação da DBO. No programa, o valor de k poderá ser automaticamente corrigido em função da temperatura da água. Essa observação é também válida para os parâmetros k_2 e kb.

O coeficiente de reaeração k_2 é adotado em função da capacidade de mistura convectiva do corpo d'água, ou seja, do tipo de escoamento. A fórmula que relaciona o valor de k_2 com a velocidade e a profundidade do escoamento, conhecida como fórmula de O'Connor, é a seguinte:

$$k_2(20) = 1{,}71 \times ((v)^{0{,}50}/(p)^{1{,}50}) \tag{2.18}$$

onde:
v = velocidade em m/s;
p = profundidade em m.

A taxa de declínio bacteriano *kb* deve levar em consideração o T90, ou seja, o tempo requerido para que haja uma redução de 90% no índice de coliformes.

O coeficiente de nitrificação *kn* corresponde ao consumo de oxigênio para satisfazer a demanda para transformação de nitrogênio amoniacal em nitrogênio nitrito, e deste em nitrogênio nitrato. As reações de nitrificação não ocorrem simultaneamente às reações da DBO carbonácea se esta estiver presente em quantidades apreciáveis em relação à população bacteriana. Em geral, a demanda carbonácea é satisfeita, em sua maior proporção, até o quinto dia. Somente após essa etapa é que há o início do processo de nitrificação.

Existem outros coeficientes que devem ser considerados, dependendo das caraterísticas dos corpos d'água. Entre eles destaca-se aquele que possibilita avaliar o processo de remoção de DBO da massa de água por meio da sedimentação, identificado como *ks*. Um outro *kB*, denominado demanda bentônica de oxigênio, representa a taxa de reingresso de matéria orgânica ao meio líquido por difusão na forma de DBO solúvel proveniente dos bancos de lodo. E um terceiro, identificado como k_3, representa a reoxigenação provocada pela presença de vegetais fotossintetizantes.

2.8 Técnicas de controle

Antes que o controle possa ser realizado, a qualidade ambiental deve ser definida e métodos devem ser desenvolvidos para medir os parâmetros escolhidos. É insuficiente dizer que o controle requerido é aquele para se obter uma água limpa ou pura. No passado, não havia registros de variações de poluentes naturais oriundos da erosão, por exemplo, e que seriam lançados nas coleções de água. Obviamente que água pura não quer dizer água destilada. O problema é definir que coisas estão sendo medidas no meio ambiente e, então, determinar como, onde e quando medi-las.

Entre os conceitos de controle, uma grande quantidade de conhecimentos tem sido desenvolvida com o objetivo de entender como os sistemas podem ser regulados para atingir os resultados desejados. Aplicações típicas da teoria de controle incluem o desenvolvimento de sistemas de controle para simplificar ou substituir o controle manual. Por exemplo, o termostato automático num sistema de aquecimento de uma casa é um sistema de controle desenvolvido para eliminar a necessidade de uma pessoa regular um aquecedor e manter constante a temperatura na casa.

Em sistema de controle de poluição das águas, é importante não só dispor de um sensor da qualidade ambiental, como também é essencial ter a capacidade de prever mudanças futuras.

Quando a qualidade das águas é mencionada, geralmente se admite que o local para medir a qualidade no recurso água seja conhecido. Um sistema simples (Fig. 2.7) pode ser usado para ilustrar os pontos de medida.

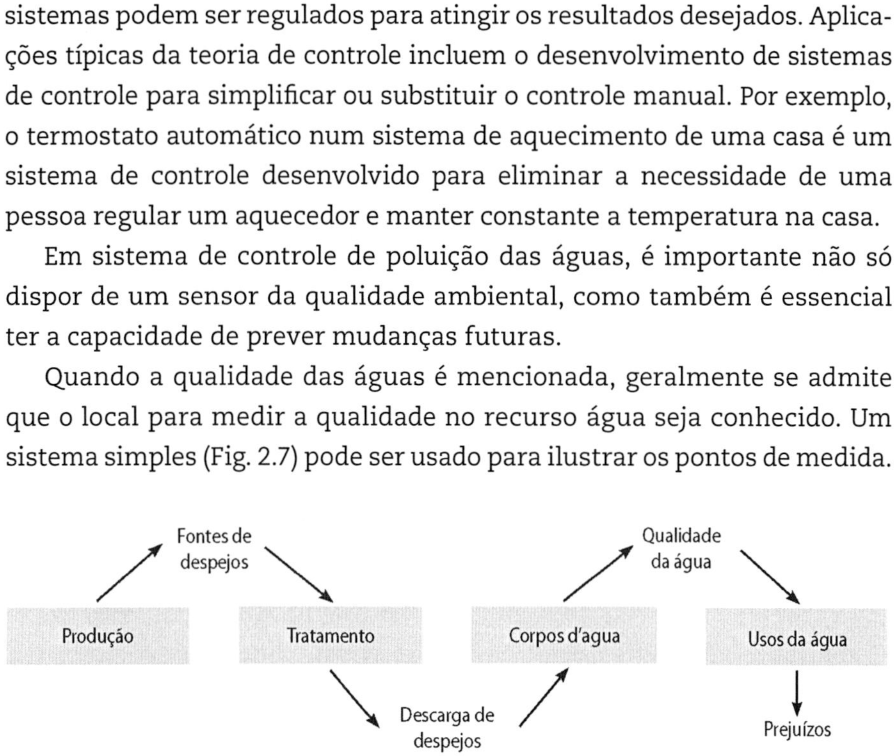

Fig. 2.7 *Pontos ambientais de controle*

A Fig. 2.7 mostra quatro componentes conectados em sistema por entradas e saídas de despejos. Para providenciar um controle efetivo, deveríamos ter um conhecimento completo de cada componente. No entanto, nosso conhecimento é limitado. Muitas vezes, sabemos bastante sobre como produzir determinado material (por exemplo, celulose); porém, conhecemos menos a composição química dos despejos lançados pelas plantas que produzem esse material, até menos sobre os efeitos desses despejos nos corpos d'água e quase nada sobre o impacto social do processo como um todo. Deve-se enfatizar, contudo, que decisões sobre onde controlar os despejos (na fonte geradora, no corpo receptor ou em outro ponto) devem ser tomadas mesmo sem um conhecimento científico mais aprofundado.

Quanto ao desenvolvimento das estratégias de controle, é importante assegurar que os parâmetros usados para avaliar a eficácia das ações de controle também reflitam uma abrangência completa em relação aos objetivos de controle.

2.8.1 O órgão de controle

O órgão de controle deve possuir condições, por meio de dispositivos legais, para poder adotar sistemas administrativos adaptados às realidades e às necessidades no contexto de cada área geográfica a ser estudada (bacia hidrográfica, no caso do controle de poluição das águas).

No caso da poluição das águas, qualquer que seja o sistema administrativo adotado, o objetivo sempre será o de atingir e manter níveis apropriados de qualidade das águas nos corpos d'água receptores.

A principal diferença entre os sistemas administrativos experimentados ao longo do tempo, em diversos países, repousa no ponto em que o controle é exercido: no corpo receptor ou no ponto de descarga do efluente.

Entre os sistemas administrativos de controle, podemos destacar aquele baseado em padrões de qualidade das águas receptoras, o baseado na melhor tecnologia disponível e o baseado nos padrões de emissão uniformes.

O primeiro sistema, baseado em padrões de qualidade das águas receptoras, considera o controle como exercido pelo corpo receptor em função de padrões de qualidade estabelecidos com base em dados históricos de qualidade e critérios de qualidade para os usos que se pretende garantir para os corpos d'água.

Esse modo de controle, baseado unicamente nos padrões de qualidade, é mais adequado para regiões onde os rios são caudalosos e os lançamentos ocorrem em amplos intervalos, ao longo da bacia hidrográfica. Os padrões de qualidade, quando trabalhados em termos da comunidade, podem ser por ela tomados como essenciais e, assim, motivar a sociedade para atingi-los.

Uma série de dificuldades que o sistema apresenta relaciona-se com a indefinição dos níveis de tratamento necessários para as diversas fontes, para atender aos padrões de qualidade. Assim, no caso de fontes que descarregam os seus efluentes num mesmo corpo d'água, as de jusante teriam necessariamente de ter um grau de tratamento maior que as de montante, dado o efeito acumulativo de um poluente. Em outros casos, fontes poluidoras de um mesmo ramo de atividade, situadas em corpos d'água com diferentes capacidades de assimilação, demandariam graus de tratamento diferenciados, o que implicaria custos unitários de produção também diferenciados, o que poderia até afetar a competitividade no mercado considerado.

O segundo sistema, baseado na melhor tecnologia disponível, principia no ponto de descarga e se estende ao processo industrial ou à natureza da atividade geradora do efluente. A base do controle consiste no monitoramento do efluente, mas não se estabelece *a priori* um limite para os efluentes. As exigências de remoção de substâncias poluentes devem ir até o ponto que a tecnologia corrente permite.

A maior vantagem desse sistema é que a proteção da qualidade das águas seria a máxima possível, e a melhoria da qualidade das águas poderia acompanhar as evoluções técnicas no tratamento de efluentes. Um ponto fraco dessa linha de controle, quando tomada isoladamente, é que não se levam em conta as diferenças na capacidade de assimilação dos corpos d'água, podendo esse fato resultar em investimentos desnecessários no tratamento de efluentes. Outro aspecto que pode ser considerado consiste em que a interpretação do termo "melhor tecnologia prática disponível" pode ser controvertida e, assim, levar a disputas legais.

O terceiro sistema, baseado nos padrões de emissão uniformes, requer que a concentração de poluentes no efluente não exceda valores determinados pela autoridade de controle, independentemente do local de descarga e da natureza da atividade geradora da poluição. Um avanço na linha de aperfeiçoamento desse sistema seria o estabelecimento dos padrões de emissão, levando-se em conta o potencial médio de poluição numa determinada região e a eficiência das técnicas correntes de tratamento para remoção de poluentes.

A maior vantagem desse método consiste na sua simplicidade administrativa e no fácil entendimento da forma de controlar. Além disso, elimina ou reduz a oportunidade de evasão por parte dos responsáveis pela poluição. Deve-se observar que a sua aplicação impõe o mesmo custo unitário de tratamento de efluentes nas indústrias de um mesmo ramo de atividade.

Todos esses tópicos estão na legislação ambiental do Estado de São Paulo, razão pela qual ela é um instrumento flexível na formulação de políticas regionais, que, à luz da sua realidade, podem acentuar mais um ou outro desses sistemas de controle. No entanto, a aplicação conjunta de todos esses enfoques no âmbito de cada bacia hidrográfica, por meio de estratégias de controle, é conseguida pela formulação de uma política orientadora, tanto do corpo técnico da agência de controle como da sociedade.

Todo e qualquer programa de controle da poluição das águas deve possuir um conjunto de diretrizes objetivas e claras, as quais nortearão a política de controle a ser aplicada. Entre as diretrizes a serem estabelecidas, podem-se mencionar:

≈ aplicação de padrões de qualidade;
≈ sequenciamento de prioridades em função dos usos das coleções hídricas;
≈ flexibilidade e adaptabilidade dos padrões de qualidade;
≈ aplicação de padrões de emissão;
≈ critérios de emissão;
≈ priorização de fontes de poluição;
≈ tratamento conjunto, desde que viável técnica e economicamente;
≈ controle preventivo;
≈ administração de prazos na implantação dos sistemas de tratamento;
≈ desenvolvimento de tecnologia no campo do tratamento de resíduos;
≈ integração e coordenação das atividades entre os órgãos públicos;
≈ informação à comunidade.

2.8.2 O controle da fonte de poluição

As medidas de controle que visam à redução de poluentes presentes nos efluentes líquidos podem ser divididas em internas e externas. Geralmente tais medidas têm aplicação mais concreta com relação aos despejos líquidos de origem industrial.

As medidas internas, relativas ao controle dos efluentes líquidos, são tomadas no processamento industrial. As medidas externas, por sua vez, compreendem a implantação de unidades de tratamento através das quais os efluentes líquidos passam, ocasião em que são removidos os poluentes.

a) Medidas internas de controle

Basicamente, há três alternativas estratégicas para controlar a poluição das águas atuando-se na fonte: modificação de produtos, modificação de processos e tipos de matéria-prima e eliminação de produtos desnecessários. Busca-se a modificação de produtos quando as águas residuárias contêm substâncias que sabidamente contaminam de forma grave o meio ambiente. Os detergentes constituem um bom exemplo desse caso.

Quando foram introduzidos pela primeira vez, os detergentes não eram biodegradáveis e, assim, persistiam por longo tempo nas águas receptoras. O resultado foi uma inconveniente produção de espumas nos corpos d'água, nas estações de tratamento e em mananciais de água potável. O desenvolvimento de instalações de tratamento para a remoção de espuma foi preterido em favor da modificação dos detergentes para formulações biodegradáveis. Resolvido o problema da formação de espumas, os fabricantes de detergentes se defrontam agora com outro problema: a poluição por fósforo, que é um componente básico na fabricação dos detergentes, bem como o principal nutriente limitante que contribui para a eutrofização dos reservatórios e corpos d'água. Atualmente o dilema é tratar as águas residuárias para a remoção de fósforo ou usar um substituto para o fósforo na fabricação dos detergentes.

A exemplo dos detergentes, outros produtos vêm sendo estudados para serem modificados, em vez de tratados como águas residuárias. O DDT e o BHC, por exemplo, não são facilmente decompostos. Estima-se que dois terços de todo o DDT produzido ainda se encontram no meio ambiente. A preocupação com os efeitos de longo prazo do BHC e do DDT tem causado um declínio no seu uso. Uma das razões tem sido o desenvolvimento de defensivos agrícolas com menores danos ambientais.

Muitas vezes, em curto prazo, não há oportunidade para a modificação dos produtos, embora, de imediato, sejam viáveis alterações nos processos produtivos que reduzem a geração de resíduos poluentes, seja pela diminuição do consumo de água, seja pela modificação da natureza dos efluentes.

Na indústria de celulose KRAFT, podem ser citados exemplos de modificações introduzidas que, de uma forma ou de outra, contribuem para a minimização da geração de resíduos.

A instalação de modernas linhas de depuração e lavagem de polpa permite maior eficiência na lavagem da polpa, com redução do consumo de água e maior recuperação do licor negro. Ressalta-se que, do ponto de vista ambiental, é fundamental lavar a celulose o máximo possível antes de sua ida para o branqueamento químico, uma vez que o efluente gerado nessa etapa não pode ser recuperado, e tem que ser removido na estação de tratamento de efluentes.

Outro exemplo, já implantado em algumas indústrias de celulose, é a instalação de uma unidade de pré-branqueamento com oxigênio. Nessa unidade, após a lavagem, a polpa é tratada com oxigênio, que dissolve o licor impregnado nas fibras, permitindo, em uma segunda lavagem, removê-lo para recuperação. Como resultado desse processo, a polpa vai para o branqueamento químico mais "limpa", gerando efluentes com valores que apresentam redução significativa de DBO_5, cor e compostos organoclorados, além da diminuição do consumo dos produtos químicos, como a redução de 50% no consumo de cloro no branqueamento.

Outras modificações de processos são relatadas principalmente na área de recuperação dos produtos químicos. Elas objetivam uma melhoria na eficiência da evaporação, da caldeira de recuperação, da causticação e do forno de cal, e trazem como resultado uma maior eficiência na transformação do licor negro em licor branco, o qual, por sua vez, fecha o ciclo, ao retornar ao processo via cozimento da madeira.

Ainda no contexto da indústria de celulose KRAFT, é possível a reciclagem de águas ou o reúso dos efluentes líquidos gerados num processo e utilizados em outros. O Quadro 2.4 resume as principais fontes de efluentes reusáveis e sua forma de reúso em indústrias de celulose KRAFT.

Uma parcela importante da capacidade poluidora potencial da indústria de celulose KRAFT deve-se a extravasões (excessos), derrames e vazamentos que podem ocorrer por falha de equipamentos, paralisações forçadas e de rotina. Consegue-se a minimização de problemas dessa natureza por meio das seguintes medidas:

- devem ser previstas grandes capacidades de reservação para o licor negro fraco e forte, bem como para os produtos químicos da planta de recuperação, de modo a atender situações de desequilíbrio no processo de produção, como a paralisação da evaporação por problemas causados por tubulações rompidas, falta de energia e mau funcionamento das bombas;

Quadro 2.4 Reúso de água em indústrias KRAFT

Fonte	Reúso
1. Cozimento, lavagem, depuração e espessamento	
Condensados do tanque de descarga e dos trocadores de calor do digestor, após tratamento por *stripping*	Lavagem da polpa, água de chuveiros dos filtros, dissolução do fundido, preparação da madeira
Condensados dos gases de alívio do digestor, após tratamento por *stripping*	Diluição da polpa, água dos chuveiros do filtro de lodo
2. Branqueamento	
Águas de lavagem do filtrado, excessos de água dos lavadores do selo hidráulico, águas de refrigeração	Diluição da polpa, águas de diluição nas torres de branqueamento
3. Recuperação de produtos químicos	
Condensados dos evaporadores de múltiplo efeito	Lavagem da polpa, lavagem dos sedimentos do licor verde, lavagem do lodo calcário, chuveiros do filtro de cal, preparação da madeira e lavagem dos gases do forno de cal
4. Máquinas de papel	
Águas brancas	Preparação da madeira, branqueamento
5. Casa de força e água de refrigeração	
Águas de refrigeração da casa de força e águas de refrigeração em geral	Água de processo

- ≈ todos os equipamentos, ou mesmo áreas, onde possam ocorrer derrames e vazamentos devem ser circundados por sistema de coleta desses líquidos. Essas áreas são aquelas onde se localizam os digestores e os tanques de descarga, os evaporadores e o forno de recuperação;
- ≈ monitoramento contínuo nas tubulações de esgoto para detecção de eventuais derrames.

De modo geral, pode-se dizer que o emprego das técnicas internas de controle apresentadas levam a reduções de 45% a 65% no volume dos efluentes totais da indústria e de 50% a 70% na carga de DBO_5.

Usualmente, o condicionamento das águas residuárias, tendo em vista o controle da poluição, pode ser exercitado sob duas perspectivas:

internamente, no âmbito do processo produtivo, e a partir do efluente final, caso em que se considera o processo como uma "caixa preta". Nos Estados Unidos, essas duas modalidades são conhecidas, respectivamente, como *in plant* e *end of pipe*. A modalidade *end of pipe*, na maior parte das vezes, carece de economicidade, uma vez que implica projetar uma estação para tratar o volume total da água residuária tal como esta se apresenta na canalização de descarga final. Sob a égide da eficiência, a abordagem correta é a que considera todas as oportunidades de mitigação da poluição no âmbito do processo de produção da fábrica. Essencialmente, a realização do controle da poluição das águas internamente à fábrica envolve os três passos descritos a seguir.

Passo n° 1 – Realizar um levantamento quantitativo e qualitativo detalhado de todas as fontes de águas residuárias existentes dentro da fábrica. Isso envolve a determinação de vazão e da concentração dos poluentes para cada fonte. Para as descargas contínuas, a vazão pode ser determinada, por exemplo, em litros por hora. Em se tratando de descargas intermitentes, a descarga diária total deve ser estimada. A concentração das substâncias poluentes presentes nas correntes de águas residuárias pode ser expressa de várias maneiras. Para os compostos orgânicos sujeitos a oxidação bioquímica, geralmente se emprega a demanda bioquímica de oxigênio (DBO_5).

Passo n° 2 – Revisar os dados obtidos no passo anterior, a fim de cotejar todas as possibilidades de redução da poluição dentro da fábrica, algumas das quais são:

- ≈ aumentar a recirculação nos sistemas de resfriamento de água;
- ≈ eliminar os sistemas de resfriamento por contato direto, como nos condensadores barométricos, substituindo-os por trocadores de calor tubulares ou sistemas de resfriamento por ar;
- ≈ recuperar os produtos químicos poluentes;
- ≈ reusar as águas provenientes do acúmulo de sobras, tambores, condensadores a vácuo, carcaças de bombas etc.;
- ≈ planejar usos mais consecutivos ou múltiplos para as águas;
- ≈ projetar uma unidade de recuperação de calor para eliminar correntes de dissipação;
- ≈ eliminar vazamentos e melhorar as práticas de armazenamento.

Passo n° 3 – Avaliar as economias em potencial, em termos de custo de capital e custos operacionais para o sistema de tratamento *end of pipe* proposto, após cada fonte de água residuária ter sido eliminada ou a poluição intrínseca a ela ter sido reduzida (redução na vazão ou na concentração dos poluentes). Em sequência, projetar as instalações para o tratamento *end of pipe* da carga reduzida: comparar o custo de capital e o custo operacional de tais instalações de tratamento com os correspondentes de uma instalação *end of pipe* com capacidade para tratar a carga original na sua totalidade, isto é, sem ter sido preliminarmente realizado um controle do tipo *in plant*.

Para a prática do controle dos efluentes líquidos industriais internamente à fábrica, há que se ter um profundo conhecimento do processo, além de habilidade de modificá-lo, se necessário. Um caso interessante é apresentado a seguir sobre uma indústria americana do ramo petroquímico.

Uma indústria petroquímica em operação, enquanto delineava o projeto e considerava a construção de uma estação para o tratamento de águas residuárias num volume de 20 milhões de galões por dia, com uma carga diária de 52.000 libras, conduziu uma investigação no efluente final e considerou medidas de controle internas aos processos industriais. O plano em consideração demandava uma unidade de lodos ativados para remover cerca de 90% da carga de DBO_5. Esta incluía filtração a vácuo, incineração do lodo e cloração do efluente final.

O custo de capital da instalação de tratamento foi estimado em US$ 10 milhões. Os custos de operação e manutenção também foram estimados. Todos os dados de custo foram convertidos para uma base anual, usando-se um horizonte de planejamento de 20 anos e uma taxa de juros de 15% ao ano.

Um estudo da possibilidade de reduzir a vazão e a carga das águas residuárias foi então empreendido. Esse estudo seguiu os passos delineados anteriormente, com várias propostas de mudança para o fluxograma do processo.

A redução conseguida na vazão e na concentração resultou em economias substanciais no custo total da estação de tratamento proposta. A Fig. 2.8 mostra um gráfico, preparado para esse estudo de caso, que ilustra o efeito da redução na DBO_5 ou na vazão, no custo de capital das instalações de tratamento. Esse gráfico é válido para até, aproximadamente, 60% de redução na vazão ou DBO_5. Qualquer redução ulterior requer um sistema de tratamento significativamente diferente.

As economias decorrentes do controle interno são apresentadas na Tab. 2.11. A vazão das águas residuárias foi diminuída para 85% do seu valor original, isto é, o que subsistia antes do controle interno, e a carga poluidora, em termos de DBO_5, foi reduzida a 50% do seu valor.

Além disso, os custos do controle interno foram mais do que compensados pelas economias obtidas na estação de tratamento. Como mostrado na Tab. 2.11, o programa resultou numa economia de US$ 576 mil por ano.

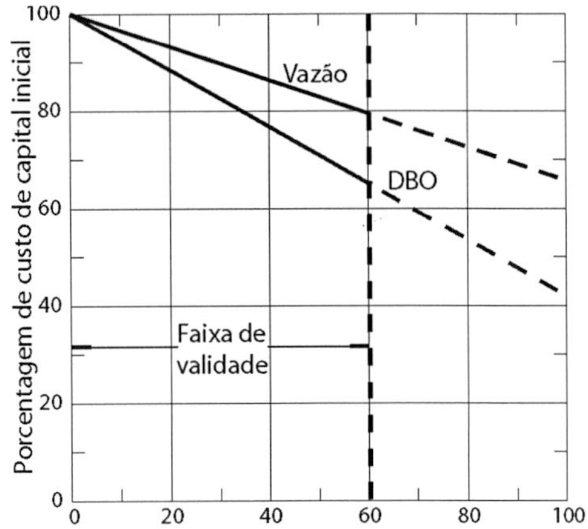

Fig. 2.8 *Reduções na vazão e DBO_5 em relação ao custo de capital da estação de tratamento*

Tab. 2.11 Economias decorrentes do controle interno

Medidas	**Economias (US$/ano)**
Redução de vazão (1.424 gpm)	410.000
Redução da DBO_5 (2.000 lb/dia)	302.000
Redução no uso de água	
Água tratada (0,24 mgd)	34.000
Água do rio (1,37 mgd)	14.000
Recuperação de produtos	14.000
Total	774.000
Custo do controle	
Engenharia	15.000
Investimento de capital	150.000
Operação e manutenção	33.000
Total do controle	198.000
Economia líquida (774.000 - 198.000)	576.000

b) Medidas externas de controle

As medidas externas, ou seja, unidades de tratamento, são aplicadas não só em efluentes industriais, mas também nos efluentes de origem doméstica.

A tecnologia de tratamento de efluentes tem se expandido rapidamente nos últimos anos, de modo que muitas alternativas técnicas de tratamento estão disponíveis como elementos a serem usados no controle da poluição das águas. O objetivo maior do tratamento é separar os resíduos da água. Os resíduos separados são dispostos, por exemplo, no solo, enquanto os efluentes tratados são descartados num corpo d'água receptor. É consenso geral que todos os processos de tratamento de efluentes podem ser considerados processos de separação.

Existem processos de separação física, química e biológica. Sedimentação e gradeamento são exemplos de processos físicos de separação. Coagulação, troca iônica e ajuste de pH são processos tipicamente químicos, e várias formas de digestão biológica são processos biológicos. Nestes, efluentes orgânicos são metabolizados por organismos vivos, ao passo que nos processos físicos e químicos, as propriedades físicas e químicas são utilizadas para separar os resíduos.

Atualmente as técnicas de tratamento são, em geral, combinações desses três processos, muito embora um processo de remoção possa predominar. Por exemplo, no processo de lodos ativados, a maior parte dos resíduos orgânicos é metabolizada pela biomassa contida no lodo (um processo biológico). No entanto, essa biomassa é separada dos resíduos pela sedimentação (um processo físico). Sólidos suspensos presentes nos resíduos podem ser coagulados por microrganismos produzidos pela biomassa do lodo e, assim, são removidos do resíduo (um processo químico).

Na literatura, os processos de tratamento são descritos por meio da ação predominante de remoções físicas, químicas ou biológicas. Como muitos processos físicos e químicos tendem a ocorrer em conjunto, tem se tornado comum a classificação desses processos como físico-químicos.

Historicamente, as técnicas biológicas de tratamento têm sido muito empregadas, uma vez que elas geralmente são mais baratas (quanto à construção e operação) que as técnicas físico-químicas. Uma comparação a respeito é apresentada no Quadro 2.5.

Quadro 2.5 Comparação entre os processos biológico e físico-químico

Físico-químico	Biológico
Menor área ocupada	Menor custo na construção e operação
Maior flexibilidade no projeto e operação	Operador necessita menor especialização
Maior potencial na remoção de poluentes	
Não afetados por poluentes tóxicos	
Baixa sensibilidade quanto às variações de resíduos	

O tratamento de despejos dito convencional em termos de tratamento de esgotos domésticos consiste de processo preliminar (grade e caixa de areia), sedimentação primária (remoção de sólidos sedimentáveis e material flutuante) e aeração biológica secundária (metabolização e floculação). O lodo retirado dessas unidades é processado para, em seguida, sofrer disposição final.

As unidades de tratamento preliminar compreendem: grade, caixa de areia, pré-aeração e flotação. A escolha das unidades depende do tipo de despejos. Normalmente, nos esgotos de origem doméstica, utiliza-se a grade e a caixa de areia. O sistema de flotação, por exemplo, é utilizado em despejos com grande quantidade de óleos e graxas (refinarias de petróleo).

As unidades de tratamento primário compreendem aquelas do tratamento preliminar mais a sedimentação, digestão e disposição do lodo. As unidades de tratamento secundário envolvem, além daquelas que compõem o tratamento primário, uma unidade biológica de decomposição da matéria orgânica e uma nova sedimentação, chamada de secundária. Outra característica que possibilita identificar o tratamento primário do tratamento secundário é o nível de remoção da matéria orgânica representada pela DBO_5. No caso do primário, a remoção é da ordem de 30 a 40%, ao passo que, no secundário, os valores são geralmente superiores a 90%. Um diagrama esquemático do tratamento convencional de despejos é apresentado na Fig. 2.9.

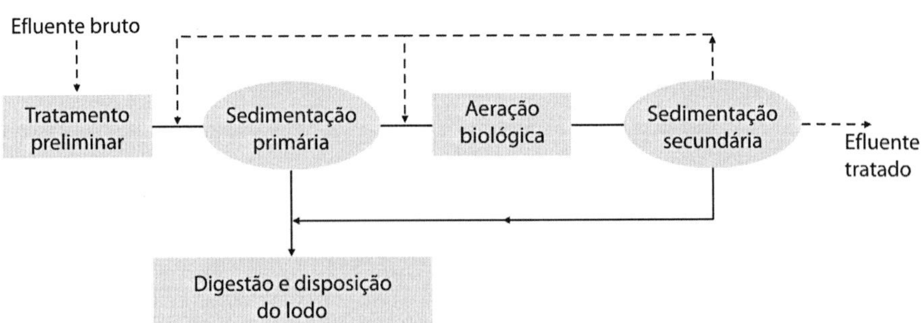

FIG. 2.9 *Diagrama esquemático do tratamento convencional de despejos líquidos*

A formação de lodo proveniente das unidades de sedimentação primária e secundária implica o seu tratamento e disposição. A disposição desse lodo é um fator econômico significativo no tratamento dos efluentes líquidos. O custo de construção de uma unidade de processamento de lodo representa cerca de um terço da planta de tratamento. Os métodos comuns de processamento são a digestão anaeróbica e a filtração a vácuo. Os métodos convencionais de disposição incluem a disposição em aterros, a incineração, a produção de condicionadores de solo e o lançamento no mar.

Com relação aos sistemas de tratamento biológico secundário, podemos destacar o de lodos ativados, filtro biológico, valo de oxidação e lagoa de estabilização. Na realidade, tanto o sistema de lodos ativados como o filtro biológico são assim chamados em função da unidade biológica secundária que compõe o tratamento convencional, ao passo que o valo de oxidação e a lagoa de estabilização são considerados tratamentos secundários em função da eficiência na remoção da matéria orgânica, que é suplantar a casa dos 90%. A configuração dessas plantas de tratamento normalmente é diferente daquelas ditas convencionais.

Outro ponto importante é que os sistemas biológicos mencionados são normalmente aplicados quando se tem um certo adensamento demográfico ou uma indústria. No caso de áreas rurais, em que existem poucas e dispersas habitações, os sistemas de tratamento são de outra magnitude e podem consistir, por exemplo, de uma fossa e infiltração no terreno. Por outro lado, áreas com aglomerados urbanos e industriais podem permitir, após estudo de viabilidade técnica e econômica, o tratamento conjunto dos despejos líquidos domésticos e industriais.

Geralmente os processos de tratamento por via química são aplicados a despejos de origem industrial específicos. Em alguns casos, esse tratamento pode complementar outro, de caráter biológico, e vice-versa; por exemplo, a remoção de fósforo de um efluente proveniente de sistema de tratamento secundário de esgotos domésticos ou a remoção de metais por via química e o posterior tratamento por meio de sistema biológico.

Dentre os sistemas de tratamento por via química, podemos destacar a floculação, a coagulação, a osmose reversa e a troca iônica.

2.9 Aspectos legais e institucionais

Além dos recursos humanos, tecnológicos, econômicos e comunitários que são necessários para o sucesso da implantação e do desenvolvimento de um programa de controle da poluição das águas, os aspectos legais e institucionais também são parte integrante desses recursos.

Em relação aos aspectos legais, sem dúvida alguma, o primeiro passo é a existência ou a preparação de uma legislação adequada. Uma lei sobre preservação de recursos hídricos deve ser simples, clara, viável, de fácil aplicação e dinâmica.

Essas características, se bem que óbvias, não são facilmente conseguidas e, muitas vezes, são conflitantes.

O aspecto de ser viável, ou seja, aplicável, deverá considerar inevitavelmente, a situação de fato existente. Uma lei com tal característica não correrá o risco de desmoralização por burlas e desrespeitos acintosos e frequentes. A não aplicação da lei faz com que ela exista simplesmente nas coletâneas legais, sem atingir os objetivos a que foi destinada. Exemplos desse tipo de lei são frequentes em nossos códigos.

Outro fator ou característica que deve ter uma legislação sobre poluição é o dinâmico, entendendo-se por isto a sua flexibilidade na adaptação de novas tecnologias de tratamento de resíduos e uma ação gradativa e progressiva no estabelecimento de padrões de melhoria da qualidade da água.

Deve-se, ademais, reduzir ao mínimo indispensável o processamento de recursos na área administrativa, conferindo-se o máximo de poderes ao órgão encarregado do cumprimento da lei. No caso do Brasil, em que três esferas (Federal, Estadual e Municipal) conduzem nossa administração, é muito importante a integração entre essas esferas na distribuição dos encargos e das responsabilidades, na fixação e aplicação da política de controle da poluição das águas.

Hoje, no Brasil, na esfera federal, são estabelecidas as normas gerais para o País como um todo. Existe também a possibilidade legal de uma ação ou sanção por parte da esfera federal quando da omissão ou falta de condições técnicas da autoridade estadual. Ao estado cabe a principal responsabilidade de atuação na área de controle, englobando desde o planejamento e estabelecimento de programas, até a sua execução, acompanhamento e fiscalização. Em relação à esfera municipal, cabe o estabelecimento do Plano Diretor envolvendo, entre outros aspectos importantes, um adequado uso do solo.

Se houver lei, há necessidade de existirem entidades que a façam cumprir. Não se trata, porém, da necessidade de um órgão de polícia que exerça uma ação coercitiva e fiscal. O órgão com a missão de fazer cumprir tal legislação deverá ser, antes de mais nada, um órgão técnico.

Foram e são desastrosos os resultados da aplicação de legislação específica e técnica por entidades desvinculadas desses assuntos.

a) Esfera federal

Nessa esfera, os primeiros passos mais objetivos, em termos de controle da poluição das águas, surgiram com a criação da Secretaria Especial do Meio Ambiente (Sema) - subordinada ao extinto Ministério do Interior –, instituída pelo Decreto n° 73.030, de 30/10/1973.

Com o surgimento de uma secretaria específica, relativa ao meio ambiente, foi editada uma série de leis, decretos, portarias e resoluções, completando os vários aspectos ambientais envolvidos.

Dentre os instrumentos legais editados após a criação da Sema, cabe destacar o Decreto n° 99.247, de 6/6/1990, que regulamentou as Leis n° 6.938, de 31/8/1981 e 6.902, de 27/4/1981, que dispõem, respectivamente, sobre a Política Nacional do Meio Ambiente e sobre a criação de Estações Ecológicas e Áreas de Proteção Ambiental. Esse decreto criou o Sistema Nacional do Meio Ambiente (Sisnama) e o Conselho Nacional do Meio Ambiente (Conama).

Em 1989, a Sema foi extinta pela Lei n° 7.735 e incorporada ao Instituto Brasileiro do Meio Ambiente e dos Recursos Naturais Renováveis (Ibama), criado com a finalidade de formular, coordenar, executar e fazer exercitar a política nacional do meio ambiente e da preservação, conservação e uso racional, fiscalização, controle e fomento dos recursos naturais renováveis.

A partir de janeiro de 1995, o Ibama, que era subordinado à Secretaria Nacional do Meio Ambiente, passou para o Ministério do Meio Ambiente, dos Recursos Hídricos e da Amazônia Legal, atual Ministério do Meio Ambiente (MMA).

Do ponto de vista do controle da poluição das águas, a legislação brasileira baseia-se em dois critérios: o do corpo receptor conjugado com o lançamento de efluentes líquidos.

Com relação ao corpo receptor, são estabelecidos padrões de qualidade em função dos usos preponderantes. Assim, as águas de todo o território nacional são divididas em águas doces, salobras e salinas. O elemento utilizado nessa divisão é a salinidade e, dessa forma, as águas com valores iguais ou inferiores a 0,5‰ são chamadas doces; com valores entre 0,5‰ e 30‰, salobras e com valores iguais ou superiores a 30‰, salinas.

Em função dos usos, foram estabelecidos níveis de qualidade (classes) a serem alcançados e/ou mantidos em um segmento de um corpo d'água ao longo do tempo. São 13 classes, estabelecidas em função dos usos preponderantes, a seguir apresentadas.

Águas doces

Classe Especial – águas destinadas:

a. ao consumo humano com desinfecção;
b. à preservação do equilíbrio natural das comunidades aquáticas;
c. à preservação dos ambientes aquáticos em unidades de conservação de proteção integral.

Classe 1 – águas destinadas:

a. ao abastecimento para consumo humano após tratamento simplificado;
b. à proteção das comunidades aquáticas;
c. à recreação de contato primário (natação, esqui aquático e mergulho);
d. à irrigação de hortaliças que são consumidas cruas e de frutas que se desenvolvem rente ao solo e que sejam ingeridas cruas, sem remoção de película;
e. à proteção das comunidades aquáticas em terras indígenas.

Classe 2 – águas destinadas:

a. ao abastecimento para consumo humano, após tratamento convencional;
b. à proteção das comunidades aquáticas;
c. à recreação de contato primário (natação, esqui aquático e mergulho);
d. à irrigação de hortaliças e plantas frutíferas, e de parques, jardins, campos de esporte e lazer, com os quais o público possa vir a ter contato direto;
e. à aquicultura e à atividade de pesca.

Classe 3 – águas destinadas:

a. ao abastecimento para consumo humano, após tratamento convencional ou avançado;
b. à irrigação de culturas arbóreas, cerealíferas e forrageiras;
c. à pesca amadora;
d. à recreação de contato secundário;
e. à dessedentação de animais.

Classe 4 – águas destinadas:

a. à navegação;

b. à harmonia paisagística.

Águas salinas

Classe Especial – águas destinadas:

a. à preservação dos ambientes aquáticos em unidades de conservação de proteção integral;

b. à preservação do equilíbrio natural das comunidades aquáticas.

Classe 1 – águas destinadas:

a. à recreação de contato primário;

b. à proteção das comunidades aquáticas;

c. à aquicultura e à atividade de pesca.

Classe 2 – águas destinadas:

a. à pesca amadora;

b. à recreação de contato secundário.

Classe 3 – águas destinadas:

a. à navegação;

b. à harmonia paisagística.

Águas salobras

Classe Especial - águas destinadas:

a. à preservação dos ambientes aquáticos em unidades de conservação de proteção integral;

b. à preservação do equilíbrio natural das comunidades aquáticas.

Classe 1 – águas destinadas:

a. à recreação de contato primário;

b. à proteção das comunidades aquáticas;

c. à aquicultura e atividades de pesca;

d. ao abastecimento para consumo humano após tratamento convencional ou avançado;

e. à irrigação de hortaliças que são consumidas cruas e de frutas que se desenvolvem rente ao solo e que sejam ingeridas cruas, sem remoção de película, e à irrigação de parques, jardins, campos de esporte e lazer, com os quais o público possa vir a ter contato direto.

Classe 2 – águas destinadas:

a. à pesca amadora;

b. à recreação de contato secundário.

Classe 3 – águas destinadas:

a. à navegação;

b. à harmonia paisagística.

Para cada classe, foram estabelecidos limites e condições. Por exemplo, para um corpo d'água na classe especial, utilizado para abastecimento para consumo humano, após tratamento convencional a DBO_5, 20°C não deverá ser superior a 3 mg/ℓ O_2. Num corpo d'água classe 3, o limite máximo para DBO_5, 20°C é de 10 mg/ℓ O_2.

Com relação aos efluentes líquidos de qualquer fonte poluidora, eles somente poderão ser lançados, direta ou indiretamente, nos corpos d'água desde que obedeçam a determinadas condições. Por exemplo, a temperatura do efluente final deverá ser inferior a 40°C.

Esses limites e condições em relação aos corpos d'água constam da resolução Conama n° 357, de 17/3/2005, e no caso do lançamento dos efluentes líquidos, os limites estão previstos na resolução Conama n° 430, de 13/5/2011. Na resolução Conama n° 274, de 29/11/2000, foram estabelecidos limites para águas utilizadas para fins de balneabilidade (recreação de contato primário). Em função, principalmente, da quantidade de organismos do grupo coliformes, as águas para fins de banho podem ser categorizadas em excelentes, muito boas, satisfatórias e impróprias. Por sua vez, as categorias excelente, muito boa e satisfatória poderão ser reunidas numa única categoria denominada própria. A Tab. 2.12 apresenta os limites de coliformes para fins de balneabilidade estabelecidos na resolução Conama n° 274/2000.

Além dos dispositivos já mencionados, existem outros, que dizem respeito ao controle da poluição das águas e que podem ser aplicados em função das caraterísticas de cada região do território brasileiro.

Outro dispositivo importante em termos preventivos de controle da poluição das águas foi editado em 23/1/1986, pela resolução Conama n° 1. Essa resolução estabeleceu as definições das responsabilidades, dos critérios básicos e as diretrizes gerais para uso e implementação da Avaliação de Impacto Ambiental como um dos instrumentos da Política Nacional do Meio Ambiente.

Considera-se impacto ambiental qualquer alteração das propriedades físicas, químicas e biológicas do meio ambiente, causada por qualquer forma de matéria ou energia resultante das atividades humanas e que, direta ou indiretamente, afeta:

Tab. 2.12 Limites de *Escherichia coli* e coliformes termotolerantes por 100 mℓ para cada categoria

Categoria		Valor de coliforme termotolerante (UFC/100 mℓ)*	Valor de *E. coli* (UFC/100 mℓ)*
Própria	Excelente	Máximo de 250 em 80% ou mais do tempo	Máximo de 200 em 80% ou mais do tempo
	Muito boa	Máximo de 500 em 80% ou mais do tempo	Máximo de 400 em 80% ou mais do tempo
	Satisfatória	Máximo de 1.000 em 80% ou mais do tempo	Máximo de 800 em 80% ou mais do tempo
Imprópria		Superior a 1.000 em mais de 20% do tempo	Superior a 800 em mais de 20% do tempo
		Superior a 2.500 na última amostragem	Superior a 2.000 na última amostragem

UFC (Unidade formadora de colônia): contagem de unidades formadoras de colônia em placas obtidas pela técnica de membrana filtrante.
Fonte: Cetesb (2011a).

- a saúde, a segurança e o bem-estar da população;
- as atividades sociais e econômicas;
- a biota;
- as condições estéticas e sanitárias do meio ambiente;
- a qualidade dos recursos ambientais.

b) Esfera estadual

Do ponto de vista institucional, a lei n° 118, de 29/6/1973, foi muito importante, pois possibilitou a criação da Cetesb, na época denominada Companhia Estadual de Tecnologia de Saneamento Básico e Controle da Poluição das Águas, a qual tinha como uma de suas principais atribuições controlar a poluição das águas em todo o território paulista. Antes dessa data, existia o Fomento de Saneamento Básico (Fesb), criado na década de 1960 e que tinha como uma de suas diretorias o Cetesb, então Centro Tecnológico de Saneamento Básico.

Atualmente a Cetesb (Companhia Ambiental do Estado de São Paulo) é o órgão estadual responsável pelo controle da poluição ambiental e está diretamente vinculada à Secretaria do Meio Ambiente (SMA), criada pelo Decreto n° 24.932, de 24/3/1986.

Pode-se inferir, nessa esfera, que o dispositivo legal, que se tornou um avanço concreto em termos de controle de poluição das águas, surgiu do Decreto n° 8.468, de 08/9/1976, o qual regulamentou a Lei n° 997, de 31/5/1976. Nesse decreto, além do estabelecimento de limites e condições para os corpos d'água em função dos usos e para os efluentes líquidos, foi introduzido o sistema de licenciamento para as fontes de poluição. Esse sistema tem sido uma ferramenta essencial nas ações de controle preventivo da poluição das águas. Outro decreto importante no campo do controle da poluição das águas é o de n° 10.755, de 22/11/1977, referente ao enquadramento dos corpos d'água de acordo com a classificação prevista no Decreto n° 8.468.

No campo da poluição das águas, outro nível a ser considerado em termos de Estado de São Paulo é o Regional, em função não apenas da criação da Região Metropolitana de São Paulo (RMSP), mas principalmente do crescimento demográfico e industrial que proporcionam, entre outros itens, a geração de uma grande quantidade de poluentes e a necessidade de proteção dos mananciais para o abastecimento público de água. Nesse nível, três instrumentos merecem ser destacados, a saber, a Lei n° 898, de 18/12/1975; a Lei n° 1.172, de 17/11/1976 e o Decreto n° 9.714, de 19/4/1977. As referidas leis delimitaram as áreas a serem protegidas e estabeleceram parâmetros de uso e ocupação do solo das bacias hidrográficas da RMSP, e o referido decreto estabeleceu a competência dos vários órgãos envolvidos, além das sanções e procedimentos para aprovação de novos empreendimentos. Do ponto de vista institucional, o órgão envolvido na aplicação desses dispositivos legais é a Cetesb, pertencente à Secretaria do Meio Ambiente do Estado de São Paulo.

c) Esfera municipal

Nessa esfera de governo, praticamente não existem dispositivos legais até então vigentes e/ou editados na área de controle da poluição hídrica.

Do ponto de vista institucional, alguns municípios criaram Conselhos, Departamentos de Meio Ambiente e até Secretarias Municipais de Meio Ambiente. Como exemplo no Município de São Paulo, foi criada a Secretaria do Verde e do Meio Ambiente (SVMA).

3 Recurso ar

Ao alargar seus horizontes, o ser humano descobre, embora nem sempre em tempo hábil, a necessidade de interagir com seu hábitat como forma de preservar seus recursos de subsistência – entre os quais se destaca o ar – e melhorar a sua qualidade de vida.

Para um melhor entendimento do quanto são importantes as substâncias presentes na capa inferior da atmosfera (troposfera), se faz necessário conhecer os componentes naturais já existentes e as respectivas composições. A troposfera compreende a camada de ar que se encontra até cerca de 12 km acima da crosta terrestre, e onde o homem desenvolve suas atividades. Acima dessa camada encontra-se a estratosfera, chegando até uns 100 km; sobre ela encontra-se a ionosfera, onde a radiação ultravioleta da luz solar provoca reações fotoquímicas, com formação de moléculas ativadas ou decomposição das moléculas em átomos ou íons. A composição média da troposfera, no que diz respeito aos componentes materiais – cuja concentração se pode considerar mais ou menos constante –, é apresentada na Tab. 3.1.

Além destes componentes existem outros, também de origem natural, cuja concentração pode apresentar grandes variações. Um exemplo de componente gasoso de origem natural são os óxidos de nitrogênio produzidos pelas descargas elétricas durante as tempestades.

3.1 Usos do ar

Normalmente o recurso ar é utilizado pelas comunidades de uma maneira não parcimoniosa, pelo fato de estar disponível livremente sem que seu uso implique qualquer ônus ou

Tab. 3.1 Composição média da camada inferior da atmosfera

Gás	Volume
Nitrogênio (N_2)	780.840 ppmv (78,084%)
Oxigênio (O_2)	209.460 ppmv (20,946%)
Argônio (Ar)	9.340 ppmv (0,9340%)
Dióxido de carbono (CO_2)	380 ppmv (0,0380%)
Neônio (Ne)	18,18 ppmv (0,001818%)
Hélio (He)	5,24 ppmv (0,000524%)
Metano (CH_4)	1,79 ppmv (0,000179%)
Kriptônio (Kr)	1,14 ppmv (0,000114%)
Hidrogênio (H_2)	0,55 ppmv (0,000055%)
Óxido nitroso (N_2O)	0,3 ppmv (0,00003%)
Xenônio (Xe)	0,09 ppmv (9×10^{-6}%)
Ozônio (O_3)	0,0 a 0,07 ppmv (0% a 7×10^{-6}%)
Dióxido de nitrogênio (NO_2)	0,02 ppmv (2×10^{-6}%)
Iodo (I)	0,01 ppmv (1×10^{-6}%)
Monóxido de carbono (CO)	0,1 ppmv (0,00001%)
Amônia (NH_3)	traços

Nota: ppmv: partes por milhão por volume (a fração volumétrica somente é igual à fração molar para gases ideais)

Fonte: Wikipédia. Disponível em: <http://pt.wikipedia.org/wiki/Atmosfera_terrestre>.

esforço. As quantidades utilizadas são enormes. Além dos usos metabólicos naturais do ar pelo homem, pelos animais e pela vegetação, e dos benefícios dos fenômenos naturais meteorológicos, outros usos importantes devem ser acrescentados: comunicação, transporte, combustão, processos industriais e, principalmente, a utilização do ar como receptor e transportador de resíduos da atividade humana.

Como resultado do uso indiscriminado ou abusivo, sobretudo em áreas geográficas limitadas ou confinadas, surge a poluição do ar. Em linhas gerais, podemos definir poluição do ar como a presença ou o lançamento, no ambiente atmosférico, de substâncias em concentrações suficientes para interferir direta ou indiretamente na saúde, na segurança e no bem-estar do homem, ou no pleno uso e gozo de sua propriedade.

O uso básico do recurso natural ar é manter a vida. Todos os outros usos devem sujeitar-se à manutenção de uma qualidade de ar que não degradará aguda ou cronicamente a saúde ou o bem-estar humano. Aspectos estéticos e o impacto econômico da poluição do ar e seu controle são também setores importantes a serem focalizados.

O custo suportado pela sociedade para alcançar uma desejada qualidade do ar deveria estar, sempre que possível, em equilíbrio com os benefícios a serem atingidos. Ao se proceder a uma análise do tipo custo-benefício, não se deve comprometer aspectos éticos, tais como direitos e deveres.

3.2 Danos causados pela poluição do ar

Os danos ou efeitos da poluição do ar podem ser considerados levando-se em conta alguns aspectos principais, como: saúde, materiais, propriedades da atmosfera, vegetação e economia.

3.2.1 Danos à saúde

Em comparação com outras necessidades da vida, o ar tem um consumo contínuo obrigatório, sendo essencial para os sentidos da visão, do olfato e da audição. Um homem adulto requer diariamente cerca de 15 kg de ar, 1,5 kg de alimento sólido e 2 litros de água. Essa quantidade diária de ar inspirado entra em contato com 70 m^2 de superfície alveolar, nos pulmões. Estima-se que uma pessoa pode viver 5 semanas sem alimento, 5 dias sem água, mas não mais do que 5 minutos sem ar.

Os efeitos da poluição do ar sobre a saúde podem provocar: doença aguda ou morte; doença crônica, encurtamento da vida ou dano ao crescimento; alteração de importantes funções fisiológicas, tais como ventilação do pulmão, transporte de oxigênio pela hemoglobina, adaptação ao escuro ou outras funções do sistema nervoso; sintomas adversos, como, por exemplo, a irritação sensorial, que na ausência de uma causa óbvia como a poluição do ar, pode levar uma pessoa a procurar um médico; desconforto, odor, prejuízo da visibilidade ou outros efeitos da poluição do ar suficientes para levar indivíduos a trocar de residência ou local de emprego.

Cabe lembrar que, em anos recentes, a poluição do ar provocou uma série de episódios agudos, os quais apresentaram, entre outras, as seguintes características comuns:

- aumento da mortalidade e da morbidade, constatado somente após os episódios, o que impediu que medidas preventivas fossem tomadas em tempo hábil para evitar tais danos;
- os episódios sempre ocorreram sob condições meteorológicas atípicas, com redução do volume efetivo de ar, no qual os poluentes

teriam sido diluídos em condições normais, impedindo que se chegasse a níveis críticos de poluição;

≈ na maioria dos episódios ocorridos estavam presentes no ar gotículas de água, sugerindo a ocorrência de uma combinação de aerossóis e poluentes gasosos.

O Quadro 3.1 apresenta alguns exemplos de episódios agudos provocados pela poluição do ar.

Quadro 3.1 Episódios agudos provocados pela poluição do ar em anos recentes

Ano	Local	Histórico	Nº de mortes
1930	Bélgica – Vale do Rio Meuse	Região de numerosas indústrias onde ocorreu inversão de temperatura, provocando congestão das vias respiratórias especialmente em crianças e pessoas idosas	60
1948	Estados Unidos – Donnora	Região de indústrias metalúrgicas onde ocorreu inversão de temperatura, provocando congestão das vias respiratórias	17
1950	México – Poza Rica	Compostos de enxofre emitidos por uma indústria provocaram a internação de 320 pessoas acometidas de problemas respiratórios e nervosos durante uma inversão de temperatura	32
1952	Brasil – Bauru	Doenças respiratórias agudas em 150 pessoas provocadas por alergia ao pó de semente de mamona, usada na fabricação de óleo	9
1957	Inglaterra	*Smog* (mistura de fumaça com neblina)	1.000
1960	Inglaterra	*Smog*	800
1962	Inglaterra	*Smog*	700

Estudos realizados têm mostrado que a poluição é um fator causador de doenças crônicas do aparelho respiratório, tais como câncer do pulmão, bronquite, enfisema e asma. Vários estudos foram feitos procurando correlacionar poluição atmosférica e efeitos sobre a saúde infantil. Na antiga Tchecoslováquia, estudos mostraram aumento no número de células vermelhas e redução na relação hemoglobina e número de células vermelhas em crianças vivendo em áreas altamente poluídas. Estudos desenvolvidos no Japão mostraram diminuição da função pulmonar em crianças que vivem em áreas poluídas, durante períodos em que eram maiores os índices de poluição do ar.

3.2.2 Danos aos materiais

Alguns fenômenos podem ser identificados no processo de danos da poluição do ar sobre materiais. Entre eles destacam-se a abrasão, a deposição e a remoção, os ataques químicos direto e indireto e a corrosão eletroquímica.

Além dos fenômenos apontados, ressaltamos alguns fatores que influenciam os danos causados a materiais por atmosferas poluídas, a saber: umidade relativa, temperatura, luz solar, velocidade do ar, posição do material no espaço. A título de exemplo, pode-se mencionar que, não havendo umidade, praticamente não haverá corrosão eletroquímica, mesmo em atmosfera muito poluída. Para vários metais, existe uma umidade atmosférica crítica, que, quando excedida, produz abrupto aumento na velocidade de corrosão. Para atmosferas poluídas com dióxido de enxofre, foram observadas umidades críticas relativas (Tab. 3.2).

Tab. 3.2 Umidade crítica relativa de atmosfera poluída por dióxido de enxofre

Metal	Umidade relativa
Alumínio	80%
Níquel	70%
Cobre	63%

O Quadro 3.2 apresenta alguns exemplos de danos provocados pela poluição do ar a diversos materiais.

Quadro 3.2 Danos provocados pela poluição do ar em materiais

Tipo de material	Manifestação típica do dano	Poluente danificante	Fator ambiental
Vidros e enamel	Alteração da aparência	Substâncias ácidas	Umidade
Metais	Dano à superfície, perda do metal, embaçamento	Dióxido de enxofre e substâncias ácidas	Umidade e temperatura
Materiais de construção	Descoloração	Dióxido de enxofre, substâncias ácidas e partículas	Umidade
Pintura	Descoloração	Dióxido de enxofre, substâncias ácidas e partículas	Umidade e fungos
Couro	Desintegração da superfície; enfraquecimento	Dióxido de enxofre e substâncias ácidas	–
Papel	Torna-se quebradiço	Dióxido de enxofre e substâncias ácidas	Luz solar
Tecidos	Redução de resistência à tensão; formação de manchas	Dióxido de enxofre e substâncias ácidas	Umidade, luz solar e fungos
Corantes	Desbotamento	Dióxido de nitrogênio e de enxofre e oxidantes	Umidade e luz solar
Borracha	Redução de resistência; enfraquecimento	Oxidantes	Luz solar

3.2.3 Danos às propriedades da atmosfera

Para um cidadão comum, a deterioração da visibilidade é a primeira indicação da existência da poluição do ar. Define-se visibilidade como a maior distância, numa dada direção, na qual é possível ver e identificar "a olho nu", durante o dia, um proeminente objeto escuro contra o céu no horizonte e, durante a noite, contra uma conhecida e moderadamente intensa fonte de luz. Após a determinação da visibilidade em todo o círculo do horizonte, registra-se um único valor, que representa a visibilidade predominante.

A visibilidade urbana pode ser afetada principalmente pelos seguintes fatores meteorológicos:

≈ altura de inversão e velocidade dos ventos: quanto maior a altura de inversão e a velocidade dos ventos, melhor a visibilidade; no entanto, velocidades de ventos excessivamente altas diminuem a visibilidade, em virtude de levantamento de pó;

≈ elevadas condições de umidade: propiciam aumento no tamanho de partículas higroscópicas, o que resulta numa redução da visibilidade.

A redução de visibilidade ocorre em razão da presença de partículas sólidas e líquidas suspensas na atmosfera, que absorvem e dispersam a luz. Essa redução de visibilidade está relacionada com o tamanho, a concentração e as características físicas das partículas poluentes presentes.

Levantamentos climatológicos em áreas urbanas têm mostrado que as neblinas nas cidades são mais frequentes e persistentes nas áreas circunvizinhas, em decorrência da poluição do ar. Por outro lado, a quantidade de radiação recebida por uma cidade com poluição é menor do que para uma área sem poluição, e os comprimentos de onda mais curtos são mais afetados do que os mais longos. Outro fato é que uma cidade poluída perde, pelo menos, cerca de duas vezes sua iluminação por causa da perda da luz solar.

3.2.4 Danos à vegetação

As plantas podem ser afetadas pelos poluentes atmosféricos por meio dos seguintes mecanismos:

≈ redução da penetração da luz (redução da capacidade de fotossíntese) por sedimentação de partículas nas folhas ou por interferência de partículas em suspensão na atmosfera;

- ≈ deposição de poluentes no solo, por sedimentação ou por carreamento pelas chuvas, permitindo a penetração dos poluentes pelas raízes e alterando as condições do solo;
- ≈ penetração dos poluentes pelos estômatos das plantas. Essa é a forma mais bem estudada e sobre a qual se tem o maior número de informações. Os estômatos são pequenos poros na superfície das plantas, geralmente nas folhas (sobretudo na sua face inferior). A troca de gases (O_2 - CO_2) promovida pelas plantas se dá, em sua quase totalidade, através dos estômatos, que podem ter abertura e fechamento determinado para cada planta em função da hora do dia, da umidade relativa do ar, das condições de iluminação e da temperatura. Poluentes gasosos podem penetrar pelos estômatos, juntamente com o ar, e ser, assim, absorvidos pela planta. Certas partículas podem depositar-se nas superfícies das plantas e, se forem solúveis em água, penetrar pelos estômatos com a chuva de orvalho, por exemplo.

Qualquer que seja a forma pela qual uma planta tenha sido afetada, o efeito poder ser visível ou não. Os sintomas de dano visível sobre as folhas das plantas, atribuídos à poluição do ar, podem ser considerados em três categorias gerais, não mutuamente exclusivas, a saber: colapso do tecido foliar; clorose ou outras alterações da cor normal das folhas; alterações no crescimento e na produção das plantas importantes não só para a agricultura, como também para a floricultura.

Os danos causados às plantas pelo dióxido de enxofre podem ser agudos ou crônicos. Estudos realizados com alfafa e outras plantas indicam não haver um efeito sistêmico à planta, mas apenas às folhas. Os efeitos agudos são caracterizados pela morte de áreas bem definidas marginais ou intravenais das folhas. Quando a quantidade de dióxido de enxofre absorvido não chega a causar danos agudos, pode causar marcas crônicas ou cloróticas, por causa da absorção lenta do enxofre, em forma de sulfeto ou sulfato, que irá se acumular até matar células.

Os fluoretos podem causar danos às plantas em concentrações muito mais baixas que as de dióxido de enxofre. Sabe-se que fluoretos, após ultrapassarem a concentração limite para cada planta, causam um decréscimo na taxa de fotossíntese, mesmo antes que apareçam efeitos visíveis. Os fluoretos agem como venenos cumulativos para as plantas, e o efeito final é o colapso das células internas das folhas.

Sabe-se também que a exposição ao *smog* fotoquímico causa danos às plantas. As lesões são características e ocorrem geralmente em legumes, cujas folhas inicialmente adquirem cor prateada ou bronzeada em decorrência do colapso das células subepiteliais, e a lesão se estende pela folha, formando áreas esbranquiçadas na superfície superior. Os principais componentes do *smog* fotoquímico que causam danos às plantas são o ozônio, o peroxiacetil nitrato (PAN) e os óxidos de nitrogênio.

O cloro, o gás sulfídrico, os ácidos clorídrico e sulfúrico, a amônia e muitos outros produtos químicos podem causar danos à vegetação.

3.2.5 Danos à economia

Os efeitos adversos diretamente provocados pela poluição do ar são extremamente onerosos para os habitantes de áreas urbanas industrializadas. O custo acurado desses efeitos é complexo de se determinar; no entanto, certas estimativas foram e podem ser feitas.

Um dos levantamentos mais extensivos foi feito em Pittsburg (EUA), em 1913, onde se estimou um custo de perdas em decorrência da poluição do ar em US$ 20 por habitante/ano. Outras estimativas realizadas nos Estados Unidos apontaram valores variando entre US$ 10 e US$ 60 por habitante/ano.

Considerável esforço tem sido feito na Inglaterra para determinar os custos dos efeitos da poluição do ar. Em 1954, estudos mostraram que a perda econômica total por causa da poluição do ar foi da ordem de 250 milhões de libras esterlinas.

Na França, em uma estimativa realizada em 1957, a perda por causa da poluição do ar foi da ordem de 6.000 francos por habitante/ano.

Outro fator importante a ser considerado são os custos relativos à prevenção e ao controle da poluição do ar. Nesse caso, devem ser considerados tanto os gastos governamentais como os das empresas privadas. Nos Estados Unidos, em 1968, por exemplo, em algumas comunidades, o gasto médio do controle e da prevenção da poluição do ar foi de cerca de US$ 0,10 por habitante/ano.

Em termos de custo-benefício, estima-se que, para cada dólar gasto no controle da poluição do ar, evita-se o gasto de US$ 16 decorrente dos danos causados.

3.3 Meteorologia

A meteorologia pode ser entendida como a ciência que estuda os fenômenos atmosféricos que se manifestam e ocorrem na natureza. Tais fenômenos exercem um papel fundamental em relação à poluição do ar. As condições meteorológicas possibilitam estabelecer uma forma de ligação entre a fonte de poluição e o receptor, tendo como referência o transporte e a dispersão dos poluentes.

A poluição numa região ocorre em função das atividades da comunidade aí presente e das condições atmosféricas, as quais, por sua vez, são funções do tempo. Por exemplo, tráfego de automóvel nas cidades tem uma acentuada variação durante o dia, enquanto que o aquecimento doméstico na Europa tem variação anual (além da variação diária). As variações diárias e anuais de certos elementos da atmosfera, como velocidade do vento e temperatura, não são menos importantes nas considerações sobre a poluição do ar. Ambas, atividades da comunidade e condições atmosféricas, são também funções do local: o tráfego de automóveis pode estar concentrado em áreas centrais e as fontes de alguns poluentes do ar podem estar confinadas em alguns poucos locais nas comunidades. Elementos da atmosfera também variam com o local, predominantemente com elevações, mas também horizontalmente, sobretudo em topografias desiguais. Assim, a velocidade do vento e a direção usualmente mudam com a altura; e a temperatura à noite nos subúrbios pode ser muito diferente daquela do centro da cidade.

A transferência de poluentes atmosféricos e as suas reações são consequências dos processos da difusão atmosférica.

A dispersão de um poluente na atmosfera depende, em primeiro lugar, das condições meteorológicas e, depois, dos parâmetros e condições em que se produz essa emissão na fonte (chaminé), ou seja, velocidade e temperatura dos gases, vazão etc.

O vento é o primeiro mecanismo atmosférico de transporte. Os ventos na Terra são resultantes das diferenças de pressão em decorrência do aquecimento ou resfriamento da atmosfera pelo Sol.

A difusão atmosférica ou dispersão de poluentes tem sido examinada utilizando-se modelos matemáticos, que, por sua vez, necessitam de um conjunto de dados necessários à sua aplicação. Entre esses dados, os relacionados com as condições meteorológicas de estabilidade e turbulência são importantes e estão agrupados nas chamadas "categorias de estabilidade".

3.3.1 Estabilidade atmosférica

A estabilidade atmosférica está relacionada com os movimentos ascendentes e descendentes de volumes de ar. Ela depende também da velocidade do vento, da turbulência atmosférica, do gradiente de temperatura, da insolação, da chuva, da neve e de outras condições climáticas.

Em geral, determina-se a estabilidade atmosférica mediante o gradiente térmico.

Considera-se estável a atmosfera quando as forças ascensionais se opõem ao movimento vertical, e instável quando as forças ascensionais favorecem o movimento vertical.

As mudanças de estabilidade na atmosfera podem ocorrer em razão:

- do aquecimento ou do resfriamento de superfície;
- da advecção ou transporte horizontal;
- do deslocamento vertical de camadas.

O tipo de estabilidade atmosférica influi no perfil de velocidades do vento e as condições de estabilidade afetam o comportamento das plumas, formadas em função das emissões atmosféricas de fontes.

Considerando-se a aceleração (A) e a temperatura (T) do ar pode-se, de forma reduzida, chegar a três diferentes condições na atmosfera:

$A = T$ estabilidade neutra

$A > T$ instabilidade

$A < T$ estabilidade

A Fig. 3.1 resume os diferentes tipos de perfis de temperatura encontrados na baixa atmosfera e nela verifica-se que na reta 1 a temperatura diminui com a altitude, de modo que qualquer movimento vertical exercido sobre um volume de ar fará com que esse volume mantenha a mesma temperatura ou a mesma densidade que o ar circundante (estabilidade neutra). No caso, temos o chamado gradiente adiabático de temperatura, no qual, a cada 100 m, a temperatura diminui de 1°C. Na reta 2, chamada superadiabática, a temperatura de um volume de ar que sobe será maior que aquela do ar que o rodeia e, sendo menos denso que este, continuará subindo (instabilidade). Na reta 3, subadiabática, a temperatura de um volume de ar que sobe será menor que aquela do ar que o rodeia e, sendo mais denso que este, voltará a sua posição inicial (estabilidade). Na reta 4, isotérmico, a temperatura é constante com a altura (estabilidade), e na reta 5, inversão, a temperatura aumenta com a altura (alta estabilidade).

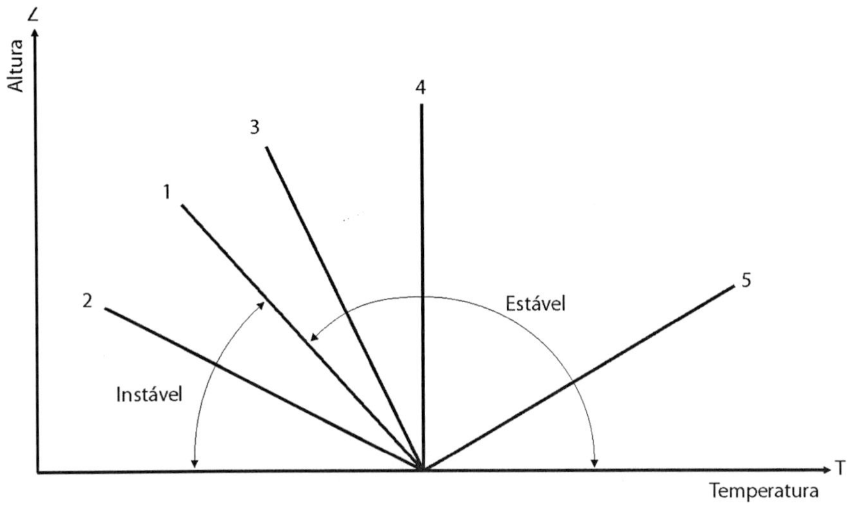

FIG. 3.1 *Perfil de temperatura na atmosfera*
Fonte: DECEA (1969).

Do ponto de vista da poluição do ar, esta última é a mais importante, já que a dispersão dos poluentes é pequena.

Na Fig. 3.2 são apresentados tipos de perfis de temperatura e de formas de plumas. No Quadro 3.3 é apresentada, de forma resumida, a relação entre tipo de pluma, perfil, condições do céu e de vento e período (noturno e diurno).

A influência de conglomerados urbanos no clima regional é um importante elemento a ser considerado. O Quadro 3.4 aponta os principais efeitos no clima ao se comparar as áreas urbana e rural.

3.3.2 Inversões térmicas

As chamadas inversões térmicas, que são importantes em termos de poluição do ar, podem ser por radiação e por subsidiência. A inversão térmica por radiação acontece frequentemente quando o solo se esfria por radiação durante a noite. A presença dessas inversões noturnas por radiação impede a dispersão das emissões de poluentes na cidade à noite. A inversão térmica por subsidiência é aquela que ocorre quando da existência do processo de afundamento e compressão da massa de ar. Quanto maior for a convergência de massa em altitude, maior o movimento descendente (afundamento), havendo, consequentemente, maior grau de compressão da atmosfera e, com isso, maior aumento de temperatura.

Os movimentos físicos a que a atmosfera está submetida não são uniformes. Algumas vezes, uma camada da atmosfera fica mais comprimida entre as outras. Essa compressão diferenciada aumenta a tempera-

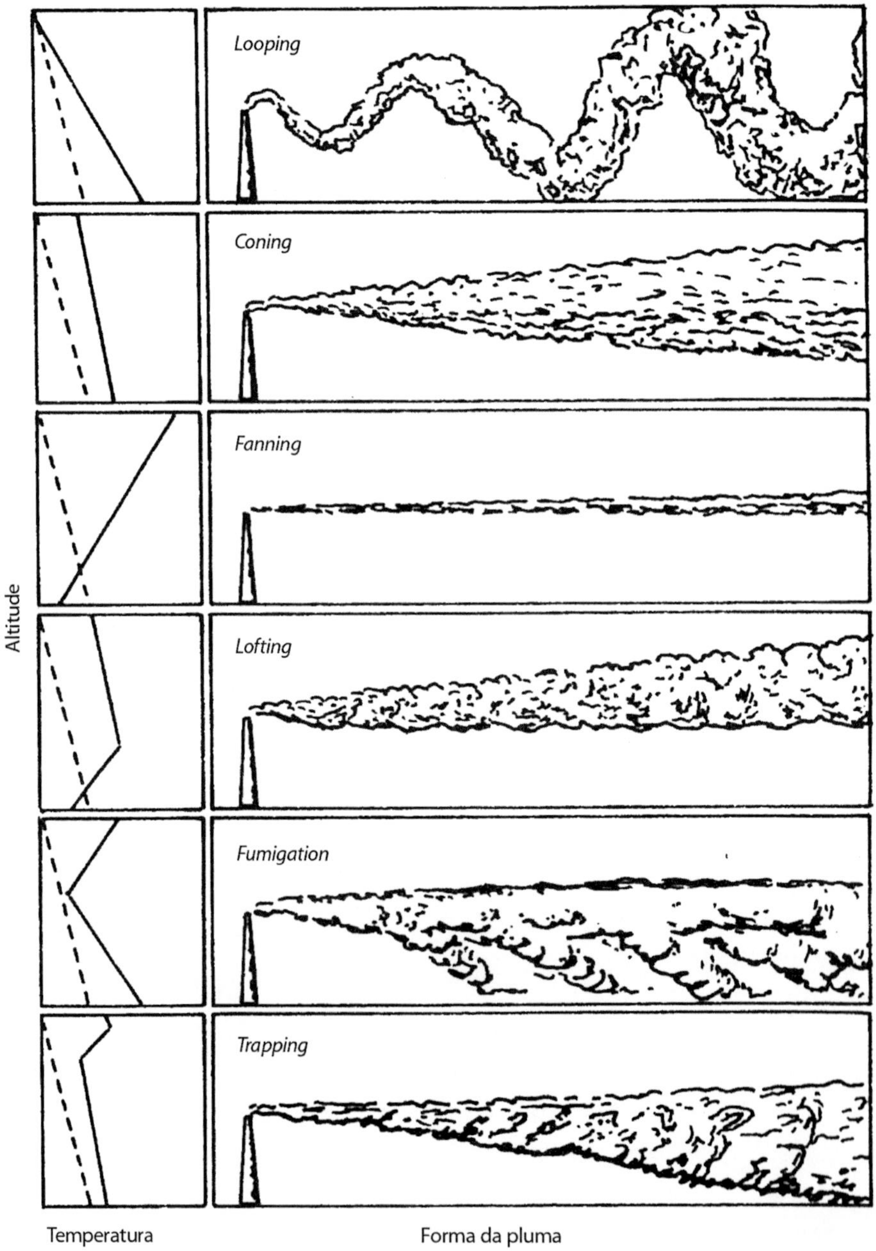

Fig. 3.2 *Tipos de perfis de temperatura e de formas de plumas*
Fonte: Vallero (2008).

Quadro 3.3 Algumas características de tipos de pluma

Pluma	Perfil	Céu	Vento	Período
Looping	Superadiabático	Limpo	Leve	Diurno
Coning	Subadiabático	Nublado	Forte	Diurno ou noturno
Fanning	Inversão	Limpo	Leve	Noturno
Lofting	Inversão	Limpo	–	Diurno para noturno
Fumigation	Inversão	Limpo	Leve	–
Trapping	Inversão	–	–	–

Quadro 3.4 Influência das áreas urbana e rural no clima

Clima	Cidade	Campo	Motivo
Temperatura	Maior	Menor	Perda de energia para a atmosfera mais lenta
Umidade	Menor	Maior	Temperatura e vegetação
Chuva	Mais	Menos	Mais núcleos
Vento	Mais fracos	Mais fortes	Maior número de obstáculos
Nebulosidade	Maior	Menor	Mais núcleos
Radiação	Menor	Maior	Mais nuvens na cidade

tura em uma determinada camada em relação às outras. Isso se chama inversão de subsidiência.

Dessa forma, quando a temperatura começa a aumentar, em vez de diminuir com a altitude, ocorre a chamada inversão térmica. Geralmente a camada de inversão detém a subida natural dos poluentes, que quase sempre saem das fontes com uma temperatura maior que a ambiente, subindo por diferença de densidade, até haver uma igualdade de temperatura. Existindo a camada de inversão a baixa altitude, a concentração de poluentes junto ao solo aumenta muito, já que nesse período de inversão os ventos horizontais geralmente têm baixa velocidade ou ocorre uma calmaria total. Na cidade de São Paulo, as inversões geralmente se formam de madrugada, ocorrendo a sua destruição nas primeiras horas de insolação.

Estudos realizados pela Cetesb por meio do seu setor de Meteorologia mostraram que na Região Metropolitana de São Paulo as inversões mais prejudiciais à dispersão de poluentes ocorrem durante os meses de maio a agosto. Essas inversões apresentam, como principais características, ocorrência próximo à superfície, frequência durante a noite e madrugada e grande número de horas consecutivas de ocorrência.

A Fig. 3.3 apresenta, de forma esquemática, a ocorrência e a quebra de uma inversão térmica.

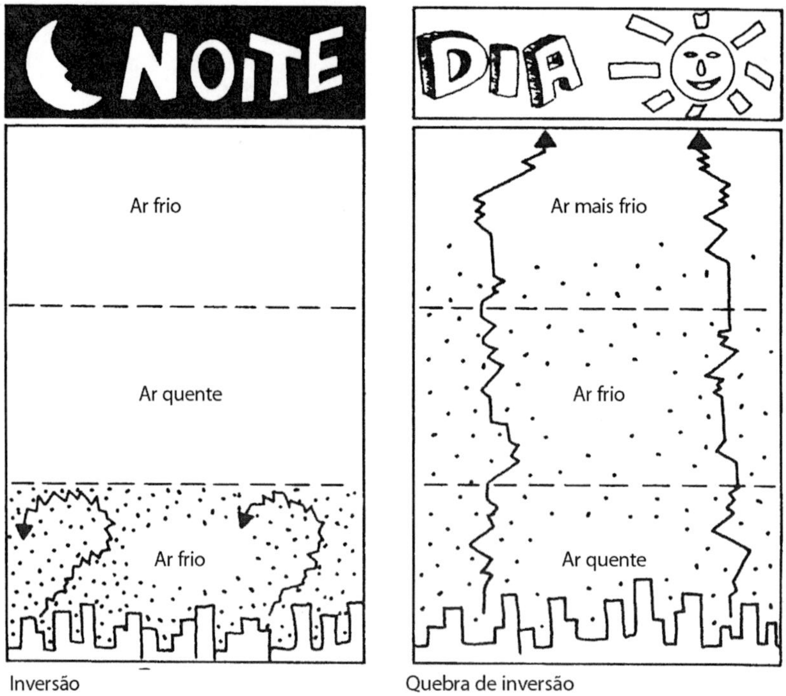

Fig. 3.3 *Inversão térmica*
Fonte: Folheto sobre Histórico da Poluição do Ar - Cetesb.

3.3.3 Elementos indicadores e de medição

Dentre os principais elementos considerados no exame das condições meteorológicas de uma determinada área em estudo, podem-se destacar o vento (velocidade, direção e % de calmaria), a turbulência (mecânica e térmica), a temperatura e a pressão (variação vertical e horizontal), a umidade relativa, a radiação e a precipitação.

A Cetesb utiliza, além dos elementos anteriormente mencionados, fotos de satélite para elaborar previsões diárias das condições atmosféricas, as quais, somadas aos dados de concentração dos poluentes, subsidiam a tomada de medidas preventivas e/ou corretivas com a finalidade de evitar a ocorrência de episódios críticos de poluição do ar.

Os instrumentos mais comumente utilizados na medição dos parâmetros meteorológicos são:

- temperatura: termômetro ou termógrafo;
- umidade relativa: higrômetro ou hidrógrafo;
- ventos (direção/velocidade): anemômetro (catavento) ou anemógrafo;
- chuvas: pluviômetro ou pluviógrafo;
- pressão: barômetro ou barógrafo;
- perfil térmico vertical: balões sonda ou termossensores;
- radiação: pireliômetro ou pireliógrafo.

3.4 Qualidade do ar

Além da meteorologia, a avaliação das concentrações de poluentes na atmosfera é de fundamental importância no desenvolvimento de um programa de controle da poluição do ar por parte da agência de governo responsável por esse controle.

Os propósitos dessa avaliação são vários e, entre eles, podem ser destacados:

- conhecer e comparar a atual qualidade do ar na área sob jurisdição;
- julgar tendências com o objetivo de fixar padrões de qualidade do ar;
- ativar ações de emergência a fim de evitar episódios agudos de poluição do ar;
- fornecer dados necessários para avaliação de prováveis efeitos sobre o ser humano, animais, plantas e materiais em geral;
- fornecer dados para o planejamento do uso do solo, planejamento urbano e do sistema de transportes;
- estudar e desenvolver estratégias de controle de poluição do ar;
- estudar a validade dos modelos matemáticos de dispersão atmosférica.

O estágio atual do desenvolvimento técnico, em todas as áreas da atividade humana, possibilita aos especialistas na área de avaliação e controle da poluição do ar o emprego de sistemas com recursos técnicos ilimitados, necessários para que os objetivos citados possam ser atingidos. Obviamente a complexidade desses recursos técnicos está sempre limitada pela disponibilidade de recursos financeiros, principalmente nos países em desenvolvimento nos quais os problemas socioeconômicos se avolumam, tornando insuficientes os recursos disponíveis e exigindo o estabelecimento de uma política equilibrada de prioridades, principalmente na área de saúde pública.

3.4.1 Indicadores de qualidade

O nível de poluição do ar ou qualidade do ar é medida pela quantificação das suas substâncias poluentes. Considera-se poluente do ar qualquer substância nele presente e que, pela sua concentração, possa torná-lo impróprio, nocivo ou ofensivo à saúde, inconveniente ao bem-estar público, danoso aos materiais, à fauna e à flora ou prejudicial à segurança, ao uso da propriedade e às atividades normais da comunidade.

A variedade de substâncias que podem estar presentes na atmosfera é muito grande, o que torna difícil a tarefa de estabelecer uma classificação. Entretanto, podemos iniciar esse processo dividindo os poluentes em duas categorias:

- poluentes primários (aqueles emitidos diretamente pelas fontes de emissão);
- poluentes secundários (aqueles formados na atmosfera pela reação química entre poluentes primários e constituintes naturais da atmosfera).

As substâncias usualmente consideradas poluentes do ar podem ser classificadas como:

- compostos de enxofre (SO_2, SO_3, H_2S, sulfatos);
- compostos de nitrogênio (NO, NO_2, NH_3, HNO_3, nitratos);
- compostos orgânicos de carbono (hidrocarbonetos, álcoois, aldeídos, cetonas e ácidos orgânicos);
- monóxido de carbono e dióxido de carbono;
- compostos halogenados (HCL, HF, cloretos, fluoretos);
- material particulado (mistura de compostos no estado sólido ou líquido).

A primeira observação sobre essa classificação é que ela é feita tanto na base química quanto física, pois o grupo "material particulado" se refere ao estado físico, enquanto os outros se referem a uma classificação química. O grupo "material particulado" pode também ser formado por compostos de enxofre, carbono, nitrogênio etc.

O Quadro 3.5 mostra, de uma forma simplificada, os principais poluentes atmosféricos produzidos pelos diversos tipos de fontes de emissão e os danos que esses poluentes podem provocar.

Quadro 3.5 Fontes e características dos principais poluentes da atmosfera

Poluente	Características	Fontes principais	Efeitos gerais ao meio ambiente
Partículas inaláveis (MP_{10}) e fumaça	Partículas de material sólido ou líquido que ficam suspensas no ar na forma de poeira, neblina, aerossol, fumaça, fuligem etc. Faixa de tamanho < 10 micra	Processos de combustão (indústria e veículos automotores), aerossol secundário (formado na atmosfera)	Danos à vegetação, deterioração da visibilidade e contaminação do solo
Partículas totais em suspensão	Partículas de material sólido ou líquido que ficam suspensas no ar na forma de poeira, neblina, aerossol, fumaça, fuligem etc. Faixa de tamanho < 100 micra	Processos industriais, veículos motorizados (exaustão), poeira de rua ressuspensa, queima de biomassa. Fontes naturais: pólen, aerossol marinho e solo	Danos à vegetação, deterioração da visibilidade e contaminação do solo
Dióxido de enxofre (SO_2)	Gás incolor, com forte odor, semelhante ao gás produzido na queima de palitos de fósforo. Pode ser transformado a SO_3, que, na presença de vapor de água, passa rapidamente a H_2SO_4. É um importante precursor de sulfatos, um dos principais componentes das partículas inaláveis	Processos que utilizam queima de óleo combustível, refinaria de petróleo, veículos a diesel, produção de polpa e papel, fertilizantes	Pode levar à formação de chuva ácida, causar corrosão aos materiais e danos à vegetação: folhas e colheitas
Dióxido de nitrogênio (NO_2)	Gás marrom-avermelhado, com odor forte e muito irritante. Pode levar à formação de ácido nítrico, nitratos (o que contribui para o aumento das partículas inaláveis na atmosfera) e compostos orgânicos tóxicos	Processo de combustão envolvendo veículos automotores, processos industriais, usinas térmicas que utilizam óleo ou gás, incinerações	Pode levar à formação de chuva ácida, danos à vegetação e à colheita
Monóxido de carbono (CO)	Gás incolor, inodoro e insípido	Combustão incompleta em veículos	
Ozônio (O_2)	Gás incolor, inodoro nas concentrações ambientais e o principal componente da névoa fotoquímica	Não é emitido diretamente para a atmosfera. É produzido fotoquimicamente pela radiação solar sobre os óxidos de nitrogênio e compostos orgânicos voláteis	Danos às colheitas, à vegetação natural, plantações agrícolas; plantas ornamentais

Fonte: Cetesb (2011b).

Quando se determina a concentração de um poluente na atmosfera, está sendo medido o grau de exposição dos receptores (ser humano, animais, plantas e materiais) como resultado final do processo de lançamento desse poluente na atmosfera por suas fontes de emissão e suas interações na atmosfera, do ponto de vista físico (diluição) e químico (reações químicas).

O sistema pode ser visualizado na Fig. 3.4.

É importante ressaltar que, mesmo mantidas as emissões, a qualidade do ar pode mudar em função, basicamente, das condições meteorológicas, que determinam uma maior ou menor diluição dos poluentes. É por isso que a qualidade do ar piora durante os meses de inverno, quando as condições meteorológicas são desfavoráveis para a dispersão dos poluentes.

A interação entre as fontes de poluição e a atmosfera vai definir o nível de qualidade do ar, que determina, por sua vez, o surgimento de efeitos adversos da poluição do ar sobre os receptores, que podem ser o homem, os animais, os materiais e as plantas.

A determinação sistemática da qualidade do ar deve ser, por problemas de ordem prática, limitada a um número restrito de poluentes, definidos em função de sua importância e dos recursos materiais e humanos disponíveis.

De forma geral, a escolha recai sempre sobre um grupo de poluentes que servem como indicadores de qualidade do ar, consagrados universalmente: dióxido de enxofre (SO_2), poeira em suspensão (material particulado ou partículas em suspensão), monóxido de carbono (CO), oxidantes fotoquímicos expressos como ozônio (O_3), hidrocarbonetos totais e óxidos de nitrogênio (NO e NO_2).

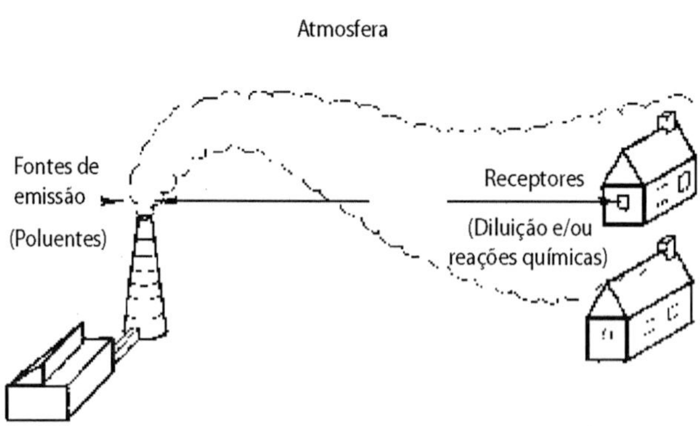

FIG. 3.4 *Interações dos poluentes na atmosfera*

A razão da escolha desses parâmetros como indicadores de qualidade do ar está ligada à sua maior frequência de ocorrência e aos efeitos adversos que causam ao meio ambiente.

a) Material particulado

Nesse caso em particular, considerando que esse parâmetro não é um composto químico definido, surge a necessidade de definir o parâmetro. Assim, existe o parâmetro poeira total em suspensão, definido como sendo composto de partículas com diâmetro aerodinâmico equivalente inferior a 100 micra. Outro parâmetro que pode ser adotado é o material particulado inalável, composto de partículas com diâmetro equivalente menor que 10 micra.

Outro parâmetro também utilizado, desenvolvido pela Organização para Cooperação Econômica e de Desenvolvimento da Europa, consiste em expressar o teor de material particulado suspenso na atmosfera em termos de "fumaça internacional normalizada", simplificadamente chamada de fumaça. Essa determinação está baseada na medida da refletância da poeira, o que confere a esse parâmetro a característica de estar intimamente relacionado ao teor de fuligem da atmosfera.

Os efeitos adversos do material particulado na atmosfera começam pelos aspectos estéticos, pois ele interfere na visibilidade e está associado com a produção de corrosão e sujeira em superfícies (edifícios, tecidos, outros materiais). Seus efeitos sobre a saúde estão associados à:

- capacidade do sistema respiratório de remover as partículas no ar inalado, retendo-as nos pulmões;
- presença nas partículas de substâncias minerais que possuem propriedades tóxicas;
- presença nas partículas de compostos orgânicos, como os hidrocarbonetos policíclicos, que possuem propriedades carcinogênicas;
- capacidade das partículas finas de aumentar os efeitos fisiológicos de gases irritantes também presentes no ar ou de catalisar e transformar quimicamente esses gases, criando espécies mais nocivas.

O tamanho das partículas desempenha um papel importante nos seus efeitos sobre a saúde. As chamadas partículas finas ($< 10\ \mu m$ de diâmetro) penetram mais profundamente, atingindo inclusive os alvéolos pulmonares no caso das partículas submicrômicas.

A capacidade do material particulado fino de aumentar os efeitos dos gases presentes no ar é um dos aspectos mais importantes da poluição do ar por material particulado. Os efeitos de uma mistura de material particulado e dióxido de enxofre, por exemplo, são mais acentuados que a presença isolada de cada um deles.

b) Dióxido de enxofre

Os efeitos dos gases na saúde humana estão intimamente associados à solubilidade desses gases nas paredes do aparelho respiratório, fato esse que governa a quantidade do poluente capaz de atingir as regiões mais profundas do aparelho respiratório.

O dióxido de enxofre é altamente solúvel nas passagens úmidas do aparelho respiratório superior, levando a um aumento da resistência à passagem do ar e ao aumento da produção de muco.

Existem evidências de que o dióxido de enxofre agrava as doenças respiratórias preexistentes e também contribui para o seu desenvolvimento. O dióxido de enxofre sozinho produz irritação no sistema respiratório, e adsorvido em partículas, pode ser conduzido mais profundamente e produzir danos aos tecidos do pulmão.

Estudos epidemiológicos e clínicos mostram que certas pessoas são mais sensíveis ao dióxido de enxofre que outras. Exposições prolongadas a baixas concentrações de dióxido de enxofre têm sido associadas com o aumento de morbidade cardiovascular em pessoas idosas.

c) Monóxido de carbono

Os efeitos da exposição de seres humanos ao monóxido de carbono estão associados à capacidade de transporte de oxigênio na combinação com a hemoglobina do sangue, uma vez que a afinidade da hemoglobina pelo monóxido de carbono, é cerca de 210 vezes maior do que pelo oxigênio. Quando uma molécula de hemoglobina recebe uma molécula de monóxido de carbono, forma-se a carboxiemoglobina, que diminui a capacidade do sangue em transportar oxigênio.

Os sintomas de exposição ao monóxido de carbono dependem da quantidade de hemoglobina combinada com monóxido de carbono. Tem sido demonstrado experimentalmente que baixos níveis de carboxiemoglobina já podem causar diminuição na capacidade de estimar intervalos de tempo e podem diminuir os reflexos e a acuidade visual da pessoa exposta.

Os níveis de monóxido de carbono em locais com altos índices de acidentes de tráfego têm sido apontados como possível causa adicional dos acidentes.

d) Oxidantes fotoquímicos

Oxidantes fotoquímicos é a denominação que se dá à mistura de poluentes secundários formados pela reação dos hidrocarbonetos e óxidos de nitrogênio na presença de luz solar. O principal ingrediente dessa mistura é o gás ozônio (O_3), razão pela qual ele tem sido utilizado como parâmetro indicador da presença dos oxidantes fotoquímicos, que têm em sua composição, também, quantidades pequenas de compostos oxigenados derivados dos hidrocarbonetos.

O efeito mais relatado dos oxidantes fotoquímicos é a irritação dos olhos. Os principais componentes da mistura associados a esse efeito são os peroxiacetilnitratos, por exemplo, o peroxiacetilnitrato (PAN), o formaldeído e a acroleína.

A presença dos oxidantes fotoquímicos na atmosfera tem sido associada com a redução da capacidade pulmonar e com o agravamento de doenças respiratórias, como a asma. Estudos realizados em animais mostram que o ozônio causa envelhecimento precoce, provoca danos na estrutura pulmonar e diminui a capacidade de resistir às infecções respiratórias.

Mesmo pessoas saudáveis, como os atletas, têm se mostrado sensíveis aos efeitos do ozônio pela diminuição da capacidade de executar exercícios físicos.

A maneira de controlar a formação dos oxidantes fotoquímicos na atmosfera é reduzindo as concentrações de seus precursores (óxidos de nitrogênio e hidrocarbonetos). As concentrações desses poluentes na atmosfera devem ser limitadas muito mais em razão dos produtos aos quais dão origem do que propriamente pelos seus efeitos diretos.

e) Óxidos de nitrogênio

No caso dos óxidos de nitrogênio (NO e NO_2), somente o NO_2 é motivo de preocupação. Em decorrência de sua baixa solubilidade, ele é capaz de penetrar profundamente no sistema respiratório, podendo dar origem às nitrosaminas, algumas das quais podem ser carcinogênicas. O dióxido de nitrogênio é também um poderoso irritante, podendo levar a sintomas que lembram aqueles do enfisema.

3.4.2 Padrões de qualidade do ar

Os principais objetivos da avaliação da qualidade do ar por monitoramento e/ou vigilância são:

≈ fornecer dados para ativar ações de emergência durante períodos de estagnação atmosférica, quando os níveis de poluentes na atmosfera possam representar risco à saúde pública;

≈ avaliar a qualidade do ar à luz de limites estabelecidos para proteger a saúde e o bem-estar das pessoas;

≈ acompanhar as tendências e mudanças na qualidade do ar decorrentes de alterações nas emissões dos poluentes.

Para atingir esses objetivos, torna-se necessária a fixação de padrões de qualidade do ar. Um padrão de qualidade do ar define legalmente um limite máximo para a concentração de um componente atmosférico, que garanta a proteção da saúde e do bem-estar das pessoas. Os padrões de qualidade do ar são baseados em estudos científicos dos efeitos produzidos por poluentes específicos e são fixados em níveis que possam propiciar uma margem de segurança adequada.

Por meio da Portaria Normativa n° 348, de 14/3/1990, o Ibama estabeleceu os padrões nacionais de qualidade do ar, ampliando o número de parâmetros regulamentados por meio da Portaria GM n° 231, de 27/4/1976. Os padrões estabelecidos por essa portaria foram submetidos ao Conama e transformados na Resolução n° 3, em 28/6/1990. Nessa Resolução foram definidos dois tipos de padrões de qualidade do ar: os padrões primários e os secundários.

São padrões primários de qualidade do ar as concentrações de poluentes que, ultrapassadas, poderão afetar a saúde da população, e podem ser entendidas como níveis máximos toleráveis de concentração de poluentes atmosféricos. Consideram-se padrões secundários de qualidade do ar as concentrações de poluentes atmosféricos abaixo das quais se prevê o mínimo efeito adverso sobre o bem-estar da população, assim como o mínimo dano à flora e à fauna, aos materiais e ao meio ambiente em geral, podendo ser entendidas como níveis desejados de concentração de poluentes, constituindo-se em meta a ser alcançada em longo prazo.

Os parâmetros regulamentados são os seguintes: partículas totais em suspensão, fumaça, partículas inaláveis, dióxido de enxofre, monóxido de carbono, ozônio e dióxido de nitrogênio. Os padrões nacionais de qualidade do ar são apresentados na Tab. 3.3.

Tab. 3.3 Padrões nacionais de qualidade do ar (Resolução Conama n° 3, de 28/6/1990)

Poluente	Tempo de amostragem	Padrão primário µg/m³	Padrão secundário µg/m³	Método de medição
Partículas totais em suspensão	24 horas (1) Mga (2)	240 80	150 60	Amostrador de grandes volumes
Partículas inaláveis	24 horas (1) Maa (3)	150 50	150 50	Separação inercial/filtração
Dióxido de enxofre	24 horas (1) Maa (3)	365 80	100 40	Pararosanilina
Monóxido de carbono	1 hora (1) 8 horas (2)	40.000 (35 ppm) 10.000 (9 ppm)	40.000 (35 ppm) 10.000 (9 ppm)	Infravermelho não dispersivo
Ozônio	1 hora (1)	160	160	Quimioluminescência
Fumaça	24 horas (1) Maa (3)	150 60	100 40	Refletância
Dióxido de nitrogênio	24 horas (1) Maa (3)	320 100	190 100	Quimioluminescência

(1) não deve ser excedido mais que uma vez ao ano

(2) média geométrica anual

(3) média aritmética anual

A mesma Resolução estabelece os critérios para episódios agudos de poluição do ar. Esses critérios são apresentados na Tab. 3.4.

Nas Tabs. 3.5 e 3.6 são apresentados, respectivamente, os padrões de qualidade do ar e os critérios para episódios agudos de poluição do ar para o Estado de São Paulo conforme estabelece o Decreto Estadual n° 8.468, de 8/9/1976.

Tab. 3.4 Critérios para episódios agudos de poluição do ar (Resolução Conama n° 3, de 28/6/1990)

Parâmetro	Níveis		
	Atenção	Alerta	Emergência
Dióxido de enxofre -SO_2(µg/m³) - 24h	800	1.600	2.100
Partículas totais em suspensão - PTS (µg/m³) - 24h	375	625	875
SO_2 x PTS	65.000	261.000	393.000
Partículas inaláveis (µg/m³) - 24h	250	420	500
Fumaça (µg/m³) - 24h	250	420	500
Monóxido de carbono (ppm) - 8h	15	30	40
Ozônio (µg/m³) - 1h	400	800	1.000
Dióxido de nitrogênio(µg/m³) - 1h	1.130	2.260	3.000

Tab. 3.5 Padrões de qualidade do ar para o Estado de São Paulo (Decreto Estadual nº 8.468 - 8/9/1976)

Poluente	Tempo de amostragem (µg/m³)	Padrão	Método de medição
Partículas totais em suspensão	24 horas (1) Mga (2)	240 80	Amostrador de grandes volumes
Dióxido de enxofre	24 horas (1) Maa (3)	365 80	Pararosanilina
Monóxido de carbono	1 hora (1) 8 horas (1)	40.000 10.000	Infravermelho não dispersivo
Oxidantes fotoquímicos (como O_3)	1 hora (1)	160	Quimioluminescência

(1) não deve ser excedido mais que uma vez ao ano

(2) média geométrica anual

(3) média aritmética anual

Tab. 3.6 Critérios para episódios agudos de poluição do ar no Estado de São Paulo (Decreto Estadual nº 8.468 - 8/9/1976)

Parâmetro	Níveis		
	Atenção	Alerta	Emergência
Dióxido de enxofre (µg/m³) - 24h	800	1.600	2.100
Partículas totais em suspensão - PTS (µg/m³) - 24h	375	625	875
SO_2 x PTS	65.000	261.000	393.000
Monóxido de carbono(ppm) - 8h	15	30	40
Oxidantes fotoquímicos (como O_3) (µg/m³) - 1h	200	800	1.200

3.4.3 Monitoramento

O monitoramento é uma das formas de avaliar a qualidade do ar de uma determinada região. Além do cuidado com os métodos analíticos e equipamentos de forma a produzir resultados apropriados aos propósitos a que se destinam, deve-se também levar em conta o número de estações de amostragem e a frequência de amostragem.

Uma vez perfeitamente definidos os objetivos de um programa de amostragem, fixados os poluentes de interesse e escolhidos os métodos e instrumentos a serem utilizados, a fase de projeto de monitoramento se relaciona com as respostas que devem ser dadas às seguintes perguntas:

- Quantas estações deverão ser instaladas?
- Com que frequência serão operadas?

- Que tempo terá cada amostra?
- Qual o volume de cada amostra?
- Por quanto tempo o programa será mantido?
- Onde colocar cada estação?
- Como instalar a estação?

As respostas a essas perguntas não são, muitas vezes, fáceis de obter. Experiências anteriores ajudaram na construção de tabelas e gráficos que permitem a resposta a algumas das perguntas. No entanto, em muitos casos, um enfoque puramente estatístico é necessário. Assim, vários métodos têm sido propostos para o cálculo do número adequado de estações de amostragem numa dada região e a frequência com que as amostras devem ser coletadas.

Com relação à frequência de amostragem, a Agência Americana de Controle (EPA) fixou uma frequência mínima para alguns parâmetros, conforme o Quadro 3.6.

Quadro 3.6 Frequência mínima de amostragem

Parâmetro	Método analítico	Duração	Frequência
Dióxido de enxofre	Absorção (PRA)	24 horas	1 cada 6 dias
Poeira em suspensão	Hivol	24 horas	1 cada 6 dias
Poeira em suspensão	Fita	Variável	1 cada 2 horas
Monóxido de carbono	Infravermelho	Contínua	Contínua
Oxidante(O_3)	Iodeto	30 minutos	1 cada 24 horas
Óxidos de nitrogênio	Christie	24 horas	1 cada 14 dias

(PRA) Pararosanilina

Existe também a possibilidade de se obter uma relação que forneça a frequência de amostragem por meio da estatística.

Com relação ao dimensionamento do tamanho da rede de monitoramento, diversos métodos têm sido propostos. A título de exemplo, será apresentado o critério utilizado pela EPA, baseado em relações empíricas, testadas do ponto de vista prático. Tal critério leva em conta o tamanho da população, a concentração atual do poluente e o método analítico deste.

A Tab. 3.7 mostra como dimensionar o tamanho da rede de amostragem considerando o critério anteriormente mencionado.

As estações de amostragem devem ser instaladas num determinado local visando avaliar a qualidade do ar de uma área ou região. A escolha de

Tab. 3.7 Dimensionamento do tamanho mínimo da rede de monitoramento

Poluente	Características da área	Métodos	População	Número mínimo de estações
Poeira em suspensão	Xa > 95 µg/m^3 Xm > 325 µg/m^3	Hivol (24 h, 1 cada 6 dias)	$< 10^5$	4
			10^5 - 10^6	4 + 0,6W
			10^6 – $5x10^6$	7,5 + 0,25W
			$> 5x10^6$	12 + 0,16W
		Fita, 1 a cada 2 horas	-	1 para cada 250.000 habitantes até máximo de 8 locais
	Xa (60 – 95 µg/m^3) Xm(150 – 325 µg/m^3)	Hivol	-	3
		Fita	-	1
	Xa < 60 µg/m^3 Xm < 150 µg/m^3	Hivol	-	1
Monóxido de carbono	Xmh > 21 µg/m^3 Xm8 > 14 µg/m^3	Infravermelho contínuo	$< 10^5$	1
			10^5 – $5x10^6$	1 + 0,15W
			$> 5x10^6$	6 + 0,15W
	Xmh > 21 µg/m^3 Xm8 > 14 µg/m^3	Infravermelho contínuo	- -	Não é necessário
Oxidantes fotoquímicos	Xmh >170 µg/m^3	Iodeto, 1 a cada 24 h		4
		Contínuo	$< 10^5$	1
			10^5 – 5 x 10^6	1 + 0,15W
			> 5 x 10^6	6 + 0,15W
	Xmh <170 µg/m^3		-	Não é necessário
Óxidos de nitrogênio	Xa > 100 µg/m^3	Christie 1 de 24 h, 1 a cada 6 dias	$< 10^5$	3
			10^5 – 10^6	4 + 0,6W
			10^6	10
	Xa < 100 µg/m^3	–	-	Não é necessário
Dióxido de enxofre	Xa > 100 µg/m^3	P. R. A. Borbulhamento de 24 h, 1 a cada 6 dias	$< 10^5$	3
			10^5 – 10^6	2,5 + 0,5W
			10^5 – 5 x 10^6	6 + 0,15W
			> 5 x 10^6	11 + 0,05W
	Xm > 455 µg/m^3	Contínuo	$> 10^5$	-
			10^5 – 5 x 10^6	1 + 0,15W
			> 5 x 10^6	6 + 0,05W
	Xa (60 – 100) µg/m^3	P. R. A.	-	3
	Xm (260 – 400) µg/m^3	Contínuo	-	1
	Xa < 60 µg/m^3 Xm < 260 µg/m^3	P. R. A.	-	1

Notas : W = nº habitantes/10^6

Xa = média aritmética anual

Xm = concentração máxima (24 horas) ocorrida no ano

Xmh = concentração máxima (1 hora) ocorrida no ano

Xm8 = concentração máxima (8 horas) ocorrida no ano

uma área ou região para a instalação da estação de amostragem depende das caraterísticas de distribuição dos poluentes que se está querendo avaliar. Quanto ao local, deve-se levar em consideração principalmente a sua representatividade, as facilidades de proteção dos equipamentos contra intempéries e vandalismo e a disponibilidade de facilidades como, por exemplo, energia elétrica.

De maneira geral, podem-se seguir as seguintes recomendações para a localização e implantação de estações de amostragem de poluentes atmosféricos:

- prioridade para as áreas mais poluídas;
- prioridade para as áreas mais povoadas;
- colocar estações nos locais de entrada de ar para a região (a direção predominante dos ventos é importante nesse caso);
- colocar estações em locais planejados para desenvolvimento futuro, de modo que se possam acompanhar os efeitos desse desenvolvimento;
- todas as estações devem estar à mesma altura do solo;
- evitar proximidade de obstáculos como prédios etc.;
- evitar proximidade de chaminés;
- colocar estações entre 3 e 6 metros de altura.

Em geral, para se estimar a concentração de poluentes na atmosfera, são usadas determinações de médias horárias, médias de oito horas, médias diárias, mensais e anuais. A escolha de uma ou mais dessas medidas de tendência central depende de fatores como: tipo de efeito causado pelo poluente, tipo de padrão de qualidade do ar utilizado, variação das concentrações com os parâmetros meteorológicos e outros. Os equipamentos e métodos utilizados são contínuos ou intermitentes, sendo as médias obtidas com base nos valores fornecidos por eles, em vista dos objetivos da amostragem e dos fatores já mencionadas.

A duração de uma amostra não contínua depende da sensibilidade e da faixa de medição do equipamento ou do método utilizado em função das concentrações do poluente existente na atmosfera.

3.4.4 Índice de qualidade do ar

Os dados de qualidade do ar obtidos pela Cetesb são divulgados diariamente para a imprensa, acrescidos de uma previsão meteorológica para a dispersão dos poluentes para as 24 horas seguintes.

Para simplificar o processo de divulgação dos dados, utiliza-se um índice de qualidade do ar. O índice de qualidade do ar atualmente em uso na Cetesb vem sendo aplicado desde maio de 1981. Esse índice foi concebido com base no "PSI – *Pollutant Standards Index*", cujo desenvolvimento se baseou numa experiência acumulada de vários anos nos Estados Unidos e no Canadá. O índice PSI foi desenvolvido nos Estados Unidos pela EPA, a fim de padronizar a divulgação da qualidade do ar pelos meios de comunicação.

O índice é obtido por meio de uma função linear segmentada, na qual os pontos de inflexão são os padrões de qualidade do ar. Dessa função, que relaciona a concentração do poluente com o valor índice, resulta um número adimensional relacionado a uma escala com base em padrões de qualidade do ar.

Para cada poluente medido é calculado um índice. Para efeito de divulgação, é utilizado o índice mais elevado, isto é, a qualidade do ar de uma estação é determinada pelo pior caso.

Depois de calculado o valor do índice, o ar recebe uma qualificação, feita conforme a escala apresentada na Tab. 3.8.

Na Fig. 3.5 são apresentadas as funções lineares segmentadas para cada um dos poluentes utilizados no cálculo do índice.

A Tab. 3.9 apresenta as faixas do índice, os critérios de definição das faixas, as palavras usadas para caracterizar cada faixa, os números que definem as mudanças de faixa para cada poluente (pontos de inflexão nas funções segmentadas), assim como uma descrição geral de efeitos sobre a saúde e precauções recomendadas.

A ultrapassagem do padrão de qualidade do ar é identificada pela qualidade inadequada (índice maior que 100). A qualidade má (índice maior que 200) indica a ultrapassagem do nível de atenção, péssima indica a ultrapassagem do nível de alerta e crítica, a ultrapassagem do nível de emergência.

3.5 Fontes de poluição

O ser humano, ao interagir com o meio em que vive, produz resíduos, dos quais uma parte causa problemas de poluição do ar. Tais problemas resultam das chamadas fontes de poluição, as quais podem ser classificadas em específicas e múltiplas.

Tab. 3.8 Escala de qualidade do ar

Índice	Qualidade do ar
0 - 50	Boa
51 - 100	Regular
101 - 199	Inadequada
200 - 299	Má
300 - 399	Péssima
> 400	Crítica

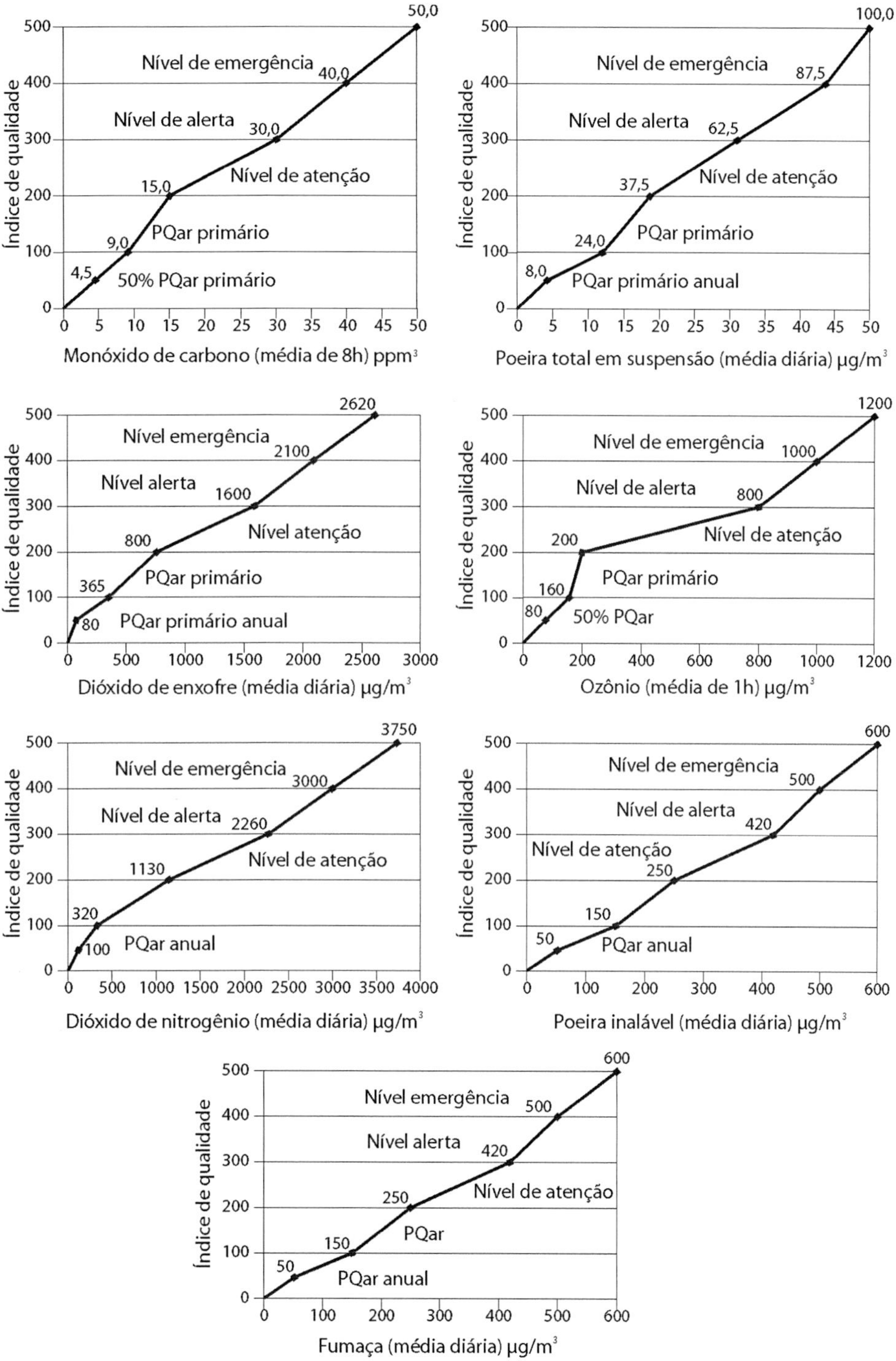

Fig. 3.5 *Relação entre concentração do poluente e o valor do índice de qualidade*

Fonte: Cetesb (2011b).

TAB. 3.9 Estrutura do índice de qualidade do ar

Índice	Nível de qualidade do ar	Qualificação	SO_2 Média 24h mg/m	PTS Média 24h mg/m	Produto Média 24h mg/m	PI Média 24h mg/m	Fumaça Média 24h mg/m	CO Média 8h mppm	O_3 Média 1h mg/m	NO_2 Média 1h mg/m	Descrição dos efeitos sobre a saúde
0											
		Boa									
50	50% PQAR		80(a)	80(a)		50(a)	60(a)	4,5	80	100(a)	
		Regular									
100	PQAR		365	240		150	150	9,0	160	320	
		Inadequada									Leve agravamento de sintomas em pessoas suscetíveis, com sintomas de irritação na população sadia
200	Atenção		800	375	65.000	250	250	15,5	200	1.130	
		Má									Decréscimo da resistência física e significativo agravamento dos sintomas de irritação na população sadia
300	Alerta		1.600	625	261.000	420	420	30,0	800	2.260	
		Péssima									Aparecimento prematuro de certas doenças, além de significativo agravamento de sintomas; decréscimo da resistência física em pessoas saudáveis
400	Emergência		2.100	875	393.000	500	500	40,0	1.000	3.000	
		Crítica									Morte prematura de pessoas doentes e idosas; pessoas saudáveis podem manifestar sintomas adversos que afetam sua atividade normal
500	Crítico		2.620	1.000	490.000	600	600	50,0	1.200	3.750	

SO_2 – Dióxido de enxofre; PTS – Poeira total em suspensão; PI – Poeira inalável; CO – Monóxido de carbono; O_3 – Ozônio; NO_2 – Dióxido de nitrogênio; PQAR – Padrão de qualidade do ar; (a) – PQAR anual

As fontes específicas são aquelas que normalmente ocupam na comunidade uma área relativamente limitada, e quase todas são de natureza industrial e possibilitam a avaliação na base fonte por fonte. Tais fontes também são chamadas de fixas ou estacionárias.

As fontes múltiplas geralmente se encontram dispersas pela comunidade e a sua avaliação por meio do esquema fonte por fonte é inviável. Tais fontes podem ser fixas ou móveis, e nesse conjunto estão incluídas aquelas fontes que queimam combustível (lavanderias, veículos, hospitais etc.), evaporação de produtos de petróleo, queima de resíduos sólidos e atividades que produzem odores (restaurantes, aviários etc.).

A despeito dessa classificação, as fontes de poluição do ar podem ser consideradas como fixas e móveis, forma esta que será adotada na sua abordagem.

3.5.1 Fontes fixas

Conforme mencionado anteriormente, as indústrias são as fontes mais significativas ou de maior potencial poluidor desse tipo. Cumpre lembrar que uma usina termoelétrica, que usa carvão ou óleo combustível, representa uma fonte fixa de grande potencial poluidor; contudo, até o momento, esse tipo de fonte não é um problema mais sério em nosso país.

Cada fonte industrial de poluição atmosférica apresenta problemas específicos de poluição, pois as emissões são resultantes das caraterísticas do processo de fabricação. Entre tais características podem ser citadas: matérias-primas e combustíveis utilizados, processos e operações adotados, produtos fabricados, eficiência do processo industrial e medidas de controle adotadas.

As indústrias normalmente são classificadas em categorias (metalúrgicas, mecânicas, têxteis, bebidas, químicas etc.), por meio das quais se pode calcular o potencial de poluição do ar por categoria. A seguir, algumas categorias são apresentadas de acordo com a natureza da atividade, os tipos de poluentes emitidos e as estimativas de emissão.

a) Indústrias de minerais não metálicos

Natureza da atividade

Incluem principalmente as indústrias que fabricam produtos de material cerâmico e refratário, cimento, cimento-amianto, vidro, concreto, produtos de gesso e produtos abrasivos. Os principais processos e operações poluidores são constituídos pelas operações de redução de tamanho (britagem, moagem e peneiramento), pela manipulação e transporte da matéria-prima, por processos de desidratação, calcinação, oxidação da matéria orgânica e íon ferroso e formação de silicatos em estufas e fornos, por operações e acabamento como de esmaltação, e pelos processos de combustão em geral.

Tipos de poluentes

- ≈ Poeiras – principalmente provenientes das operações de redução de tamanho;
- ≈ Fumaça e fumos – principalmente provenientes dos processos de combustão e de secagem e cozimento em fornos.

Estimativas de emissão

- ≈ Fabricação de concreto asfáltico – a principal fonte de poluição é o secador rotativo, que emite poeira fina e produtos de combustão, os quais são normalmente exauridos por meio de ciclones. Estima-se que após o ciclone são emitidos para a atmosfera cerca de 2,5 kg de material particulado para cada tonelada de produto.
- ≈ Fabricação de cimento – os fornos de produção do clínquer, onde os materiais são secados, descarbonatados e calcinados, são as principais fontes de poluição do ar, emitindo poeira e fumos (processo úmido). Estima-se uma emissão média de 14 kg de poeira por barril (aproximadamente 170 kg) de cimento; no processo seco, as perdas são estimadas em 17 kg de poeira por barril de cimento produzido.
- ≈ Preparação de concreto – são unidades que se utilizam de areia, pedregulho e cimento para obtenção do concreto, que é transportado em caminhões especiais para o local a ser utilizado. Estima-se uma emissão de cerca de 0,09 kg de poeira por metro de concreto manipulado.
- ≈ Fabricação de vidro – os fornos de fusão são os principais equipamentos poluidores e, quando contínuos, estima-se uma emissão de 0,9 kg de material particulado por tonelada de vidro processado em boa operação.

b) Indústrias metalúrgicas - fundições

Natureza da atividade

Incluem as fundições primárias, que se referem àquelas que produzem o metal do minério, e as fundições secundárias, que incluem aquelas que recuperam o metal de sucatas e refugos e produzem ligas e lingotes. No Brasil, entre as fundições primárias, as siderúrgicas têm grande importância.

Tipos de poluentes

≈ Fumos de óxidos metálicos, poeira e produtos de combustão da operação de fusão, dependendo da volatilidade e das impurezas dos metais, sucata ou minério;

≈ Dióxido de enxofre, dependendo do conteúdo do enxofre no minério, no carvão e no combustível utilizado.

Estimativas de emissão

≈ Redução do minério de alumínio – nos grandes fornos elétricos para redução de alumina para alumínio metálico, são lançados para a atmosfera fluoreto de hidrogênio e material particulado. Estima-se que são emitidos de 35 a 39 kg de fluoretos expressos em flúor, por tonelada de alumínio processado.

≈ Fundições de ferro – três tipos de fornos são normalmente usados para produzir ferro fundido: cubilô, elétrico de indução e revérbero. A Tab. 3.10 apresenta alguns fatores de emissão para material particulado nesses tipos de fornos.

≈ Processamento secundário de aço – é realizado em fornos elétricos a arco ou de indução e em fornos Siemens-Martin. A Tab. 3.11 apresenta alguns fatores de emissão para material particulado para os tipos de fornos mencionados.

Tab. 3.10 Fatores de emissão para fornos que produzem ferro fundido (kg por tonelada de metal carregado)

Tipo de forno	Material particulado
Cubilô	7,8
Revérbero	0,9
Elétrico de indução	0,9

Tab. 3.11 Fatores de emissão para fornos que produzem aço (kg por tonelada de material carregado)

Tipo de forno	Material particulado
Elétrico a arco	6,8
Elétrico de indução	0,045
Siemens-Martin	4,8

≈ Fundições de bronze – são utilizados normalmente fornos cadinho, revérbero, elétrico e rotatório. As emissões de material particulado consistem principalmente de fumos de óxido de zinco. A Tab. 3.12 apresenta alguns fatores de emissão para material particulado para esses tipos de fornos.

Tab. 3.12 Fatores de emissão para fornos que fundem bronze e latão (kg por tonelada de material carregado)

Tipo de forno	Material particulado
Cadinho	1,75
Elétrico	1,35
Revérbero	11,85
Rotatório	9,40

c) Indústrias metalúrgicas – produtos

Natureza da atividade

Envolvem as indústrias que produzem peças forjadas, laminadas, trefiladas e extrudadas. A maioria das indústrias consideradas médias ou grandes, em todo o País, estão localizadas em São Paulo, e o setor automobilístico absorve 70% da produção. Incluem principalmente as trefilações de barras e arames, as fábricas de parafusos, as indústrias de estruturas metálicas e as caldeirarias, as cutelarias, as fábricas de ferramentas, e os fabricantes de peças de estamparias. Comumente envolvem fusão do metal, serviços de oficina, acabamento do metal e revestimento da superfície.

Tipos de poluentes

Os principais poluentes do ar são fumos metálicos, poeiras das fundições, névoas e vapores de solventes provenientes da aplicação do revestimento de proteção nos departamentos de acabamento.

d) Indústria de madeira e mobiliário

Natureza da atividade

Incluem as indústrias de desdobramento, compensação e produção de chapas de madeira prensada, de fabricação de peças e estruturas de madeira aparelhada, fabricação de artigos de tancara e de cortiça, fabricação de artigos diversos de madeira e produtos afins, e fabricação de móveis e artigos de colchoaria.

Tipos de poluentes

Material particulado, gotículas de tinta, solventes e fumaça de equipamentos que queimam resíduos.

e) Indústrias químicas e farmacêuticas

Natureza da atividade

Incluem a fabricação de ilimitada variedade de produtos: elementos químicos e produtos químicos inorgânicos e orgânicos; matérias plásticas básicas e fios artificiais; pólvora e explosivos, óleos brutos, essências vegetais e matérias graxas animais, preparados para limpeza e polimento; desinfetantes, inseticidas, germicidas e fungicidas; tintas, esmaltes, lacas, vernizes, impermeabilizantes e solventes; produtos derivados de petróleo, produtos derivados da destilação de carvão de pedra e da madeira, produtos farmacêuticos e medicinais; e produtos de perfumaria, sabões e velas.

Tipos de poluentes

A tecnologia química produz todas as formas de poluição do ar.

Estimativas de emissão

≈ Fabricação de ácido nítrico – por meio do processo de oxidação da amônia são emitidos cerca de 26 kg de óxidos de nitrogênio, expressos em NO_2, por tonelada de ácido produzida (base 100%).

≈ Fabricação de ácido sulfúrico – por meio do processo de contato, estima-se uma emissão de 9 a 32 kg de SO_2 e de 0,14 a 3,40 kg de névoas ácidas por tonelada de ácido produzida.

≈ Fabricação de anidrido ftálico – por meio do processo de oxidação de vapores de naftaleno, estima-se uma emissão de 14,4 kg de substâncias orgânicas, expressas em hexano, por tonelada de anidrido produzido.

≈ Fabricação de ácido fosfórico – por meio do processo úmido, estima-se uma emissão de compostos de flúor de 9 a 27 kg por tonelada de P_2O_5 produzida.

f) Indústrias têxteis

Natureza da atividade

Incluem as indústrias de beneficiamento de matérias têxteis de origem vegetal e animal, as fiações, as tecelagens, as malharias e outras indústrias de artefatos têxteis.

Tipos de poluentes

Material particulado (fibras e fios) é emitido dos resíduos de produção; vapores orgânicos e névoas da tinturaria, descoramento e lavagem, são também emitidos, além de material particulado, dióxido de enxofre dos equipamentos de combustão.

g) Indústrias de Papel e Papelão

Natureza da atividade

Das empresas no Brasil que produzem papel e papelão com capacidade de mais de 50 t/dia, a maioria encontra-se instalada no Estado de São Paulo. O processo mais utilizado é o Kraft, que remove a lignina da celulose por meio de uma solução de hidróxido de sódio e sulfeto de sódio.

Tipos de poluentes

As principais emissões constituem-se em material particulado e substâncias odoríferas (mercaptanas e sulfeto de hidrogênio).

Fatores de emissão

A Tab. 3.13 apresenta fatores de emissão utilizados em processos Kraft de produção de celulose e papel.

Tab. 3.13 Emissões no processo Kraft (kg por tonelada de polpa seca produzida)

Fonte	Sulfeto de hidrogênio	Mercaptanas	Material particulado
Digestor	0,045-0,315	0,81-4,10	Negligível
Tanque de derretimento	Não disponível	Não disponível	9
Forno de recuperação	1,60	3,60	67,5
Evaporador de múltiplo efeito	0,50	0,02	Negligível
Forno de cal	0,45	Negligível	9

h) Indústrias de produtos alimentares e bebidas

Natureza da atividade

Incluem beneficiamento, torrefação e moagem de produtos alimentares; preparação de conservas de frutas, legumes, especiarias e condimentos vegetais; abate de animais e preparação de conservas de carne e pescado; pasteurização do leite e fabricação de laticínios; fabricação e refino de açúcar; fabricação de balas; fabricação de produtos de padaria; fabricação de massas alimentícias e biscoitos; fabricação de vinhos, aguardentes e outras bebidas espirituosas; fabricação de bebidas não alcoólicas e outros produtos.

Tipos de poluentes

Os mais diferentes odores podem ocorrer das diversas fases do processamento dos produtos. Poeiras são emitidas das operações de beneficiamento e moagem.

Estimativas de emissão

≈ Torrefação de café – estima-se que do torrador a fogo direto são emitidos 3,5 kg de partículas e do resfriador, 0,65 kg de partículas, por tonelada de café processado.

≈ Processamento de peixes – os principais odores emitidos no cozimento são sulfeto de hidrogênio, 0,005 kg e trimetilamina, 0,15 kg por tonelada de farinha produzida. Quando geradas a partir de peixe fresco, essas quantidades são cerca de dez vezes maiores do que quando se utiliza peixe deteriorado.

3.5.2 Fontes móveis

Os veículos automotores constituem, somados aos trens, aviões e embarcações marinhas, as chamadas fontes móveis de poluição do ar. Dentre estas, os veículos se destacam como as principais.

A tendência rápida e contínua de urbanização observada no Brasil desde o início da década de 1960, associada à necessidade crônica de sistemas adequados de transporte de massa e ao aumento da motorização individual, tem levado aos grandes centros urbanos o congestionamento de tráfego e a poluição por veículos automotores.

Os veículos podem ser divididos em leves, os quais usam gasolina, álcool e gás natural como combustível, e pesados, que utilizam óleo diesel.

Tanto os veículos movidos a diesel como aqueles movidos a gasolina, a álcool ou a gás natural produzem gases, vapores e material particulado. A diferença reside nas quantidades que cada um deles emite para a atmosfera.

Os principais gases tóxicos são o monóxido de carbono (CO), os compostos orgânicos usualmente chamados de hidrocarbonetos (HC), os óxidos de nitrogênio (NOx), os aldeídos e o material particulado, que é constituído por partículas de dimensões diminutas, da ordem de milésimos de milímetros, identificáveis como fuligem ou poeira.

Os hidrocarbonetos e os óxidos de nitrogênio devem ser considerados de maneira particular porque, sob a ação da luz solar na atmosfera, eles se combinam e desencadeiam várias reações químicas. Estas dão origem aos compostos chamados oxidantes, entre os quais o mais importante é o ozônio (O_3). O chumbo já chegou a fazer parte desse quadro em 1978, quando ultrapassava o padrão de qualidade do ar nos Estados Unidos (1,5 mg/m^3). Hoje, porém, ele está reduzido à quinta parte do limite máximo aceitável, em decorrência do uso do álcool como combustível automotivo e que também está substituindo o chumbo tetraetila na gasolina.

a) Veículos leves

São representados pelos carros de passeio e utilitários, que normalmente utilizam gasolina ou álcool, ou a mistura de ambos, como combustível.

As emissões têm como origens a exaustão ou escape, a evaporação do tanque de combustível e do carburador e o cárter.

As emissões do sistema de exaustão são as mais significativas em relação às demais no processo de degradação da qualidade do ar. Os poluentes emitidos em maiores proporções são o monóxido de carbono, os hidrocarbonetos, óxidos de nitrogênio e aldeídos. A Tab. 3.14 apresenta os fatores de emissão médios de veículos leves novos.

Em dose certa, a utilização do metanol como alternativa para suprir a crise do álcool etílico hidratado, de forma a manter a frota de veículos a álcool em circulação normal, não apresenta riscos adicionais ao meio ambiente. Testes realizados pela Cetesb mostraram que a mistura de 60% de álcool etílico (etanol), 33% de metanol e 7% de gasolina não só não compromete o bom funcionamento dos veículos, como também não acarreta aumento nos níveis de poluição atmosférica.

b) Veículos pesados

Aqueles que usam como combustível o óleo diesel e são representados pelos ônibus e caminhões.

Nesse tipo de fonte, as emissões mais significativas são as provenientes da exaustão. Os principais poluentes são representados por óxidos de nitrogênio, hidrocarbonetos, material particulado e odor.

A título de ilustração, a Fig. 3.6 apresenta a contribuição quanto aos poluentes típicos emitidos para a atmosfera por veículos pesados e outros veículos.

TAB. 3.14 Fatores médios de emissão de veículos leves e comerciais leves novos nos modelos de 2006 a 2010[1]

Ano Modelo	Combustível	CO (g/km)	HC (g/km)	NOx (g/km)	RCHO (g/km)	CO_2 (g/km)	MP (g/km)	Autonomia [2] (km/ℓ)	Emissão evaporativa de combustível[3] (g/teste)
2006	Gasolina C	0,33	0,08	0,08	0,0020	192	nd	11,3	0,46
	Etanol	0,67	0,12	0,05	0,0140	200	nd	6,9	nd
	Flex-Gasol.C	0,48	0,10	0,05	0,0030	185	nd	11,7	0,62
	Flex-Etanol	0,47	0,11	0,07	0,0140	177	nd	7,8	1,27
2007[6]	Gasolina C	0,33	0,08	0,08	0,0020	192	nd	11,3	0,46
	Etanol[7]	nd	nd	nd	nd	nd	nd	nd	nd
	Flex-Gasol.C	0,48	0,10	0,05	0,0030	185	nd	11,7	0,62
	Flex-Etanol	0,47	0,11	0,07	0,0140	177	nd	7,8	1,27
2008	Gasolina C	0,37	0,04	0,04	0,0014	223	nd	9,74	0,66
	Flex-Gasol.C	0,51	0,07	0,04	0,0020	185	nd	11,7	0,42
	Flex-Etanol	0,71	0,05	0,05	0,0152	187	nd	7,38	1,10
	Diesel	0,30	0,06	0,75	nd	nd	0,057	nd	nd
2009	Gasolina C	0,30	0,03	0,02	0,0017	228	nd	9,5	nd
	Flex-Gasol.C	0,33	0,03	0,03	0,0024	181	nd	12,0	0,42
	Flex-Etanol	0,56	0,03	0,03	0,0104	174	nd	8,0	1,10
	Diesel	0,31	0,06	0,70	nd	285	0,057	9,3	nd
2010	Gasolina C	0,23	0,03	0,02	0,0014	213	nd	10,2	nd
	Flex-Gasol.C	0,28	0,04	0,03	0,0015	178	nd	12,2	0,44
	Flex-Etanol	0,51	0,09	0,04	0,0073	172	nd	8,3	0,79
	Diesel	0,14	0,03	0,72	nd	266	0,062	10,0	nd

1 - Valores obtidos a partir dos Relatórios de Valores de Emissão da Produção (RVEP) e ponderados pelos relatórios de vendas anuais; 2 - Obtida por balanço de carbono, conforme a NBR 7024, para o ciclo de condição urbana; 3 - Dados de emissão evaporativa baseados nos valores de homologação; 4 - Gasolina C: 78% + 22% Etanol anidro (v/v); 5 - No relatório de 2005, consta erroneamente o valor de 8,6 km/ℓ; 6 - Repetidos os valores de 2006; 7 - Os modelos dedicados a Etanol foram descontinuados em 2007; nd - não disponível.
Fonte: Cetesb (2011b).

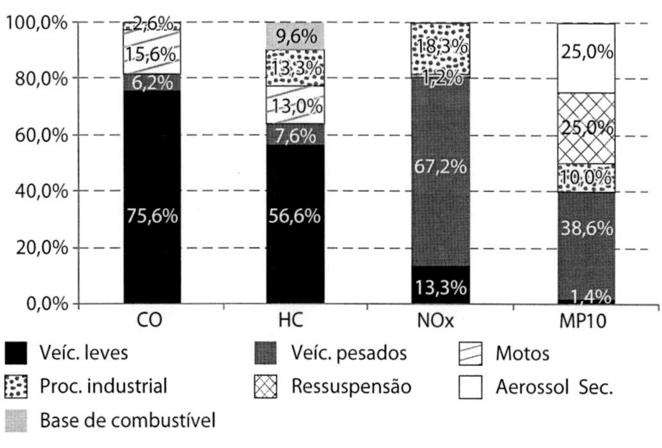

FIG. 3.6 *Emissões relativas por tipo de veículos*
Fonte: Cetesb (2011b).

3.6 Dispersão atmosférica de poluentes

Este item apresenta as principais características dos modelos de dispersão de poluentes atmosféricos que vêm sendo utilizados por diversas entidades de meio ambiente envolvidas com o controle da poluição atmosférica. Esse tipo de ferramenta tem sido amplamente utilizada nos dias de hoje na elaboração de Estudos de Impacto Ambiental (EIA) e nos Relatórios de Impacto de Ambiental (RIMA), conforme prevê a legislação ambiental em vigor.

3.6.1 Modelos de dispersão

Um modelo de dispersão atmosférica é uma representação matemática dos processos de transporte e difusão que ocorrem na atmosfera; assim, esses modelos procuram "simular" o que ocorre na realidade. A Fig. 3.7 mostra uma representação esquemática do modelo de dispersão e de condições reais que ocorrem na atmosfera.

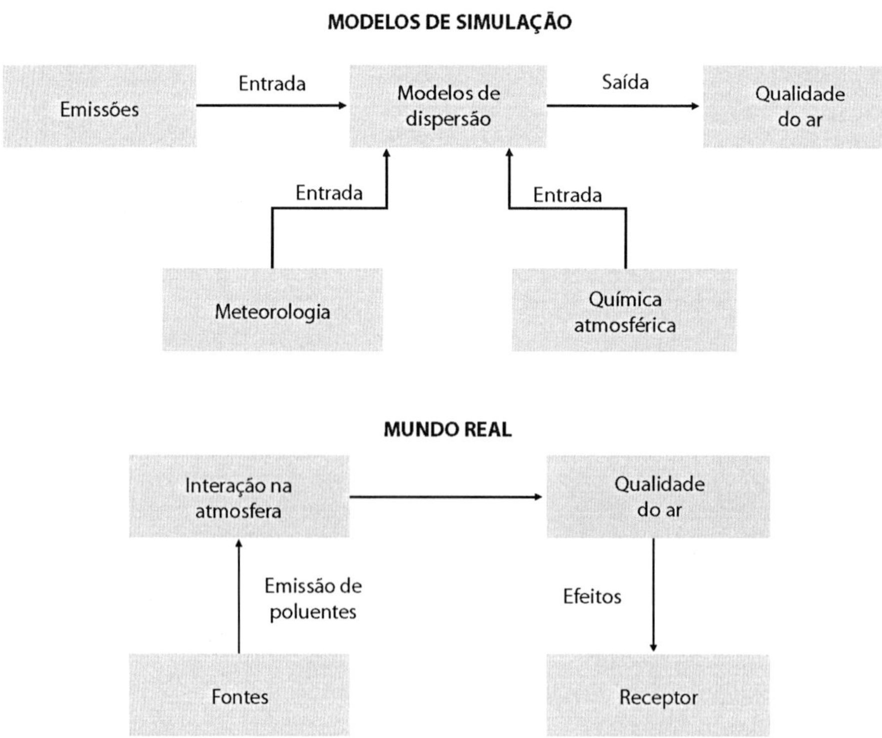

Fig.3.7 *Representação esquemática do modelo de dispersão e condições reais*

É importante observar que esses modelos procuram reproduzir o que realmente ocorre na atmosfera, pois sabemos que a turbulência atmosférica é função de um grande número de fatores de estabilidade, os quais não podem ser previstos em sua totalidade pelas equações matemáticas. Ainda hoje se tem um conhecimento incompleto dos processos físico-químicos envolvidos no transporte, na dispersão, na transformação e na deposição dos poluentes na atmosfera.

Os modelos de dispersão proporcionam um meio para prognosticar em que grau determinado poluente atmosférico emitido por uma ou mais fontes afetaria a qualidade do ar em diferentes distâncias da fonte, os chamados receptores.

Os modelos de dispersão podem ser utilizados para atender a diversos objetivos, entre eles: no desenvolvimento de estratégias de controle, na avaliação de impactos ambientais, na análise de tendências da qualidade do ar, na escolha de locais adequados para efetuarmos o monitoramento da qualidade do ar, em projetos de chaminés etc. Os modelos aplicáveis a cada um dos propósitos apontados podem variar em complexidade, na quantidade de dados requeridos para a simulação e na forma de se chegar aos resultados pretendidos.

3.6.2 Dados de entrada do modelo

São de três tipos os dados de entrada necessários a um modelo de dispersão atmosférica:

- ≈ características da emissão e da fonte;
- ≈ características do local que será modelado;
- ≈ meteorologia do local estudado.

Entre as características da fonte de emissão, incluem-se: a quantidade e a periodicidade da emissão, suas características físico-químicas, o tipo de emissão, seu potencial de reação na atmosfera com outras substâncias químicas, suas características de deposição por causa da força gravitacional e sua capacidade de ser eliminado da atmosfera (meia-vida).

As características do local referem-se ao tipo de terreno observado no local (topografia).

Os parâmetros meteorológicos incluem todos os fatores que caracterizam o transporte e a dispersão da massa dos poluentes emitidos em escala micro, meso e macrometeorológica. Normalmente são necessários levantamentos da distribuição conjunta de classes de velocidade dos ventos e categorias de estabilidade atmosféricas para as diversas direções do vento. Essa matriz é conhecida como STAR na literatura de modelagem e diversos modelos a utilizam como dado de entrada.

3.6.3 Dados resultantes dos modelos

Os dados resultantes da aplicação de um modelo são concentrações de determinado poluente para períodos de tempo previamente especificados, que podem ser de curta duração (*short term*) ou de longa duração (*long term*). De curta duração são períodos de até 24 horas e de longa duração são médias anuais ou quadrimestrais, por exemplo. Normalmente esses dados são fornecidos para diversos receptores espalhados no local estudado.

3.6.4 Classes de modelos matemáticos

Os modelos matemáticos de dispersão atmosférica dividem-se em três grandes classes:

- modelos empíricos;
- modelos semiempíricos;
- modelos numéricos.

Os modelos hoje existentes vão desde os empíricos mais simples até os numéricos mais complexos.

Os modelos empíricos baseiam-se em análises estatísticas dos dados obtidos por meio da análise da qualidade do ar, em dados das fontes de emissão e em dados meteorológicos registrados no local estudado.

Os modelos numéricos são obtidos a partir das características químicas e físicas relacionadas com os fenômenos de transporte, dispersão, transformação e remoção de poluentes. Esses modelos requerem uma grande quantidade de dados meteorológicos e uma boa base de dados característicos das fontes de emissão. Geralmente são validados ou calibrados com base em provas estatísticas, e, apesar da complexidade, são extremamente específicos para o local modelado.

Os modelos semiempíricos, que são uma conjugação das duas classes expostas, são os mais empregados atualmente, tanto por sua facilidade de aplicação como pelo tempo necessário para a sua solução. Esses modelos são do tipo gaussiano. A nomenclatura "semiempíricos" justifica-se pelo fato de esses modelos utilizarem princípios científicos (princípio da conservação de massa, por exemplo) e também parâmetros definidos e obtidos de forma empírica (os coeficientes de dispersão vertical e horizontal da pluma, por exemplo).

3.6.5 Considerações e limitações dos modelos

Os modelos de dispersão atmosférica procuram descrever matematicamente o comportamento de gases e partículas na atmosfera, poluentes estes que podem sofrer transformações físicas e/ou químicas. Dessa maneira, existem diversos tipos de modelos de dispersão, cada um dos quais é indicado para descrever um determinado tipo de comportamento de um poluente específico, ou seja, existem modelos para poluentes não reativos, para poluentes reativos que podem considerar transformações de gás para núcleos gasosos, e outros.

Os modelos reativos hoje existentes são basicamente para modelar o comportamento dos oxidantes fotoquímicos a partir da reação entre hidrocarbonetos e óxidos de nitrogênio.

Como se pode observar, a escolha de um determinado modelo depende, entre outros fatores, do tipo de poluente com o qual se está trabalhando.

Outra limitação dos modelos é quanto ao seu alcance geográfico. Existem três tipos de modelos que se prestam a trabalhos em diferentes escalas; são eles:

- escala local (de 1 a 20 km);
- escala regional (de 20 a 1.000 km);
- escala global (acima de 1.000 km em relação à superfície terrestre).

Uma aplicação bastante conhecida de um modelo que trabalha em nível global é a utilizada para a previsão das causas do efeito estufa ou a destruição da camada de ozônio da Terra.

Características dos modelos

Os processos atmosféricos que controlam a distribuição dos poluentes desde a sua emissão na fonte até o receptor são:

- transporte;
- difusão;
- transformação;
- remoção.

Em razão da complexidade desses processos físico-químicos, bem como de uma possível complexidade do terreno no local de estudo, existe uma grande série de modelos hoje disponíveis; a mais conhecida é a UNAMAP (User's Network for Applied Modeling of Air Pollution), que é difundida pela EPA (Environmental Protection Agency).

3.7 Técnicas de controle

No problema de poluição do ar podem ser consideradas quatro etapas, a saber: a produção, a emissão, o transporte e a recepção de poluentes. Em cada uma dessas etapas é possível intervir para reduzir os riscos da poluição e aplicar, na maioria dos casos, métodos científicos e técnicos já conhecidos.

Dentre esses métodos, têm sido considerados os seguintes:

- planejamento territorial e zoneamento;
- eliminação e minimização de poluentes;
- concentração dos poluentes na fonte para tratamento antes do lançamento;
- diluição e mascaramento dos poluentes;
- equipamentos de controle de poluentes.

O planejamento territorial e o zoneamento se mostram como ferramentas úteis no controle da poluição à medida que se viabilize a proibição de tipos de indústrias em certas áreas; haja uma limitação no número de fontes em função dos padrões de emissão e qualidade do ar; e exista possibilidade de implantação de áreas de proteção sanitária (cinturão verde).

Com relação à eliminação ou minimização de poluentes, deve-se considerar o uso de matérias-primas e combustíveis de baixo potencial poluidor; a alteração de processos para aqueles com menor emissão de poluentes; a adequada manutenção e operação de equipamentos e dos processos; o emprego de *layout* adequado e a manutenção dos edifícios industriais.

Quanto à concentração dos poluentes na fonte, o ponto mais importante se relaciona ao uso de sistemas de ventilação local exaustora como meio para juntar os poluentes que, depois de tratados, serão lançados na atmosfera.

A diluição ou mascaramento dos poluentes consiste basicamente no uso de chaminés elevadas e de substâncias que possibilitem reduzir a emissão de substâncias desagradáveis.

Os equipamentos de controle, por sua vez, são dispositivos que visam remover os poluentes antes que estes sejam lançados na atmosfera. Nos próximos itens serão abordados alguns aspectos sobre tais equipamentos hoje utilizados como uma das formas de controlar a poluição do ar.

3.7.1 Fontes fixas

Esse tipo de fonte engloba tanto aquelas de origem industrial como as de origem não industrial, como lavanderias, hotéis, hospitais etc.

As técnicas de controle em relação à fonte propriamente dita devem considerar tanto as modificações no processo (troca de combustível, por exemplo) como o uso de equipamentos de controle.

No caso de equipamentos de controle, eles devem ser escolhidos em função do estado físico do poluente, do grau de limpeza desejada, da propriedade do gás transportador, das propriedades do contaminante e do custo.

Quanto ao estado físico do poluente, em se tratando de gases e vapores, os equipamentos de controle mais utilizados são as torres de absorção, os condensadores e os incineradores. A coleta de material particulado, sólido ou líquido, é, em geral, realizada em coletores inerciais, coletores centrífugos, lavadores, filtros e precipitadores eletrostáticos.

O grau de limpeza está relacionado à existência de padrões de emissões e de qualidade e se constitui num fator importante a ser considerado. Nesse caso, a eficiência do equipamento é o principal ponto a ser observado.

Com relação às propriedades do gás transportador, devem ser consideradas: a sua composição química, temperatura, viscosidade, umidade, combustividade, reatividade química e propriedades elétricas.

Quanto às propriedades do gás contaminante, os seguintes pontos devem ser levados em conta: concentração do poluente ou carga; solubilidade; capacidade adsortiva; combustividade; reatividade química; propriedades elétricas; hidroscopicidade; tamanho, forma e densidade de partículas.

Finalmente, outro fator fundamental é o custo do equipamento ou do sistema, dado pela soma do custo de capital e do custo de operações.

Com relação aos equipamentos de controle, é possível distingui-los entre aqueles mais utilizados na remoção de partículas e aqueles utilizados na remoção de gases e vapores.

a) Controle de partículas

Nesse caso, são utilizados principalmente os chamados coletores, que podem ser divididos em gravitacionais, inerciais, centrífugos e úmidos. Além dos coletores, há os precipitadores térmicos, os filtros e os precipitadores eletrostáticos.

Os coletores gravitacionais utilizam como princípio de funcionamento a disposição gravitacional das partículas transportadas pelo fluxo gasoso. Para tanto, é necessário que a velocidade do gás seja substancialmente reduzida, para possibilitar a deposição das partículas dentro do coletor. Os usos mais comuns são como um pré-coletor em operações de refino de metais (para as partículas mais grossas), em indústrias alimentícias (cascas e películas), em caldeiras alimentadas a carvão (coleta das cinzas) etc.

Nos coletores inerciais, o gás carreador de partículas é levado a chocar-se contra obstáculos, com mudanças bruscas de direção, após aumento de sua velocidade. Isso faz com que as partículas, uma vez com inércia, não evitem o choque, sejam impactadas e, em sua maioria, coletadas. Tais coletores também são mais utilizados como pré-coletores, visando diminuir a carga de poeira de maior tamanho.

Os coletores sônicos, apesar de terem um princípio de coleta promissor, não têm sido utilizados industrialmente no campo de controle da poluição do ar. Nesses coletores, as partículas são aglomeradas pela passagem do gás carreador por meio de intensas ondas sonoras. Após essa aglomeração, as partículas são retidas por meio de coletores convencionais.

Os coletores centrífugos, também conhecidos por ciclones, têm como princípio de funcionamento o uso da força centrífuga. A força centrífuga aplicada sobre as partículas é várias vezes mais intensa que a força da gravidade, empurrando a partícula na direção das paredes do ciclone, e a aplicação na indústria para a coleta de material particulado tem sido muito grande. As principais desvantagens no uso desse tipo de coletor são a baixa eficiência para partículas inferiores a 5 μm, a abrasão excessiva e a possibilidade de entupimento pela presença de altas concentrações de poeira.

Com relação aos coletores úmidos, o gás transportador das partículas, forçado por meio de uma aspersão de gotas, com as quais as partículas se chocam, se deposita por difusão e também age como núcleo de condensação de água, consequentemente aumentando de tamanho, o que torna a sua coleta mais fácil. Portanto, pode-se dizer que os quatro mecanismos de coleta mais importantes num coletor úmido são a impactação, a interceptação, a difusão e a condensação. Esses coletores são também conhecidos como lavadores de gases, existindo inúmeros tipos, como, por exemplo, lavadores Venturi, ciclônicos, mecânicos etc. Eles têm como vantagem a possibilidade de coletar partículas e gases, e como desvantagem a geração de resíduos líquidos.

Os precipitadores térmicos, a exemplo dos sônicos, não têm sido utilizados largamente no campo industrial. Seu princípio de funcionamento baseia-se na aplicação de um diferencial de temperatura, ocorrendo a migração das partículas da zona mais quente para a mais fria.

Os filtros, por outro lado, têm sido um dos mais antigos métodos de remoção de partículas de um fluxo gasoso, e podem apresentar altas eficiências para uma ampla faixa de tamanhos de partícula. O fluxo de gás carreador de partículas é forçado através de um meio poroso, onde as partículas são coletadas. O meio poroso pode ser composto de material granulado ou fibroso, podendo ser disposto na forma de leitos, compactado na forma de painéis ou na forma de tecido. Em função do tipo de material filtrante, os filtros podem ser classificados em filtros de tecidos, leitos filtrantes, painéis compactados, ultrafiltros e sólido poroso. No campo do controle da poluição, os filtros de tecidos são os mais utilizados até então. Eles têm sido mais aplicados em indústrias de minerais não metálicos, fornos elétricos de aço, fornos de recuperação de chumbo, dióxido de titânio, cereais, madeira etc. Dentre as vantagens desse tipo de equipamento, destacam-se a alta eficiência, a perda de carga não excessiva e a resistência à corrosão. Uma das desvantagens é o seu alto custo.

b) Controle de gases e vapores

Entre as várias maneiras de separar e coletar um contaminante gasoso de seu meio de solução gasosa, as mais usuais são a absorção, a adsorção, a condensação e a incineração.

A absorção ocorre quando um gás ou vapor em solução gasosa é posto em íntimo contato com um líquido no qual ele é solúvel, havendo transferência de massa do gás para o líquido, proporcionalmente à solubilidade do gás no líquido e ao diferencial de concentração. Essa transferência de massa é conseguida em equipamentos onde o soluto (gás ou vapor) é posto em íntimo contato com o solvente (líquido), e os principais tipos são as torres de enchimento, torres de pratos, torres de *spray* e os lavadores do tipo Venturi. Neles, a absorção provocada pelo grau de difusão molecular é turbulenta entre as fases (gasosa e líquida). A escolha do solvente é de grande importância para que altas eficiências sejam obtidas.

A adsorção é a capacidade de retenção de certos poluentes por substâncias de alta superfície específica (alta porosidade), por forças intermoleculares ou por afinidade química, que pode ser usada na coleta de poluentes em equipamentos chamados leitos de adsorção. Os materiais mais utilizados são o carvão ativado, a alumina ativada e a sílica gel. A adsorção tem se mostrado um método eficiente e de baixo custo para poluentes com concentrações não superiores a 500 ppm.

No caso de o poluente ser emitido na forma de vapor, o controle pode ser atingido transformando esse poluente para a fase líquida e retendo-o nessa fase. A transformação de um vapor para líquido se faz com um condensador que opera por meio de um aumento de pressão ou retirando calor do poluente. Os condensadores podem ser de dois tipos: de contato direto ou de mistura, e de contato indireto ou de superfície. O meio de resfriamento é um líquido e, na grande maioria das vezes, os condensadores têm sido utilizados como pré-tratamento para outros equipamentos, tais como pós-queimadores, adsorvedores e filtros de manga.

A combustão tem sido muito empregada como meio de evitar que poluentes sejam lançados nas águas, no ar e no solo. Algumas vezes, entretanto, a utilização de processos de combustão para controlar a poluição de um dos recursos naturais transforma-se na fonte ou na causa de emissão de poluentes em outro recurso. Materiais combustíveis lançados na atmosfera por um efluente gasoso de uma chaminé podem ser queimados e transformados em substâncias menos tóxicas ou em substâncias que provoquem menos inconvenientes ao bem-estar público. Os equipamentos mais empregados na incineração de gases e vapores são os *flaires*, os queimadores de chama direta e os queimadores catalíticos.

3.7.2 Fontes móveis

Nesse tipo de fonte, estão englobados os veículos leves e pesados. Atualmente, no Brasil, o maior problema, em termos de controle desse tipo de fonte, está diretamente relacionado à adoção de um tipo de combustível que não apresente grandes variações. Enquanto não for possível a obtenção de um combustível tanto para veículos leves como para os veículos pesados padronizados, os resultados esperados muito dificilmente serão alcançados.

O controle de fontes móveis não é uma tarefa fácil, e vários fatores conjugam-se e contribuem para dificultar tal controle. Dentre estes, destacam-se a forma como os veículos são projetados e produzidos; o tipo de combustível; a qualidade dos combustíveis disponíveis; a falta de planejamento das vias e do sistema de tráfego; o uso de transporte individual e a insuficiência de transporte coletivo; a manutenção e o uso inadequado dos veículos; a quantidade de veículos e a deficiência de sua fiscalização.

A exemplo das fontes fixas, as emissões resultantes das fontes móveis podem ser reduzidas por medidas internas ao motor ou externas por meio do uso de equipamentos de controle (filtro ou catalisador) ou, ainda, da utilização de combustíveis de menor potencial poluidor (gás natural encontrado com o petróleo).

No caso do Brasil, tanto os veículos leves como os pesados vêm sofrendo alterações de projeto nos motores ou recebendo equipamentos de controle nos pontos de emissão visando atender às exigências estabelecidas no Programa de Controle da Poluição do Ar por Veículos Automotores (Proconve). Outro programa que se encontra em ação é o Promot (Programa de Controle da Poluição do Ar por Motociclos e Veículos Similares). No caso das fontes móveis, é de suma importância a implementação do Programa de Inspeção Veicular Ambiental em grandes centros urbanos, como já ocorre na cidade de São Paulo, visando à melhoria da qualidade do ar por meio da manutenção dos níveis de emissão provenientes de veículos. As Tabs 3.15 e 3.16 apresentam, respectivamente, valores típicos de emissão de veículos em uso da fase 3 do Proconve convertidos para uso de gás natural veicular e fatores de emissão de motocicletas novas e similares nos modelos de 2006 a 2010.

3.8 Aspectos Legais e Institucionais

Os aspectos legais e institucionais são ferramentas imprescindíveis à implantação e ao bom andamento dos programas de controle da poluição do ar.

Quanto aos aspectos legais, a clareza, a simplicidade, a dinamicidade e a viabilidade de aplicação dos dispositivos a serem editados são importantes fatores a serem considerados.

Tab. 3.15 Valores típicos de emissão de veículos em uso da fase 3 do Proconve convertidos para uso de gás natural veicular[1]

Ano	Status	Combustível	CO (g/km)	HC (g/km)	NOx (g/km)	RCHO[2] (g/km)	CO_2 (g/km)
2002[3]	Antes conversão	Gasolina C	1,16	0,13	0,24	Nd	200
	Após conversão	GNV	0,80	0,44	0,90	Nd	159
		Gasolina C	3,95	0,24	0,20	Nd	199
2003[4]	Antes conversão	Gasolina C	0,69	0,10	0,19	0,003	207
	Após conversão	GNV	0,38	0,19	0,17	0,003	167
		Gasolina C	0,7	0,1	0,22	0,003	206
2004[5]	Antes conversão	Gasolina C	0,8	0,11	0,2	nd	202
	Após conversão	GNV	0,59	0,24	0,18	0,0015	172
		Gasolina C	0,78	0,1	0,20	0,0025	201
	Antes conversão	Álcool	0,79	0,14	0,09	nd	184
	Após conversão	GNV	0,54	0,19	0,13	0,0091	158
		Álcool	0,68	0,18	0,10	0,0094	183
2005[6]	Antes conversão	Gasolina C	0,79	0,23	0,22	nd	205
	Após conversão	GNV	0,61	0,23	0,13	0,0014	172
		Gasolina C	1,04	0,1	0,24	0,0025	207
2006[7]	Antes conversão	Gasolina C	0,78	0,10	0,28	nd	221
	Após conversão	GNV	0,62	0,24	0,21	0,0061	175
		Gasolina C	0,92	0,09	0,24	0,0061	212
2007[8]	Antes conversão	Gasolina C	1,09	0,11	0,06	nd	226
	Após conversão	GNV	0,37	0,21	0,28	0,0017	148
		Gasolina C	0,73	0,09	0,09	0,002	210

Notas:
1 - Conforme a Resolução Conama nº 291/01 e Instrução Normativa do Ibama nº 15/02 ensaiados segundo a NBR 6601; 2 - Aldeídos totais; 3 - Valores típicos de 21 fabricantes de *kits* para conversão. Após a conversão, apenas 4 fabricantes atendiam aos limites do Proconve; 4 - Valores médios de homologação (CAGN) de 16 fabricantes de *kits* para conversão. Todos atendem aos limites do Proconve; 5 - Valores médios de homologação (CAGN) de 14 fabricantes de *kits* para conversão de veículos a gasolina e de 3 para álcool. Todos atendem aos limites do Proconve; 6 - Valores médios de homologação (CAGN) de 14 fabricantes de *kits* para conversão de veículos a gasolina; 7 - Valores médios de homologação (CAGN) de 5 fabricantes de *kits* para conversão de veículos a gasolina; 8 - Valores médios de homologação (CAGN) de 2 fabricantes de *kits* para conversão de veículos a gasolina.
Fonte: Cetesb (2011b).

No Brasil, dispositivos legais relacionados à poluição do ar têm sido editados nas esferas federal e estadual, assim como se pode observar a existência de instituições governamentais que tratam dos assuntos pertinentes à prevenção e ao controle da poluição do ar. Na esfera municipal e de regiões metropolitanas, até o momento, nada existe de específico em termos de medidas legais e institucionais relativas à poluição atmosférica.

Tab. 3.16 Fatores de emissão de motocicletas novas e similares nos modelos de 2006 a 2010

Ano	Motor (Cap. vol.)	Combustível	CO (g/km)	HC (g/km)	NOx (g/km)	CO_2 (g/km)
2006[1]	≤ 150 cc	Gasolina	2,24	0,34	0,18	53,00
	De 151 cc a 500 cc	Gasolina	1,75	0,38	0,16	64,50
	≥ 501 cc	Gasolina	1,23	0,21	0,05	201,00
2007[1]	≤ 150 cc	Gasolina	1,80	0,32	0,17	59,50
	De 151 cc a 500 cc	Gasolina	2,00	0,37	0,15	76,50
	≥ 501 cc	Gasolina	1,32	0,22	0,10	158,00
2008[1]	≤ 150 cc	Gasolina	1,36	0,23	0,12	54,60
	De 151 cc a 500 cc	Gasolina	1,72	0,29	0,15	74,30
	≥ 501 cc	Gasolina	1,25	0,19	0,07	132,45
2009[1]	≤ 150 cc	Gasolina	1,09	0,17	0,10	61,15
	De 151 cc a 500 cc	Gasolina	1,07	0,12	0,11	86,50
	≥ 501 cc	Gasolina	1,02	0,15	0,11	142,75
2010[2]	≤ 150 cc	Gasolina	0,68	0,17	0,07	52,48
	> 150 cc	Gasolina	1,14	0,12	0,09	78,61
	≤ 150 cc	Flex-Gasolina	0,75	0,15	0,05	51,17
	≤ 150 cc	Flex-Etanol	0,58	0,16	0,07	50,96

1 - Valores médios de homologação; 2 - Fatores calculados considerando os valores de homologação ponderados pelas vendas.
Fonte: Cetesb (2011b).

Esfera Federal

O Instituto Brasileiro do Meio Ambiente e dos Recursos Naturais Renováveis (Ibama), criado em 1989 em substituição à Secretaria Especial de Meio Ambiente (Sema), é o órgão responsável pela formulação, coordenação e execução da política nacional de controle da poluição do ar.

Dentre os instrumentos legais editados com relação ao recurso ar, além daqueles já mencionados na abordagem sobre os aspectos da poluição das águas, cabe destacar outros sete dispositivos, a saber: duas portarias e cinco resoluções. O primeiro, a Portaria Minter n° 235, de 27/4/1976, que estabelece os Padrões de Qualidade do Ar; o segundo, a Resolução Conama n° 18, de 6/5/1986, que instituiu o Programa de Controle da Poluição do Ar por Veículos Automotores (Proconve), tendo sido editadas novas Resoluções Conama com novas fases de controle e englobando outros tipos de veículos, tais como máquinas agrícolas e rodoviárias; o terceiro, a Resolução Conama nº 03, de 28/6/1990, que ampliou os poluentes atmosféricos indicadores da qualidade do ar, passíveis de monitoramento e controle; o quarto, a Resolução nº 08, de 6/12/1990, que fixou limites máximos de emissão de poluentes do ar para Processos de Combustão Externa em novas fontes fixas (caldeiras, geradores de vapor, fornos, fornalhas, incineradores etc.); o quinto, a Portaria Ibama nº 85, de 17/10/1996, que estabeleceu a criação e adoção de um Programa Interno de Autofiscalização da Correta Manutenção da Frota quanto à Emissão de Fumaça Preta; o sexto, a Resolução Conama nº 297/2002, que instituiu o Programa de Controle da Poluição do Ar por Motociclos e Veículos Similares (Promot), tendo sido editada nova Resolução Conama contendo novas fases de controle; e o sétimo, a Resolução Conama nº 382, de 26/12/2006, que estabeleceu limites máximos de emissões para a atmosfera para as novas fontes fixas por tipo de poluente e por tipologia da fonte geradora.

Do ponto de vista do controle da poluição do ar, a legislação federal leva em conta os padrões de qualidade do ar e de emissões, para determinados tipos de fonte.

Quanto à qualidade, foram estabelecidos padrões primários e secundários, conceituados da seguinte maneira:

≈ padrões primários de qualidade do ar são as concentrações de poluentes que, excedidas, poderão afetar a saúde da população;
≈ padrões secundários de qualidade do ar são as concentrações de poluentes abaixo das quais se prevê o mínimo efeito adverso sobre o bem-estar da população, assim como o mínimo dano à fauna, à flora, aos materiais e ao meio ambiente em geral.

Em termos de qualidade do ar, foram ainda estabelecidos níveis que possibilitam a elaboração do Plano de Emergência para Episódios Críticos de Poluição do Ar, com o objetivo de prevenir o grave e iminente risco à saúde da população. Considera-se Episódio Crítico de Poluição do Ar a presença de altas concentrações de poluentes na atmosfera em curto período de tempo, resultante da ocorrência de condições meteorológicas desfavoráveis à sua dispersão.

Para a execução do Plano, foram estabelecidos três níveis: atenção, alerta e emergência, os quais serão definidos em função das concentrações de diversos indicadores de qualidade e da previsão meteorológica.

As providências a serem tomadas no decorrer dos níveis de atenção e alerta têm por objetivo evitar atingir o nível de emergência.

Quanto às emissões, foram estabelecidos para as fontes móveis índices de emissão de fumaça preta para veículos movidos a diesel e padrões de emissão dos gases de escapamento de veículos leves e pesados a serem fabricados. No caso das fontes fixas, em dezembro de 1990 tinham sido editados padrões para processos de geração de calor, e em dezembro 2006, foram estabelecidos padrões de emissão por tipo de poluente e tipologia de fonte.

Esfera Estadual

A Companhia Ambiental do Estado de São Paulo (Cetesb) é o órgão que responde pelo controle da poluição do recurso ar no Estado de São Paulo.

Em termos legais, o Decreto n° 8468, de 8/9/1976, que regulamentou a Lei n° 997, de 31/5/1976, é o dispositivo mais importante em termos de ações corretivas e preventivas visando ao controle da poluição do ar. Esse decreto, além dos padrões de qualidade do ar, índice de emissão de fumaça preta para fontes fixas e móveis, também estabeleceu alguns padrões de emissão para determinados tipos de fontes industriais. Por exemplo: as indústrias de cimento não poderão emitir para a atmosfera mais que 0,5 kg de material particulado por tonelada de produto, considerando-se, nesse caso, a emissão global do estabelecimento. Quanto aos padrões de qualidade do ar, por exemplo, o dióxido de enxofre (SO_2) deve ter uma concentração média aritmética anual igual ou inferior a 80 microgramas por metro cúbico de ar, e não ultrapassar mais que uma vez por ano o valor de 365 microgramas por metro cúbico de ar, obtido por uma média de 24 horas consecutivas.

Outro ponto de destaque na esfera legal estadual é aquele referente ao item da fiscalização e das sanções. Nesse item, as penalidades que podem ser aplicadas vão desde uma advertência até o embargo ou a demolição, passando pela multa e interdição.

Esfera Municipal

Nesse âmbito, praticamente não existem dispositivos legais até então vigentes e/ou editados na área de controle da poluição do ar.

Do ponto de vista institucional, alguns municípios criaram conselhos, departamentos e até secretarias municipais de meio ambiente.

Recurso solo 4

O solo é a formação natural que se desenvolve na porção superficial da crosta terrestre. Ele é resultado, essencialmente, da interação dos processos físicos, químicos e biológicos sobre as rochas superficiais da crosta terrestre.

O solo apresenta a característica de permitir o desenvolvimento vegetal na superfície da Terra; assim, seu estudo é fundamental para a agricultura. A ciência que estuda o solo sob esse aspecto é denominada Pedologia.

Sob o ponto de vista da engenharia civil, o solo é definido como todo material da crosta terrestre pouco resistente (>10 kg/cm^2) que não oferece resistência intransponível à escavação mecânica e que perde totalmente a resistência quando em contato prolongado com a água.

O geólogo usa o termo regolito para toda a porção superficial decomposta e constituída de material inconsolidado que cobre a rocha sã. A crosta terrestre é constituída dos solos de alteração das rochas que comumente afloram na superfície, que são os granitos, migmatitos, basaltos e as rochas sedimentares.

Em termos de superfície, as terras emersas representam 29,2% da superfície total da Terra. No entanto, comparado com a água doce, o solo é um recurso abundante na crosta terrestre; basta observarmos que os 361 milhões de km^2 de superfície restantes (70,8%) são ocupados pelos mares, os quais representam 97,2% da água na Terra. A água doce representa apenas 2,8% da água na Terra e, desta, 77% são constituídas pelas geleiras e 21% são águas subterrâneas, restando apenas 1% de águas superficiais.

A ênfase dada nos cuidados quanto à poluição do solo está principalmente associada ao contato da água com o solo superficial e subsuperficial e à preservação da qualidade das águas.

4.1 Usos do solo

O solo se presta, basicamente, aos seguintes usos:

- como elemento de fixação e nutrição da vida vegetal;
- como fundação para edificações, aterros, estradas, sistemas de disposição de resíduos etc.;
- como elemento a ser extraído e utilizado na área da construção em geral e na manufatura de objetos diversos;
- como elemento de armazenamento de combustíveis fósseis;
- como elemento de armazenamento de água para fins diversos, com destaque para o uso da água como manancial de abastecimento público.

4.2 Danos

Cada um desses usos provoca alterações no meio ambiente; assim, a construção civil reflete-se na urbanização e ocupação do solo; a exploração extrativa do solo resulta na remoção de grandes quantidades de materiais e na alteração da topografia. Como consequência da atividade agrícola, ocorre a aplicação de nutrientes e defensivos agrícolas no solo e a remoção sazonal da cobertura vegetal.

Do ponto de vista do solo, o principal dano decorrente da sua utilização é a suscetibilidade à erosão, a qual é causada pela ação das águas e do vento, e a consequente remoção das partículas do solo. Essa remoção, além de causar alterações de relevo, riscos às obras civis e a retirada da camada superficial e fértil do solo, provoca o assoreamento dos rios. Como consequência indireta, ocorrem inundações e alterações dos cursos d'água. A erosão do solo está principalmente associada a fatores como clima, tipo de solo e declividade do terreno.

As práticas recomendadas para evitar a erosão estão ligadas à manutenção da cobertura vegetal, à utilização de árvores como quebra-ventos, à cobertura do solo com serragem e às técnicas de caráter mecânico, como aração, plantio e construção em curvas de nível, execução de canaletas para desvio das águas pluviais e execução de muros de arrimo.

A disposição indiscriminada de resíduos no solo é outro uso que tem se mostrado inadequado, uma vez que ocorre ao longo do tempo a infiltração dos líquidos gerados na decomposição dos resíduos, aos quais se soma a fração das águas pluviais que se infiltram no solo e, nessa passagem, lixiviam esses resíduos, carreando substâncias para as camadas mais profundas e para os aquíferos subterrâneos, causando contaminação desses importantes mananciais de águas. Os efeitos desses sistemas de disposição de resíduos no solo tendem a ser de natureza localizada. Nos locais de disposição de resíduos orgânicos, ocorre também a geração de gás constituído, basicamente, de metano e gás carbônico, o qual limita o suprimento de oxigênio para as camadas superficiais do aterro, causando a morte da vegetação.

A presença de metais nos resíduos aplicados no solo, quer na forma de despejos líquidos industriais, quer na forma de lodos, também pode inibir a reposição da vegetação. Essa situação torna-se mais grave quando tais aplicações são efetuadas em áreas agrícolas, já que alguns metais se mostram fitotóxicos e, dependendo do volume aplicado e do nível de metais resultante no solo, poderá ocorrer redução na produtividade. Certos metais podem acumular-se nas partes comestíveis das plantas, o que pode causar problemas, tornando esses alimentos impróprios para o consumo.

4.3 Formação do solo e suas propriedades

O solo é formado a partir da interação da litosfera, da atmosfera e da biosfera e de suas respectivas matérias por meio da combinação de dois processos fundamentais: a alteração da rocha-mãe ou material original e a contribuição da matéria orgânica dos seres vivos.

O mecanismo de formação dos solos se dá a partir de processos físico-químicos de fragmentação e decomposição das rochas e por meio do transporte, da sedimentação e da evolução pedogênica.

Quanto à formação, podemos classificar os solos em quatro grupos principais:

- solos residuais, que são aqueles em que o produto do processo de decomposição permanece no próprio local em que se deu o fenômeno;
- solos transportados, que são aqueles que, em seguida à sua formação, são carregados pela ação fluvial, eólica, marinha etc.;
- solos coluvionais, que são aqueles formados pela movimentação lenta da parte mais superficial do manto de intemperismo sob a ação de agentes diversos, principalmente da gravidade;

≈ solos orgânicos, que são aqueles formados pela fração mineral argilosa acrescida de uma proporção variada de matéria orgânica predominantemente vegetal.

O solo, genericamente, é constituído por matéria mineral, matéria orgânica, umidade (água) e ar. A fração mineral do solo contém fragmentos da rocha original mais ou menos alterados, de tamanhos variados, elementos coloidais de partículas muito finas, constituídas por argilas, silicatos de alumínio hidratados e íons minerais essenciais à nutrição mineral dos vegetais.

A natureza e as propriedades gerais de um solo dependem de suas características físicas, químicas e biológicas. As caraterísticas físicas do solo dependem, essencialmente, do tamanho relativo dos elementos (textura) e do arranjo destes (estrutura).

Destacam-se, ainda, a permeabilidade e a capacidade de absorção do solo como propriedades de interesse do ponto de vista da poluição.

A textura é caracterizada a partir da análise granulométrica do tamanho e da porcentagem de ocorrência de partículas de tamanhos diversos, como se pode observar na Tab. 4.1.

Tab. 4.1 Relação entre o tipo de material e o diâmetro da partícula

Material	Diâmetro da partícula
Argila	Inferior a 2 micra
Silte	Entre 2 e 5 micra
Areia fina	Entre 5 e 0,2 mm
Areia grossa	Entre 0,2 e 2 mm
Cascalho	Entre 2 e 20 mm
Pedregulho	Superior a 20 mm

A partir da porcentagem de cada fração (argila, silte e areia) é possível definir se o solo é argiloso, arenoso ou siltoso.

A Fig. 4.1 apresenta um diagrama triangular usado para a classificação granulométrica de um solo.

A caracterização da permeabilidade de um solo permite avaliar quantitativamente a percolação da água nos solos. De forma geral, a água que percola através do solo é somente uma parte da água intersticial. No entanto, para fins práticos, não há um interesse acerca de como se processa o escoamento através dos poros, mas sim pelo fluxo resultante do escoamento através do solo. Nesse caso, vale a lei de Darcy:

$$V = k \times i \quad (4.1)$$

onde:
V = velocidade do fluxo;
k = coeficiente de permeabilidade;
i = gradiente hidráulico (DH/DS).

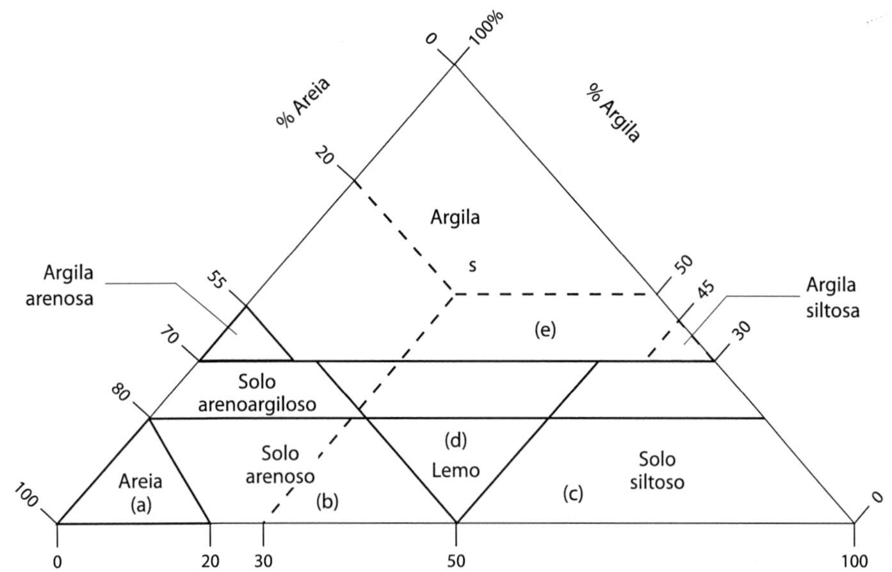

Fig. 4.1 *Triângulo de Classificação Granulométrica (Bureau of Public Roads)*
Fonte: Vargas (1997).

Os valores de k podem ser medidos em campo ou em laboratório por meio de amostras colhidas do solo. As ordens de magnitude da condutividade hidráulica ou coeficiente de permeabilidade k para materiais granulares são indicadas na Tab. 4.2.

O poder de adsorção de íons do solo está associado ao fato de a maior parte dos coloides minerais e orgânicos que têm carga negativa ter a capacidade de fixar de maneira reversível os cátions dissolvidos na água. Dessa forma, as partículas de minerais coloidais que formam as argilas, as quais são negativamente carregadas, podem

Tab. 4.2 Tipos de solo e coeficiente de permeabilidade

Solos argilosos superficiais	$1x10^{-5}$ a $2x10^{-4}$ cm/s
Solos argilosos profundos	$1x10^{-8}$ a $1x10^{-5}$ cm/s
Areia fina	$1x10^{-3}$ a $5x10^{-3}$ cm/s
Areia média	$5x10^{-3}$ a $2x10^{-2}$ cm/s
Pedregulhos	$1x10^{-1}$ a 1 cm/s
Mistura de areia, argila e pedregulho	$1x10^{-6}$ a $1x10^{-4}$ cm/s

adsorver cátions (H^+, Na^+, Ca^{2+}, Mg^{2+} etc.). A capacidade de troca catiônica é uma medida que indica a quantidade máxima de bases trocáveis que podem ser fixadas, sendo maior nos solos argilosos e húmicos.

4.4 Qualidade do solo

A qualidade do solo pode ser alterada levando-se em consideração os seguintes aspectos:

- ≈ vegetação;
- ≈ topografia/relevo;
- ≈ permeabilidade;
- ≈ localização da zona saturada.

Esses aspectos podem ser denominados de característica superficial relacionada a relevo e vegetação de caráter subsuperficial. O monitoramento do solo, sob o aspecto superficial, é efetuado por inspeção visual, aerofotointerpretação ou por levantamentos topográficos. A importância do monitoramento desses aspectos está diretamente relacionada com a prevenção da ocorrência de erosões. Sob o ponto de vista agrícola, é importante o acompanhamento da qualidade do solo e sua amostragem quanto à fertilidade. Alterações da permeabilidade do solo são raras e estão relacionadas à movimentação de terra, a processos lentos de laterização ou até mesmo a alterações causadas pela ação de substâncias poluentes que atacam as estruturas das argilas, criando canais preferenciais. Tais situações ocorrem com frequência nos locais de disposição de resíduos ácidos ou em decorrência da colmatação do solo pela aplicação de efluentes com teores elevados de sais dissolvidos. A avaliação da permeabilidade de um solo depende de sondagens para retirada de amostras do solo na camada de interesse, a fim de serem realizados ensaios de laboratório ou a avaliação da permeabilidade *in situ* nos furos de sondagens.

O monitoramento do nível do lençol freático, ou localização da zona saturada, também depende de sondagens e pode ser efetuado por piezometria, ou seja, pela medição do nível do lençol em piezômetros ou poços de monitoramento.

O monitoramento da qualidade das águas subterrâneas é um método indireto que permite a identificação da ocorrência de infiltração de poluentes através do solo. É usualmente exigido para aterros e locais de disposição no solo, tendo em vista a avaliação desses sistemas de destinação. Esse método baseia-se na verificação da qualidade das águas subterrâneas a montante e a jusante do sistema a ser avaliado. Nesse caso, as alterações a serem identificadas nas águas subterrâneas visam verificar o atendimento da Resolução n° 357, de 17/3/2005, que estabelece em seu artigo 29: "a disposição de efluentes no solo, mesmo tratados, não poderá causar poluição ou contaminação das águas". Assim, qualquer alteração estatisticamente observada na qualidade das águas a jusante do local do aterro pode ser interpretada como decorrência de algum tipo de vazamento do sistema de disposição.

4.5 Fontes de poluição

Entre as fontes de poluição do solo, destacam-se aquelas de origem natural, associadas a catástrofes, tais como terremotos, vendavais e inundações, e aquelas derivadas da atividade humana, a saber:

≈ poluição decorrente da disposição de resíduos sólidos domésticos, hospitalares e industriais;
≈ poluição decorrente de resíduos líquidos sanitários e industriais;
≈ poluição decorrente da urbanização e ocupação do solo;
≈ poluição decorrente de atividades agropastoris;
≈ poluição decorrente de atividades extrativas;
≈ poluição decorrente de acidentes no transporte de cargas.

Os resíduos gerados pela atividade humana são, via de regra, dispostos diretamente sobre o solo, seja na forma de aterros, seja por infiltração, seja pela simples acumulação sobre o solo.

De acordo com a sua origem, os resíduos sólidos podem ser agrupados em:

≈ resíduos sólidos domésticos;
≈ resíduos sólidos de serviços de saúde;
≈ resíduos sólidos industriais.

Os resíduos domésticos são aqueles gerados pelas residências e incluem os resíduos de escritórios e de atividades do comércio. Sua composição varia em função do nível socioeconômico da comunidade. A composição média do lixo de São Paulo é apresentada na Tab. 4.3.

Os resíduos de serviços de saúde são aqueles que, por suas características, dividem-se em perigosos (classe I) e não perigosos (classe II), e podem apresentar materiais contaminados com microrganismos patogênicos. Eles são de origem hospitalar ou ambulatorial – incluindo-se nessa classificação os resíduos de farmácias e laboratórios de análises.

Os resíduos industriais são aqueles gerados nas atividades industriais. A Tab. 4.4 mostra, como exemplo de composição de um resíduo industrial, dados resumidos dos resíduos sólidos gerados na indústria metalúrgica. Esses dados foram obtidos com base em levantamentos industriais realizados pela Cetesb na Região Metropolitana de São Paulo nesse ramo industrial.

Tab. 4.3 Composição média do lixo de São Paulo

Tipo de material	Percentual (%)
Papel e papelão	24,0
Madeira	1,0
Trapos	1,0
Plásticos	8,0
Restos de alimentos	41,0
Metais ferrosos e não ferrosos	6,0
Vidro	8,0
Terra e similares	9,0
Outros	2,0

Fonte: Revista Saúde Pública (1977).

Tab. 4.4 Composição média dos resíduos sólidos industriais descartáveis da indústria metalúrgica

Tipo de material	Percentual (%)
Resíduo geral da fábrica	25,0
Escória de fundição	26,0
Areia de fundição	20,0
Sucatas metálicas	5,0
Resíduos de refratários e minerais não metálicos	5,0
Lodos de sistemas de tratamento de águas residuárias	4,0
Resíduos contendo cianetos	0,1
Outros resíduos	14,9

Os resíduos sólidos são classificados, de acordo com a sua periculosidade e as suas características, em perigosos (classe I) e não perigosos (classe II):

≈ *Classe I – perigosos*: aqueles resíduos ou mistura de resíduos que, por sua natureza (inflamabilidade, corrosidade, reatividade, toxicidade e patogenicidade) e por suas propriedades físicas, químicas ou infectocontagiosas, podem apresentar:
  - risco à saúde pública, provocando ou acentuando um aumento de mortalidade por incidência de doenças;
  - riscos ao meio ambiente, quando o resíduo for gerenciado de forma inadequada.

≈ *Classe II A – não inerte*: todo resíduo sólido ou mistura de resíduos sólidos que não se enquadra na classe I ou na classe II B. Nessa classificação incluem-se os resíduos sólidos domiciliares.

≈ *Classe II B – inerte*: todo resíduo sólido ou mistura de resíduos sólidos que, submetido ao teste de solubilidade (Solubilização de Resíduos Sólidos - Método de Ensaio - NBR 10.006), não teve nenhum de seus constituintes solubilizados em concentrações superiores aos padrões de potabilidade de água, excetuando-se aspecto, cor, turbidez, dureza e sabor.

4.6 Atenuação da poluição no solo

Ao percolar através do solo, as águas contaminadas sofrem processos de atenuação dos poluentes nelas contidos. Tais processos ocorrem na camada não saturada e também no aquífero. Essa atenuação é associada a processos físicos, químicos e biológicos de degradação, filtração, precipitação, troca iônica, adsorção e complexação.

Quando a água contaminada atinge os aquíferos subterrâneos, a concentração do contaminante vai ser influenciada pela dispersão hidrodinâmica. Essa dispersão ocorre na direção do fluxo e é causada por diferentes velocidades macroscópicas de cada linha de fluxo de fluido que passa por diferentes caminhos entre os grãos do solo. Um esquema desse fluxo é apresentado na Fig. 4.2.

A dispersão transversal ocorre perpendicularmente à direção do fluxo, como resultado dos repetidos desvios do movimento pelas partículas sólidas do meio (linha C da Fig. 4.2). Essa dispersão é efetiva nos limites laterais de escoamento da coluna poluente.

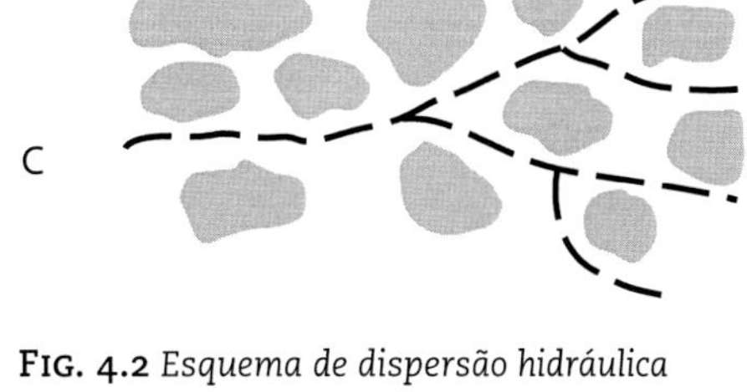

Fig. 4.2 *Esquema de dispersão hidráulica no solo*
Fonte: Cetesb (1985).

Outras atenuações diferentes das dispersões são: filtragem de sólidos suspensos (incluindo microrganismos), decomposição biológica de compostos orgânicos, nitrificação da amônia, desnitrificação de nitratos, retenção e extinção de bactérias e vírus, troca iônica, precipitação de sais dissolvidos e decaimento de materiais radioativos.

Em contraste com a dispersão hidrodinâmica, que produz a mesma diluição para todos os contaminantes, as outras alterações diferem para as várias substâncias. Por causa disso, a concentração de alguns contaminantes é reduzida muito mais rapidamente que a concentração de outros.

A expressão geral que descreve a distribuição da concentração (C) de um contaminante em um meio poroso poderá ser escrita da seguinte forma:

$$dc/dt = D\,(c) - V(c) - B\,(c) - A\,(c) - F\,(c) \tag{4.2}$$

Essa expressão é o resultado de um balanço de massa e indica a velocidade de acúmulo ou eluição de um determinado poluente ao longo do tempo.

D (c) representa a dispersão hidrodinâmica da água se movendo em um meio poroso; *V (c)*, o termo do movimento convectivo divergente *(v,c)*, onde *v* é o vetor da velocidade média.

Esses dois primeiros termos descrevem o transporte de massa no meio poroso.

B (c) representa funções de biodegradação, como decomposição de material orgânico, extinção de bactérias e vírus, nitrificação e desnitrificação. A DBO (Demanda Bioquímica de Oxigênio) decresce com a distância percorrida no solo sempre que as condições forem favoráveis a uma biodegradação. A contaminação potencial por organismos patogênicos decresce substancialmente com a distância e o tempo de caminhamento no solo. A maior parte desses organismos tem uma vida livre muito curta fora de seu hábitat.

A (c) representa o decaimento radioativo; *F (c)*, a função cinética de todas as reações químicas e físico-químicas que alteram a concentração do poluente na água, entre as quais estão a precipitação de metais, as trocas iônicas, a adsorção, a absorção etc. Esse termo representa a soma de todas as expressões de velocidades dessas reações. No caso da adsorção, a expressão comumente empregada é obtida a partir da equação de Freundlich:

$$x/m = KC^{1/n} \quad (4.3)$$

onde:

x/m é a quantidade de matéria adsorvida por unidade de meio nas condições de equilíbrio;

K é o coeficiente de adsorção;

C é a concentração de equilíbrio;

n é uma constante determinada experimentalmente.

Os íons presentes na solução comportam-se de acordo com sua carga elétrica, ou seja, a maioria dos ânions (cloretos, nitratos, sulfetos e sílica) se desloca e se dispersa na água, geralmente com pouco ou nenhum retardamento, enquanto que todos os cátions, em maior ou menor grau, estão sujeitos à troca de íons e adsorção em argila e silte. A facilidade relativa de troca é variável e, conforme experiências realizadas em colunas de solos argilosos com lixiviado de aterro doméstico, pode ser representada pelos fatores de atenuação mostrados na Tab. 4.5.

A adsorção, portanto, contribui para reduzir a velocidade descendente dos metais em relação aos ânions.

No Quadro 4.1 são apresentadas, de forma reduzida, algumas informações relativas à atenuação de poluentes no solo.

Existem diversos modelos matemáticos que simulam, com o uso de computadores, a dispersão dos poluentes nos aquíferos subterrâneos, considerando uma determinada fonte pontual. Essa é uma ferramenta importante na gestão dos recursos hídricos subterrâneos, tendo em vista verificar a vulnerabilidade dos poços de abastecimento de água, bem como testar rapidamente diferentes condições de contorno para uma mesma fonte de poluição.

Tab. 4.5 Fatores de atenuação

Atenuação	Poluente	ATN média
Alta	Pb	99,8
	Zn	97,2
	Cd	97,0
	Hg	96,8
Moderada	Fe	58,1
	Si	54,7
	K	38,2
	NH_4	37,1
	Mg	29,1
Baixa	DQO	21,3
	Cl	10,7
Negativa (eluição)	B	-11,8
	Mn	-95,4
	Ca	-656,7

Fonte: Griffin (1878).

Quadro 4.1 Suscetibilidade à atenuação diferencial no solo

Constituintes	Zona do resíduo	Zona insaturada	Aquífero
Catiônicos			
Amônia	O + B	A + B	A + B
Cálcio	O	A	A
Magnésio	O	A	A
Potássio	O	A	A
Sódio	O	O	O
Metais Pesados (Pb, Cu, Ni, Zn, Cd, Fe)	O + A + C	A + C	A + C
Aniônicos			
Cloreto	O	O	O
Sulfato	O + B	O + B	O
Sulfeto	C + B	C + B	C
Fosfato	O + C	A + C	A + C
Nitrato	O + B	O + B	O
Metais Pesados (Pb, Cu, Ni, Zn, Cd, Fe)	O + A + C	O + B	O

Nota: O = sem atenuação; A = adsorção; B = degradação bioquímica ou conversão; C = precipitação química.
Fonte: notas do curso do prof. Robert W. Cleary.

4.7 Técnicas de controle

O controle da poluição do solo compreende uma parte preventiva baseada na seleção dos locais e das técnicas mais apropriadas para o desenvolvimento das atividades humanas visando à minimização dos riscos ambientais. Tal aspecto inclui uma avaliação criteriosa do local escolhido para cada atividade, considerando:

- o uso do solo na região;
- a topografia;
- o tipo de solo;
- a vegetação;
- a possibilidade de ocorrência de inundações;
- as características do subsolo;
- a proximidade de cursos d'água.

O controle da poluição do solo inclui ainda aspectos corretivos pelo uso de técnicas de engenharia, no que se refere à execução de sistemas de prevenção da contaminação das águas subterrâneas e sistemas de prevenção de erosão, como: alteração de declividade, operação em curvas de nível, execução de canaletas de drenagem e manutenção da cobertura vegetal.

O primeiro aspecto a ser considerado no que se refere ao gerenciamento de resíduos é a possibilidade da adoção de técnicas de minimização na geração de resíduos. Tais técnicas incluem a redução da geração na fonte, a segregação de modo a viabilizar a reciclagem dos produtos e, até mesmo, a alteração do processo produtivo. A minimização da geração de resíduos é considerada atualmente como a linha de pesquisa e de ação prioritária por se mostrar ambientalmente vantajosa.

No que se refere aos resíduos domésticos, as possibilidades de minimização incluem a segregação na origem, por meio da coleta seletiva, e o tratamento em usinas de compostagem, onde os resíduos de papel, papelão, plásticos e metais, passíveis de reciclagem, são separados dos resíduos orgânicos, os quais são submetidos a uma digestão aeróbia, gerando um composto de uso na agricultura na forma de adubo orgânico. A coleta seletiva baseia-se numa coleta específica só para resíduos passíveis de reciclagem, os quais são segregados na origem pelo próprio morador e, posteriormente, selecionados e vendidos para reprocessamento. A coleta normal recolhe os demais resíduos. Tais procedimentos permitem a redução do volume de resíduos a serem dispostos, aumentando a vida útil dos aterros.

A disposição em aterros sanitários é uma forma ambientalmente recomendada para a destinação dos resíduos domésticos sobre o solo. Outra forma de destinação desses resíduos é a incineração, a qual promove uma redução do volume do resíduo a ser disposto por meio da oxidação da matéria orgânica e da remoção dos voláteis sem, contudo, destruir totalmente o resíduo, pois dessa operação resultam, ainda, as cinzas que, por sua vez, devem ser dispostas em aterros.

Para a disposição dos resíduos no solo, além dos aspectos de localização citados, deverá ser considerada a utilização de projeto específico que vise garantir a contenção dos resíduos pela adoção de técnicas de preparação dos resíduos, pela utilização de sistemas de impermeabilização, pelo desvio de águas pluviais e pela coleta e tratamento dos líquidos percolados. De forma geral, a disposição de resíduos no solo só é aceitável para resíduos não perigosos. A disposição de resíduos perigosos no solo depende de critérios rígidos de proteção, incluindo preparação do resíduo de modo a reduzir a mobilidade das substâncias perigosas presentes. Resíduos perigosos de características orgânicas são preferencialmente tratados por meio da incineração, assim como os resíduos hospitalares.

Outra técnica de disposição de resíduos no solo é o *land farming*, que se baseia no uso do solo para o tratamento dos resíduos orgânicos pela sua aplicação na camada superficial do solo. Nesse processo, os resíduos são incorporados à zona arável do solo por meio da sua aplicação a taxas e frequências devidamente determinadas, de modo que não ocorra contaminação das águas do subsolo.

4.8 Aspectos legais e institucionais

De modo semelhante aos recursos água e ar, o solo ou, mais precisamente, a poluição do solo, tem seu controle e sua fiscalização desenvolvidos pelos órgãos estaduais e, na ausência destes, pelo Ibama, de forma supletiva.

No que se refere à legislação sobre a disposição de resíduos no solo, até o início da década de 1990, havia dois ou três dispositivos legais editados na esfera federal, enquanto nos estados, alguns dispositivos de controle ambiental da poluição editados também faziam menção, de uma maneira geral, da necessidade de cuidados para a disposição de resíduos no solo.

Assim, enquanto para a poluição das águas e do ar já haviam sido fixados critérios, padrões e normas técnicas a serem obedecidos em todo o território nacional, os resíduos sólidos contavam apenas com normas de caráter genérico que, de algum modo, serviam de apoio à atuação dos órgãos públicos nessa área. Apesar, porém, de não terem sido fixados legalmente critérios e padrões sobre a matéria, não houve impedimentos quanto à fiscalização dos órgãos ambientais em relação ao controle dos resíduos sólidos. Ao contrário, a ausência de tais leis implica um controle mais direto ou um exame mais casuístico pela autoridade competente, pois inexistentes os padrões legais que norteiam as providências a serem tomadas pelo gerador dos resíduos com relação à proteção do meio ambiente, esta passa a depender sempre da aprovação e do acompanhamento dos órgãos ambientais para todas as atividades que digam respeito aos resíduos sólidos gerados. E tal subordinação decorre diretamente das normas existentes, tanto na esfera federal como na estadual.

Esfera Federal

O Ibama é o órgão responsável pela formulação, coordenação e execução da política nacional de controle da poluição do solo.

Dentre os instrumentos legais editados com relação à disposição de resíduos sólidos, além da Portaria nº 053/1979, do Ministério do Interior (órgão já extinto), cabe menção à Resolução do Conama nº 313/2002, à Lei nº 12.305/2010 e ao seu regulamento, contido no Decreto nº 7.404/2010.

A Portaria nº 53, de 1º/3/1979, trata os resíduos sólidos de maneira genérica e determina, em seu item 1, que os projetos específicos de tratamento e disposição de resíduos sólidos, bem como a fiscalização de sua implantação, operação e manutenção, ficam sujeitos à aprovação do órgão estadual de controle da poluição, devendo ser enviadas ao Ibama cópias das autorizações concedidas para os referidos projetos. Determina também que os resíduos sólidos perigosos, ou seja, aqueles de natureza tóxica, bem como os que contêm substâncias inflamáveis, corrosivas, explosivas, radioativas e outras consideradas prejudiciais, deverão sofrer tratamento ou acondicionamento adequado, no próprio local de produção e nas condições estabelecidas pelo órgão estadual de controle da poluição. Proíbe o lançamento de resíduos em corpos d'água e obriga à incineração de resíduos patogênicos.

A Resolução Conama nº 313, de 29/10/2002, estabeleceu a necessidade de realização de um inventário dos resíduos industriais gerados e/ou existentes no País, visando ao controle de resíduos perigosos. As indústrias enquadradas nos critérios estabelecidos pela Resolução devem apresentar ao órgão ambiental competente: informações sobre geração, características, armazenamento, transporte e destinação de seus resíduos sólidos, bem como registrar mensalmente e manter na unidade industrial os dados de geração e destinação dos resíduos gerados, para efeito de obtenção dos dados para o Inventário Nacional dos Resíduos Industriais.

A Lei nº 12.305, de 2/8/2010, dispõe sobre a política nacional de resíduos sólidos que introduziu o conceito de logística reversa (retorno dos produtos após o uso pelo consumidor, de forma independente do serviço público de limpeza urbana e de manejo dos resíduos sólidos) para alguns poluentes específicos, tais como: agrotóxicos, seus resíduos e embalagens, assim como outros produtos cuja embalagem, após o uso, constitua resíduo perigoso; pilhas e baterias; pneus; óleos lubrificantes, seus resíduos e embalagens; lâmpadas fluorescentes, de vapor de sódio e mercúrio e de luz mista; e produtos eletroeletrônicos e seus componentes.

O Decreto nº 7.404, de 23/12/2010, que regulamentou a Lei nº 12.305, da Política Nacional de Resíduos Sólidos, criou o Comitê Interministerial da Política Nacional de Resíduos Sólidos e o Comitê Orientador para a Implantação dos Sistemas de Logística Reversa, que serão implementados e operacionalizados por meio dos seguintes instrumentos: I – acordos setoriais; II – regulamentos expedidos pelo Poder Público; ou III – termos de compromisso.

Ainda no ambito federal, existe um conjunto de Resoluções específicas quanto a resíduos sólidos e contaminação do solo e de águas subterrâneas, a saber: Resoluções Conama nº 358, de 29/5/2005, e Anvisa nº 306, de 7/12/2004, que estabelecem normas mínimas para o tratamento de resíduos sólidos oriundos de serviços de saúde; Resolução Conama nº 362, de 23/6/2005, que define que todo o óleo lubrificante usado ou contaminado deverá ser recolhido e terá uma destinação adequada, de modo a não prejudicar o meio ambiente; Resolução Conama nº 401, de 4/11/2008, que estabelece a necessidade de disciplinar o descarte adequado de pilhas e baterias usadas, quanto à coleta, reutilização, reciclagem, tratamento e disposição final; Resolução Conama nº 416, de 30/9/2009, que estabelece prazos e quantidades para a coleta e destino final de pneus; Resolução Conama nº 334, de 3/4/2003, que dispõe sobre os procedimentos de licenciamento ambiental de estabelecimentos destinados ao recebimento de embalagens vazias de agrotóxicos.

Mais especificamente relacionados com a contaminação do solo e das águas subterrâneas, existem editadas as Resoluções Conama nº 396, de 3/4/2008, que dispõe sobre a classificação e diretrizes ambientais para o enquadramento, prevenção e controle da poluição das águas subterrâneas; e nº 420, de 28/12/2009, que dispõe sobre critérios e valores orientadores de qualidade do solo quanto à presença de substâncias químicas, e estabelece diretrizes para o gerenciamento ambiental de áreas contaminadas por essas substâncias em decorrência de atividades antrópicas.

Esfera Estadual

Por sua vez, no Estado de São Paulo, o regulamento da lei nº 997, de 31/5/1976, aprovado por meio do Decreto nº 8468, de 8/9/1967, proíbe que resíduos poluidores, em qualquer estado da matéria, sejam depositados, descarregados, enterrados, infiltrados ou acumulados no solo, o que somente poder ser feito de forma adequada, estabelecida em projetos específicos de transporte e destino final aprovados pela Cetesb. Assim como na Portaria Federal nº 53/1979, a legislação estadual exige tratamento e/ou acondicionamento adequados para os resíduos perigosos, antes de sua disposição final no solo, estabelecendo também que, quando esta exigir a execução de aterro sanitário (aqui incluídos os resíduos sólidos urbanos), deverão ser tomadas medidas para proteção de águas superficiais e subterrâneas. Em qualquer caso, a legislação é explícita na exigência de aprovação dos projetos pela Cetesb e da fiscalização, por esse órgão, de sua implantação, operação e manutenção, ou seja, do controle e acompanhamento diretos do órgão ambiental. Em 2006, foi editada a Política Estadual de Resíduos Sólidos por meio da Lei nº 12.300, de 16/3/2006, a qual foi regulamentada pelo Decreto nº 54.645, de 5/8/2009, requisitos legais esses que reforçam a importância dada pelo governo estadual no controle da poluição por resíduos sólidos.

Mais diretamente relacionados com a contaminação do solo, em 2009, foram editados uma lei e um decreto, a saber: a Lei nº 13.577, de 8/7/2009, que dispõe sobre diretrizes e procedimentos para a proteção da qualidade do solo e gerenciamento de áreas contaminadas, e o Decreto nº 54.544, de 8/7/2009, que regulamentou alguns artigos da referida lei.

No caso específico de São Paulo, além dos decretos e leis na esfera estadual, a Cetesb utiliza os dispositivos legais da esfera federal no desenvolvimento de suas ações, tanto preventivas como corretivas, de controle da poluição por resíduos sólidos e de contaminação do solo.

Esfera Municipal

Os municípios, por sua vez, dispõem de dupla competência no que diz respeito aos resíduos sólidos. Enquanto podem legislar e atuar supletivamente na fiscalização de seu manuseio, armazenamento, transporte e disposição final, têm competência privativa para organizar os serviços públicos locais, entre os quais se encontram aqueles relativos aos resíduos sólidos urbanos. Vale lembrar que a responsabilidade dos municípios pela prestação do serviço público de coleta, remoção e destinação final desses resíduos diz respeito apenas ao "lixo urbano", não abrangendo os resíduos sólidos industriais, pelos quais poderá se responsabilizar facultativamente, em determinados casos.

Dessa forma, as ações de controle da poluição por resíduos sólidos no Brasil têm sido desenvolvidas pelas agências estaduais de controle, e os dispositivos legais existentes sobre o assunto se encontram nas esferas federal e estadual.

Outros tipos de poluição 5

5.1 Ruído

O som é parte tão comum da vida diária que raramente apreciamos todos os seus usos. Como exemplo, nos permite a comunicação por meio da fala, nos alerta ou previne em muitas circunstâncias e até nos possibilita fazer avaliações de qualidade e diagnósticos.

Contudo, com muita frequência, na sociedade moderna, o som nos incomoda. Dessa forma, o som desagradável ou indesejável é chamado de ruído.

O homem moderno vem sendo submetido, cada vez mais, a condições sonoras agressivas no ambiente em que vive, ficando prejudicadas até mesmo as horas chamadas de lazer. O som, vencendo qualquer tentativa de privacidade, transformou-se num invasor comunitário em todas as camadas sociais. Com o desenvolvimento tecnológico, a sociedade vem aumentando sua capacidade produtiva, criando a chamada sociedade de consumo, com a ampliação do parque industrial mesclado na comunidade. E as indústrias foram – e estão sendo – instaladas junto das residências, com todas as implicações do impacto ecológico, num crescimento desordenado e gerador de muitos incômodos. Esse crescimento desordenado gera problemas de trânsito, já que as ruas geralmente não foram dimensionadas considerando-se a localização de indústrias ou os grandes centros comerciais, o que traz um significativo acréscimo dos níveis de ruídos ambientais, que já não são localizados, como no caso de indústrias, mas afetam toda a comunidade.

Com o passar dos anos, o indivíduo perde a acuidade auditiva e, com isso, a percepção. A maioria dos reflexos e reações fica alterada, com repercussões no comportamento social do indivíduo. Essa perda é significativamente apressada e aumentada pela exposição a altos níveis de ruído no nosso cotidiano, tornando nossa audição irreversivelmente prejudicada. Contudo, não apenas nosso sistema auditivo é prejudicado, mas todo o nosso organismo, fato que levou as autoridades europeias a, em 1989, considerarem o ruído um problema de saúde pública.

a) Usos do som

O som (acústica) tem hoje inúmeros usos benéficos para o homem, provocando efeitos psicológicos, estéticos e terapêuticos. Também é utilizado para controlar o ruído, gerando um sinal semelhante à onda em fase oposta. Pode ser utilizado também para manter a privacidade, impedindo que os sons de um local sejam conhecidos por outros. A comunicação telefônica e visual, entre outras, seria muito difícil sem som. Com a evolução da ciência, podemos dizer que o uso do som é ilimitado.

b) Efeitos

Os efeitos do ruído no homem podem ser físicos, psicológicos e sociais. O ruído prejudica a audição, interfere na comunicação, provoca incômodo, fadiga e reduz a eficiência. Ele pode provocar no ser humano diversos sintomas e/ou efeitos, como a dilatação das pupilas, aumento na produção de hormônios da tiroide, aumento da produção de adrenalina, aumento de corticotrofina (diminuição da imunidade), movimentação do estômago e do abdômen, reação muscular e constrição dos vasos sanguíneos.

Os sons que afetam a audição também têm outros efeitos no corpo dos indivíduos. Os efeitos do ruído com relação à saúde e ao bem-estar do homem podem ser considerados como:

- auditivos (com redução da capacidade auditiva);
- de resposta vegetativa, quer seja ela involuntária ou inconsciente (palpitação cardíaca, vasoconstrição periférica etc.);
- cardiovascular (hipertensão arterial);
- no ambiente comunitário (incômodo);
- no sono (alterações fisiológicas, alterações vegetativas, mudança na disposição, mudança na *performance*, aumento no risco de acidentes etc.).

Por sua vez, os efeitos do ruído sob o ponto de vista sociológico devem levar em conta:

- a irritação geral (incômodo);
- a perturbação na comunicação (conversação, telefone, rádio e televisão);
- o prejuízo ao repouso e relaxamento, dentro e fora da residência;
- a perturbação do sono;
- o prejuízo à concentração e à *performance*;
- a associação de medo e ansiedade;
- a mudança na conduta social;
- as restrições na vida doméstica.

Ao se considerar todos os efeitos mencionados, devemos lembrar da existência de um grupo de risco, ou seja, de pessoas mais suscetíveis aos efeitos do ruído, destacando-se as crianças, as gestantes, os idosos, os hipersensíveis e os doentes em geral.

c) Avaliação

O som é definido como qualquer variação de pressão (no ar, na água ou em algum outro meio) que o ouvido humano possa detectar. As variações de pressão ocorrem com as mudanças do tempo. O número de variações da pressão por segundo é chamado de frequência do som, que é medida em ciclos por segundo ou Hertz (Hz), como é conhecido internacionalmente. O alcance da audição humana se estende de aproximadamente 20 Hz a 20.000 Hz, enquanto que a variação entre a mais grave e a mais aguda nota de um piano varia de 27,5 Hz a 4.186 Hz.

O som mais baixo que um ouvido humano saudável pode detectar é de 20 milionésimos de um pascal ou 20 micropascal (20 μPa). Essa variação de pressão de 20 μPa é tão pequena que causa, na membrana do ouvido humano, uma deflexão menor que o diâmetro de um átomo simples. O ouvido, por sua vez, pode tolerar pressões um milhão de vezes mais altas. Dessa forma, a medida do som em pascal (Pa) implicaria o uso de grandes números, com dificuldades de manejo. Para prevenir isso, foi inventada e adotada outra escala, conhecida como decibel (dB).

A escala decibel usa o limiar da audição 20 μPa como seu ponto de partida ou pressão de referência. Isso é definido para ser igual a 0 dB. Cada vez que se multiplica por 10 a pressão sonora em Pa, adicionam-se 20 dB;

desse modo, 200 µPa correspondem a 20 dB; 2.000 µPa correspondem a 40 dB, e assim por diante. Dessa forma, a escala dB comprime os milhões de unidades da escala µPa em 120 dB da escala decibel. Por meio da Fig. 5.1 podem-se visualizar os níveis de pressão sonora (NPS) de vários sons familiares, tanto em dB como em µPa.

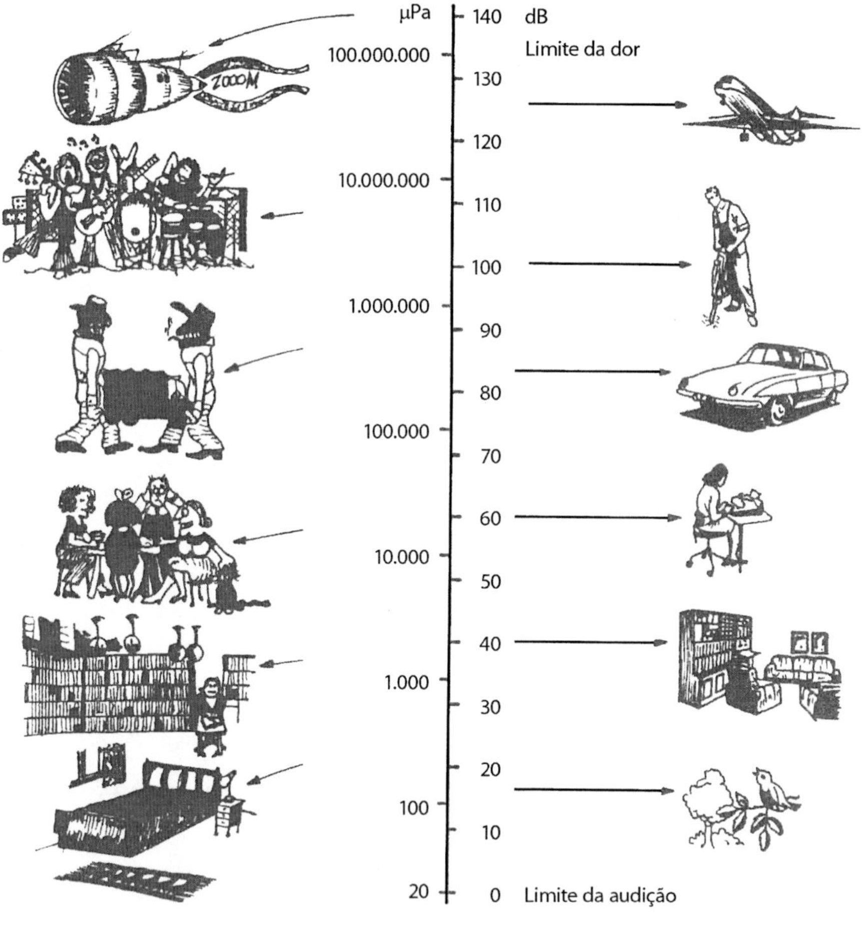

FIG. 5.1 *Níveis de pressão sonora*
Fonte: fôlder da empresa Brüel & Kjaer.

Um medidor de nível de ruído é um instrumento que responde ao ruído aproximadamente do mesmo modo que um ouvido humano, e que dá medidas objetivas e reproduzíveis de ruído. Os níveis de ruído podem ser medidos por meio de instrumentos eletrônicos que vão desde simples medidores até complexos analisadores digitais.

O medidor de nível de ruído, chamado indevidamente de "decibelímetro", é um instrumento que mede a pressão sonora por meio de um microfone de alta qualidade. Essa pressão, ao atingir o diafragma do microfone, é transformada num sinal elétrico que é retificado para um sinal chamado de Raiz Média Quadrática (R.M.Q.). Após passar por esse retificador, o sinal elétrico é compensado de acordo com uma curva chamada de A (curva esta que simula, por meio de circuito eletrônico, a resposta do ouvido humano). Realizada essa compensação, o sinal eletrônico alcança o mostrador ou visor do aparelho, que indicará o valor em dBA da pressão sonora medida.

No processo de avaliação do nível de ruído, alguns cuidados devem ser tomados, visando prevenir ou minimizar a presença de possíveis interferentes na medição. O operador, por exemplo, deve segurar o aparelho medidor com os braços estendidos ou usar um tripé para minimizar as reflexões que podem ser causadas pela sua presença.

Outro fator a considerar é o nível de ruído de fundo, o qual representa o nível de ruído existente naturalmente num local sem a presença de fontes de poluição.

d) Fontes de ruído

As fontes de ruído podem ser classificadas em estacionárias e móveis.

As fontes estacionárias são aquelas que se encontram fixadas num determinado local. Dentre elas, destacam-se como fontes significativas de ruído: os processos e operações industriais, as construções e o comércio (casas noturnas).

As fontes móveis, por sua vez, são aquelas que se movimentam de um local para outro. Como principais fontes, destacam-se os veículos automotores, as aeronaves, os trens e os martelos pneumáticos.

e) Técnicas de controle

As técnicas para o controle dos níveis de ruído podem ser realizadas na fonte, no percurso entre a fonte e o receptor e no receptor. Tais técnicas podem ser utilizadas simultaneamente ou de forma isolada, em função das necessidades a serem atendidas.

O controle a ser realizado na fonte contempla as seguintes medidas:

- ≈ substituição do equipamento por outro mais silencioso;
- ≈ redução ou minimização das forças envolvidas, as quais podem

compreender uma correta lubrificação, o alinhamento de rolamentos e eixos, o balanceamento e o equilíbrio das partes móveis e a ancoragem do equipamento em suportes antivibratórios;
- alteração no processo produtivo por meio da adoção de um outro processo, operação do equipamento em períodos preestabelecidos e eliminação ou redução nas operações em períodos noturnos;
- atenuação da resposta da fonte por meio de material absorvente; alteração das dimensões, de modo que as frequências de ressonância sejam modificadas; aplicação de vigas ou barras cruzadas nos painéis ou chapas, de modo também a alterar a frequência de ressonância; substituição de painéis ou chapas por elementos mais espessos, para obter menor eficiência de radiação; e isolamento de painéis e chapas do equipamento por meio da fixação resiliente (borracha, neoprene etc.).

O controle no percurso, isto é, por meio da adoção de elementos entre a fonte e o receptor, pode ser obtido com:
- o confinamento ou encapsulamento da fonte;
- a colocação de barreiras para dispersar o ruído;
- a aplicação de materiais absorventes no ambiente;
- a alteração do *layout* do setor onde se localiza a fonte;
- a alteração do posicionamento do equipamento em relação ao receptor.

Por fim, tem-se o controle por meio do receptor, o qual pode ser realizado considerando-se os seguintes aspectos:
- alteração do local e posicionamento do pessoal;
- utilização de equipamentos de proteção individual;
- limitação quanto à exposição individual por meio de um programa de rodízio de pessoal;
- manutenção de indivíduos mais jovens em locais de menor nível de ruído e os de maior idade em regiões mais ruidosas.

f) Aspectos legais e institucionais

Do ponto de vista legal, existem hoje no Brasil alguns dispositivos editados e que consideram os níveis de ruído em ambientes internos e externos.

Com relação a ambiente interno ou ocupacional, existe a portaria nº 3.214 do Ministério do Trabalho, de 8/6/1978, e a norma da Associação Brasileira de Normas Técnicas (ABNT) de nº 10152, referente a "Níveis de Ruído para Conforto Acústico". Essa norma, editada em dezembro de 1987, basicamente fixa níveis de ruído compatíveis com o conforto acústico em diversos ambientes, tais como: hospitais, escolas, hotéis, escritórios, residências, igrejas e locais para esporte.

Quanto ao meio externo ou a níveis de ruído ambiental, o dispositivo hoje vigente está contido na resolução Conama nº 1, editada em março de 1990. Esse dispositivo da esfera federal reporta-se à norma da ABNT nº 10151, editada em dezembro de 1987, referente à "Avaliação do Ruído em áreas Habitadas visando o Conforto da Comunidade". Essa norma especifica um método para a medição de ruído, a aplicação de correções nos valores medidos e uma comparação dos níveis corrigidos, usando um critério que leva em conta diversos fatores ambientais.

No âmbito estadual, até o momento não existem dispositivos específicos relacionados à fixação de limites de níveis de ruído. Por outro lado, na esfera municipal, alguns dispositivos legais já foram editados, como a lei do silêncio da Prefeitura de São Paulo.

Do ponto de vista institucional, existem alguns órgãos com competência para desenvolver o controle e a fiscalização, mas, infelizmente, essas ações têm sido desenvolvidas de forma setorizada e com pouca objetividade. No âmbito federal, o Ibama é o órgão normalizador e, em alguns casos, executor. Ainda nesse nível, o Conselho Nacional de Trânsito (Contran) é responsável pelo controle dos veículos automotores, e o Departamento de Aviação Civil (DAC) possui competência para fiscalizar os aeroportos. No nível estadual, e no caso particular de São Paulo, a Cetesb é a instituição com competência para fiscalizar e controlar as fontes industriais. Já no nível municipal, existem algumas iniciativas visando fiscalizar e controlar as fontes de ruído em geral.

Em relação a níveis de ruído em ambientes internos, a competência é exclusiva do âmbito federal, a cargo do Ministério do Trabalho.

5.2 Vibração

Desde que o homem começou a construir máquinas para uso industrial, e especialmente depois que motores têm sido usados para lhes dar força (alimentá-las), problemas de redução e isolamento de vibração têm ocupado os engenheiros.

Gradualmente, uma vez que técnicas de redução e isolamento de vibração têm se tornado parte integrante do modelo da máquina, a necessidade da medição exata e análise de vibração tem crescido. Essa necessidade foi largamente satisfeita para máquinas grandes e lentas do passado, por meio da percepção e do tato experiente (experiências) do engenheiro ou por meio de instrumentos ópticos simples que mediam o deslocamento vibratório.

Nos últimos 15 ou 20 anos, uma tecnologia completamente nova de medição de vibração tem sido desenvolvida, a qual é adequada para investigar máquinas modernas de alta velocidade que são altamente solicitadas (desmontes de rochas ou de materiais com o uso de explosivos e a transmissão de vibração ao solo ou piso).

Ao utilizar acelerômetros para converter o movimento vibratório num sinal elétrico, o processo de medição e análise é habitualmente executado por meio das faculdades versáteis da eletrônica.

Na prática, é muito difícil evitar vibração, a qual geralmente ocorre em razão dos efeitos dinâmicos das tolerâncias, folgas de fabricação, contato de giro de fricção entre partes da máquina, forças desbalanceadas em membros de rotação e reciprocidade. Algumas vezes, vibrações pequenas e insignificantes podem provocar as frequências ressonantes de algumas outras partes estruturais e ser amplificadas para vibração principal e fontes de ruído.

Como ocorre com o ruído, a vibração hoje se tornou um invasor não somente das residências localizadas próximo às indústrias (produto de um crescimento desordenado), mas também a todo tipo de construção, seja residencial, comercial ou industrial, por causa da multiplicidade de fontes que, em determinadas operações ou estado de manutenção, produzem vibração, transmitindo-a para a edificação.

Os efeitos das vibrações não afetam somente o homem, mas também os materiais, e essa é a grande diferença com o ruído (considerando-se os valores normalmente encontrados), fato que hoje proporciona significativa importância ao binômio ruído-vibração, no contexto da preservação do meio ambiente e da qualidade de vida.

a) Usos

Nos últimos anos, motivada pelo avanço tecnológico, a vibração vem tendo usos ilimitados, não só na engenharia como também na medicina.

Na engenharia, usamos a vibração quando a geramos em cabos alimentadores de componentes, compactadores de concreto, soluções de limpezas ultrassônicas, bate-estacas, perfuratrizes de rocha, classificação de matérias-primas ou produtos, dentre outros. Máquinas de teste de vibração são usadas extensivamente para dar um nível controlado de energia de vibração para produtos e submontagens nos quais é requisitado examinar seus efeitos físicos e funcionais e verificar sua resistibilidade a ambientes de vibração.

Um requisito fundamental em todo trabalho de vibração está no projeto de máquinas que utiliza suas energias ou na criação e manutenção de produtos mecânicos que se movimentam. A habilidade na obtenção de uma descrição exata da vibração por meio de medição e análise é fundamental para o êxito em qualquer projeto.

Na medicina, a vibração tem sido usada, por exemplo, na destruição de pedras nos rins ou na vesícula.

Estes são apenas alguns dos atuais usos, estando a vibração sempre acompanhada de um sinal acústico.

b) Efeitos

Tem-se reconhecido, por muito tempo, que os efeitos da vibração direta sobre o corpo humano podem ser sérios. Trabalhadores podem ser afetados por transtornos como visão obscura, perda de equilíbrio, perda de concentração, deformações etc. Em alguns casos, certas frequências e valores de vibração podem danificar permanentemente órgãos internos do corpo humano.

Durante os últimos 50 anos, pesquisadores têm colhido dados sobre os efeitos fisiológicos de ferramentas manuais e vibratórias. A síndrome do "Dedo Branco" é bastante conhecida entre os trabalhadores florestais que usam motosserras. Uma degeneração gradual do tecido nervoso e vascular acontece, de forma que o trabalhador perde a habilidade de manipulação e a sensibilidade das mãos.

Diversas recomendações estão sendo preparadas e que aconselham o máximo espectro de vibrações para ferramentas de potência que são seguradas com as mãos.

A primeira recomendação internacional publicada, relacionada com o corpo humano e a vibração, é a ISO 2631-1978, que estabelece curvas de limitação para tempo de exposição de 1 minuto a 12 horas, sobre a faixa de frequência na qual o corpo humano tem sido considerado o mais sensível, a saber, de 1 Hz a 80 Hz. A recomendação abrange casos em que o corpo humano como um todo está sujeito à vibração em três superfícies de suporte, isto é, os pés de uma pessoa em pé, as nádegas de pessoa deitada e a área de suporte de uma pessoa deitada. Três critérios, a rigor, são citados:

a. um limite de conforto reduzido, aplicável a campos, tal como transporte de passageiros, por exemplo;
b. um limite para eficiência diminuída em decorrência da fadiga, que será relevante para motoristas e operadores de máquinas;
c. um limite restrito de exposição, o que indica perigo à saúde.

É interessante observar que, na direção longitudinal, da cabeça aos pés, o corpo humano é mais sensível à vibração na faixa de frequência de 4 a 8 Hz, enquanto que, na direção transversal, o corpo é mais sensível à vibração na faixa de frequência de 1 a 2 Hz. O sistema cabeça-pescoço-ombros tem sua frequência de ressonância entre 60 e 90 Hz; os lábios e a mandíbula, entre 100 e 200 Hz, e os lábios entre 200 e 300 Hz.

c) Avaliação

Os valores e/ou os níveis de vibração são avaliados por instrumentos eletrônicos que vão dos simples medidores (com os parâmetros aceleração, velocidade e deslocamento) até complexos analisadores digitais de vibração.

O medidor de vibração é um instrumento que mede a aceleração da vibração por meio de um acelerômetro, que transforma o sinal vibratório em um sinal elétrico. O sinal elétrico passa por um integrador onde se escolhe o parâmetro de vibração de interesse, seja aceleração, velocidade ou deslocamento. A seguir, o sinal vai a um retificador que seleciona o valor para RMS ou pico e, por fim, alcança o visor, onde aparecerá o valor ou nível de vibração medido, que é expresso em velocidade, aceleração ou deslocamento.

d) Fontes de vibração

Quanto às fontes de vibração, podem ser classificadas em estacionárias e móveis. As fontes estacionárias ou fixas são aquelas passíveis de serem localizadas, destacando-se como principais as indústrias e os estabelecimentos comerciais. As móveis, por sua vez, mudam constantemente de local, e entre elas destacam-se os veículos automotores, as aeronaves, os trens e os bate-estacas.

e) Técnicas de controle

Da mesma forma que nos casos de ruído, o controle quanto aos níveis de vibração pode ser aplicado na fonte, no percurso ou no receptor, de forma isolada ou simultânea.

≈ Controle na fonte

- substituir equipamento;
- reduzir as forças envolvidas (balancear e equilibrar as partes móveis; lubrificar corretamente; alinhar rolamentos e eixos; reduzir os impactos na medida do possível; e ancorar a máquina em suportes ou bases antivibratórias);
- alterar processo (estudar e adotar outro processo de fabricação que apresente menos vibração; e eliminar ou reduzir as operações e o trabalho noturnos);
- atenuar a resposta (aplicar material absorvente de modo a atenuar as vibrações pela absorção de energia; alterar as dimensões de modo que as frequências de ressonância sejam modificadas nas várias máquinas; e isolar painéis e chapas do equipamento por meio de fixação resiliente – por exemplo, usando borracha, neoprene ou material similar).

≈ Controle no percurso

- implantar base inicial antivibratória;
- construir trincheiras;
- alterar *layout* da instalação;
- alterar o posicionamento do equipamento em relação aos receptores.

≈ Controle no receptor

- localizar e posicionar adequadamente o pessoal;
- usar equipamento de proteção individual;
- limitar a exposição individual;
- aumentar a resistência humana às forças vibratórias.

f) Aspectos legais e institucionais

Atualmente não existe instrumento legal que discipline os valores de vibração nas diversas esferas de governo (federal, estadual e municipal). Na esfera estadual, existem critérios adotados pela Cetesb, em São Paulo, para vibrações contínuas e transitórias, cujos limites são estabelecidos no processo de licenciamento, na forma de exigências técnicas.

Com relação a danos em edificações, existe a norma da ABNT "Guia para Avaliação dos Efeitos Provocados pelo Uso de Explosivos nas Minerações em Áreas Urbanas" (ABNT, 2005).

5.3 Radiações

As ondas eletromagnéticas são onipresentes. As ondas desde as dos raios-X, das radiações infravermelho, das ultravioletas, das de radiofrequência etc., estão presentes em todos os locais do universo e do globo terrestre.

No espectro das radiações eletromagnéticas acima da radiação ultravioleta no sentido do aumento de energia, aparece a faixa dos raios X parcialmente sobreposta com a faixa dos raios gama que vem logo a seguir. As radiações dessas duas últimas faixas do espectro são chamadas "radiações ionizantes". Na realidade, essa denominação abrange também a parcela mais energética da radiação ultravioleta. A partir de cerca de 5.10^{15} Hz, quando o fóton possui energia aproximada para produzir um par de íons no ar, no sentido decrescente de energia, a radiação é considerada, por uma questão de nomenclatura, de "radiação não ionizante".

A influência de algumas faixas das radiações não ionizantes – como as da luz, da radiação ultravioleta, infravermelho, micro-ondas etc. – nos organismos biológicos é bastante conhecida. Ultimamente tem sido dada ênfase à verificação de alguns eventuais efeitos negativos no corpo humano e em outros seres vivos. Têm sido objeto de pesquisa justamente alguns usos em casos que geraram suspeitas de eventuais prejuízos; por exemplo, os intensos campos elétricos gerados nas proximidades de transmissores de radiofrequência e nas proximidades de cabos de transmissão de energia elétrica, de alta potência. Têm sido pesquisados também, em função da crescente utilização, alguns eventuais efeitos nocivos dos fornos micro-ondas. Nesses casos, as conclusões conhecidas até o momento indicam que não há motivos para preocupação. Por outro lado, são conhecidos de longa data alguns efeitos nocivos aos seres vivos, causados por radiações ionizantes. Em função dos dados até aqui colocados, as informações a seguir contemplarão apenas a radiação ionizante.

A radiação ionizante foi identificada na forma de raios X por Wilhelm C. Roentgen em 1896, e nesse mesmo ano por Antoine H. Becquerel no elemento químico rádio.

O corpo humano está submetido a radiações ionizantes internas e externas, pelo ar, pela água, pelos alimentos e pelo próprio meio ambiente. A dose média *per capita* (em relação à população do mundo inteiro) de radiação natural é da ordem de 2,4 miliSiever (mSv).

A maior parcela dessa dose (53% ou 1,3 mSv) provém do radônio ou torônio e seus descendentes. São gases originários das cadeias naturais do tório e do urânio. A segunda parcela em importância da radiação de origem natural (17% ou 0,4 mSv) é formada por outros descendentes das cadeias do urânio e do tório. O granito é muito rico nesses elementos, mas mesmo em outros solos a radiação dessas cadeias está sempre presente, e aí se incluem rochas fosfáticas e mesmo areias e argilas. Essas duas parcelas são muito variáveis, dependendo da região. Por exemplo: elas chegam a ser até 100 vezes maiores que a média em regiões como Meaípe, Guarapari (ES) ou Poços de Caldas (MG). Em algumas regiões da Índia, são cerca de 1.000 vezes maiores que a média. No caso, por exemplo, desses gases emanados (radônio e torônio), apenas nas regiões dos oceanos não foram detectadas concentrações substanciais. Outra parcela importante é decorrente do potássio-40 (14% ou 0,33 mSv), e, nesse caso, também se trata de um radioisótopo natural do potássio, embora em percentagem muito pequena deste. O potássio está presente em quase todas as dietas. Outros radioelementos que contribuem para a dose assimilada pelo corpo humano são o rubídio-87, com 0,006 mSv, e os radioelementos originários de reações com raios cósmicos. Finalmente, temos os raios cósmicos propriamente ditos, que contribuem com uma parcela média de 0,37 mSv. A intensidade dos raios cósmicos varia muito com a altitude, dobrando a cada 1.500 metros. Portanto, um habitante de Campos do Jordão (SP) deverá receber o dobro da radiação cósmica em relação a um habitante do Guarujá (SP). As tripulações de aeronaves recebem doses consideráveis, nesse caso.

As doses de radiação ionizante de origem artificial têm um fator predominante. Trata-se dos usos médicos, ou seja, os raios X, raios gama e radioisótopos diversos aplicados para diagnósticos ou terapia. Essa contribuição é bastante considerável, ou seja, 1,0 mSv. As outras contribuições são muito pequenas em relação a ela. Assim, temos 0,01 mSv em razão de todas as explosões nucleares; 0,002 mSv como resultado do trabalho profissional na área nuclear e 0,0002 mSv decorrente das usinas nucleares em operação. Somadas as radiações de origem natural e artificial, teremos uma dose de 3,4 mSv, ou 340 milirem (mrem), por ano, por pessoa, na média tomada por toda a população mundial. Evidentemente as variações em relação a essa média são enormes, dependendo de vários fatores, como tipos de solo, altitude, materiais de construção, atendimento médico, alimentação etc.

O próprio corpo humano possui, como vimos, diversos elementos radioativos com os diversos derivados das cadeias naturais do urânio e tório (pela alimentação, pela água, pelo ar ou inalados, como a fumaça do cigarro), potássio-40 pela alimentação, rubídio-87, carbono-14, e muitos outros.

a) Usos

Um dos principais usos das radiações ionizantes é em medicina, para radiodiagnósticos ou radioterapias. São atividades que todos conhecem e sabem da sua importância. Essas radiações ionizantes são produzidas ou diretamente por materiais radioativos, como o cobalto-60, o césio-137, ou por máquinas de raios X ou aceleradores de elétrons que, no fundo, também produzem raios X. Hoje em dia, são usados raios X também em máquinas mais modernas como o tomógrafo (apenas os de última geração; os de ressonância magnética não usam raios X). Os materiais radioativos, ou radioisótopos, são também usados na medicina, principalmente para diagnósticos. As radiações ionizantes geradas por máquinas ou materiais radioativos são igualmente usadas na indústria, na agricultura, nas pesquisas científicas, na engenharia, no raio X industrial e na gamagrafia. A Cetesb, por exemplo, usa radioisótopos para medir parâmetros hidrológicos e de transporte de sedimentos.

Um capítulo à parte seria o da geração de energia que inclui o "ciclo nuclear" e outros materiais radioativos especiais chamados materiais nucleares, como o urânio, o plutônio e o tório. O ciclo nuclear é constituído pelas seguintes etapas: prospecções geológicas, mineração, concentração do minério, produção do *yellow cake*, enriquecimento do urânio, reconversão para óxido de urânio, fabricação de elementos combustíveis, operação das usinas nucleares, reprocessamento de combustível queimado, reúso de combustíveis e gerenciamento dos rejeitos ou "lixo atômico". Para essa última etapa, não existe até hoje, nem mesmo nas superpotências, tecnologia apropriada e de comprovada eficiência.

b) Efeitos

A radiação ionizante não produz no ser humano efeitos imediatos, como dor ou sensação de desconforto e incômodo, a não ser em casos de doses extremamente elevadas, como em acidentes raríssimos, ou no caso de explosões nucleares. Mesmo no acidente de Goiânia, por exemplo, não houve efeito imediato, o que poderia ter despertado em seguida nas vítimas uma clara relação de causa efeito. Como isso não ocorreu, o acidente foi percebido apenas depois de vários dias.

Essa falta de efeitos sensíveis imediatos pode causar nas pessoas desprezo pelas normas de segurança, resultando às vezes em acidentes, ou na absorção de doses desnecessárias e sempre indesejáveis. Atualmente, na "Proteção Radiológica", adota-se a tese de que a radiação absorvida acima da radiação de fundo é sempre prejudicial.

No outro extremo, existem pessoas – influenciadas por falsos especialistas – que possuem verdadeira paranoia com relação a tudo que é radioativo. Mal sabem essas pessoas que no ar que elas respiram, na água e em outras bebidas, e em quase todos os alimentos que elas ingerem existem materiais radioativos naturais e também alguns artificiais. Todos nós estamos sujeitos a isso e, ainda mais, às radiações externas oriundas de quase todos os materiais de construção, do solo e dos raios cósmicos.

As radiações ionizantes produzem no organismo humano uma série de alterações baseadas fundamentalmente nas ionizações. Essas alterações podem ocorrer diretamente sobre algumas moléculas, ou indiretamente, por meio dos produtos da ionização de moléculas da água, que se tornam bastante reativas. Esses radicais livres, produtos da radiólise, ao se combinarem com algumas moléculas, podem produzir moléculas prejudiciais às células e aos tecidos, e, consequentemente, a todo o corpo humano. É importante esclarecer que esses efeitos prejudiciais são proporcionais à quantidade de ionização formada nos tecidos.

As radiações alfa produzem intensa ionização, mas possuem pouco poder de penetração. Dessa forma, por contaminação alfa externa, tem-se pouco prejuízo no corpo. Na camada externa da pele, ou seja, na epiderme, os danos serão menos importantes do que se ocorrerem em outros tecidos internos. Se uma substância contendo radiação alfa for ingerida, haverá contaminação interna, e as células e os tecidos em contato com essa substância sofrerão intensa ionização e suas consequências. É evidente, portanto, que qualquer substância que contenha emissores de radiação alfa, beta e gama, quando presente no organismo, pode produzir grandes danos.

No caso de contaminação externa, se a substância tiver, além do emissor alfa, também beta e gama, os prejuízos serão maiores.

Entretanto, no caso de todos os acidentes radiológicos ocorridos, o número de vítimas por contaminação interna ou externa é extremamente menor que o número de vítimas por irradiação direta. Nesse caso, a grande maioria é vitimada por radiação gama ou raios X (até mesmo, em alguns casos, por radiação beta), e também por outros tipos não mencionados, por serem muito raros e restritos, como no caso de nêutrons nos acidentes com materiais físseis.

Normalmente o corpo humano está sujeito a uma radiação de fundo interna ou externa. Acima desse nível, a probabilidade de efeitos da radiação vai aumentando proporcionalmente à dose recebida. Os efeitos acumulativos que são considerados a partir desses níveis são os genéticos e alguns orgânicos, que podem resultar em alterações nos glóbulos do sangue e em outras células, podendo causar até mesmo leucemia e outros tipos de câncer, o que pode ser traduzido como encurtamento da expectativa de vida.

Se uma pessoa for exposta a uma dada dose de radiação em um curto período de tempo, os efeitos serão mais sérios do que se essa mesma dose fosse intermitente e distribuída ao longo de um certo tempo. Nesse último caso, os períodos entre uma e outra exposição permitiriam a recuperação parcial do organismo.

c) Avaliação

Existem vários aparelhos destinados à medição de radioatividade, desde os aparelhos portáteis, como os conhecidos monitores Geiger-Muller (GM), até equipamentos de laboratório de alta precisão e sensibilidade. Cada aparelho destina-se a um fim específico. A grande maioria dos materiais radioativos emite radiação gama e pode emitir, paralelamente, partículas beta ou alfa. Poucos materiais radioativos emitem apenas radiação beta ou alfa sem emitir, simultaneamente, radiação gama.

Para os atendimentos de suspeita de presença de materiais radioativos, em geral são utilizados os monitores GM e, eventualmente, aparelhos que detectam basicamente a radiação gama. Entretanto, nesses casos, quando, apesar de nada ser detectado com esses aparelhos, a suspeita de material radiativo ainda persistir, pode-se fazer esfregaço em algumas superfícies e tentar, no laboratório, detectar radiação beta por meio de, por exemplo, um monitor tipo GM com janela de mica. Outra alternativa seria obter amostras do material suspeito e levá-las para o laboratório para medições no detector especial de alta precisão de radiação alfa e beta.

No laboratório, com a ajuda de procedimentos de radioquímica, e em aparelhos especiais, será possível a medição de concentrações de radioisótopos com bastante precisão, servindo para análise de amostras a níveis de ambientes naturais.

d) Fontes de radiações

A própria utilização da energia nuclear ocorre não apenas por motivos econômicos e estratégicos, como também por motivos ambientais. Só para citar um exemplo: na França, atualmente, 80% da energia elétrica consumida é gerada por centrais nucleares. No caso do Brasil, a situação é totalmente diversa, pois temos um grande potencial hídrico por explorar. No ciclo nuclear, da mineração até a obtenção de óxidos de urânio nuclearmente puros, são gerados rejeitos sólidos de baixa concentração que poderão também contaminar os corpos d'água. Nas outras fases do ciclo nuclear, os danos ao meio ambiente são mais associados aos "riscos" do que propriamente à poluição. Isso tendo em vista que, "se tudo correr bem", a poluição propriamente dita, gerada por uma central nuclear, é sempre de pequenas proporções. De proporções maiores seria a poluição normal causada pelas usinas de processamento. Fica evidenciado, portanto, que a poluição normal ou operacional decorrente do ciclo nuclear é de pequenas proporções e perfeitamente controlável. Entretanto, mencionamos os "riscos" de acidentes que possam afetar o meio ambiente porque, embora eles sejam relativamente raros, a opinião pública é particularmente sensível a eles. Os principais foram: em 1950, na Inglaterra, o acidente de Windscale, que afetou uma grande região; em 1956/57, na União Soviética, em Khristin, nos Urais, um acidente de grandes proporções que afetou uma enorme área e que ficou sem divulgação até recentemente; e o ocorrido recentemente em Chernobil, que afetou inúmeros países do hemisfério norte. A propósito, o acidente de Three Miles Island, embora muito divulgado, quase não teve efeito ambiental. Sob o ponto de vista de poluição ambiental, esses acidentes, somados a outros menores não mencionados, proporcionam uma poluição global extremamente inferior aos causados pelas explosões de bombas atômicas, nas décadas de 1950 e 1960. Os efeitos das superbombas soviéticas do início dos anos 1960 são notados até hoje, na elevação global da radiação de fundo *background*, tanto no hemisfério norte como no hemisfério sul.

Deixando de lado os ciclos nucleares e a poluição de grandes proporções, e voltando às operações cotidianas das fontes de radiações ionizantes, vamos verificar que uma grande parcela das fontes usadas em medicina (radiodiagnósticos), em pesquisas, em hidrologia etc. são propositadamente fontes de vida curta. Dessa forma, digamos, dentro de poucas semanas não serão mais materiais radioativos, não poluindo, portanto, o meio ambiente. Entretanto, muitos radioisótopos (mesmo fora do ciclo nuclear) usados são de vida longa ou média, necessitando de cuidados quando não são mais utilizados, ou são considerados rejeitos. No Estado de São Paulo, existe para esses casos um repositório no Instituto de Pesquisas Energéticas e Nucleares (Ipen), para onde esses materiais poderão ser encaminhados. No caso de fontes radioativas de alta atividade, como as usadas em radioterapia ou para radioesterilização, as empresas estrangeiras fornecedoras dessas fontes, geralmente de cobalto-60 ou césio, só as fornecem segundo um contrato que possui uma cláusula pela qual essas fontes são devolvidas a elas após o período de utilização. Portanto, o destino final dessas fontes passa a ser o país de origem, com consequente minimização do problema para o Brasil. O caso ocorrido em Goiânia foi caracterizado por falha ou irresponsabilidade na fase intermediária, após o uso e antes do envio para o fornecedor.

Voltando ao ciclo nuclear, no caso do Brasil, resta-nos uma preocupação, que se refere aos resíduos de alta atividade oriundos dos combustíveis queimados nas centrais nucleares; no nosso caso, temos apenas Angra 1, e não usinas de reprocessamento. Na realidade, as usinas de reprocessamento têm importância quando se almeja a separação do plutônio, que, além de servir para a fabricação de elementos combustíveis compostos, serve também para a fabricação de bombas atômicas.

No nosso caso, então, sem usinas de reprocessamento, que são problemáticas e de riscos maiores que as centrais nucleares, o problema do "lixo atômico" é menor porque os elementos combustíveis são originalmente encapsulados, formando, portanto, uma primeira barreira entre as pastilhas de óxido de urânio queimado contendo os produtos de fissão altamente radioativos (plutônio, elementos transurânicos etc.) e o meio ambiente.

Provisoriamente, por muitos anos esses elementos combustíveis serão guardados em piscinas nas próprias centrais nucleares. Futuramente, deverá ser escolhido um local apropriado para a destinação final desses elementos combustíveis queimados.

A água dessas piscinas, além da sua função como blindagem das radiações, serve também como elemento de refrigeração por convecção dos combustíveis, que mesmo após a queima continuam gerando calor pelo decaimento radioativo.

e) Técnicas de controle

O controle da radiação ionizante constitui um jogo de destreza do tratamento de um tipo de contaminante ambiental e da exposição das pessoas a riscos externos e internos provocados por fontes de elementos radioativos.

A proteção para o convívio e trabalho com a radiação ionizante baseia-se em três fatores principais: tempo, distância e blindagem. Ao se deparar com uma fonte emitindo radiação ionizante, quanto mais rápido for executado o serviço a ser feito, menor será a exposição e, consequentemente, a dose absorvida pela pessoa.

A dose absorvida será diretamente proporcional ao tempo de exposição. No caso da distância, a proporcionalidade não será direta, e sim inversamente proporcional ao quadrado da distância. Dessa forma, se medirmos a um metro de uma fonte a taxa de exposição de 1.000 mR/h, e afastarmos o aparelho para dois metros da fonte, o valor medido será de 250 mR/h. Isso é válido para a radiação gama e para os raios X. Quando se tratar de emissão de radiação gama somada a radiação beta – caso, por exemplo, do cobalto-60 e do césio-137 –, deve-se levar em conta a absorção da radiação beta no ar.

As radiações ionizantes são absorvidas pelos materiais que, em função da densidade, terão maior ou menor possibilidade de absorver as radiações. Assim, o urânio exaurido (densidade 19,0) é melhor que o chumbo (densidade 11,3), que é melhor que o ferro (densidade 7,8), que é melhor que o concreto (densidade 2,3), que é melhor que a água (densidade 1,0), que é melhor que a madeira (densidade 0,4 a 0,7).

Atualmente a técnica mais segura de destinação e disposição adequada de materiais radioativos é por meio do encapsulamento do material seguido de estocagem ou armazenamento sob a superfície terrestre, semienterrado ou enterrado.

De qualquer modo, é bom lembrar que existem pelo menos cinco preceitos de proteção contra a radiação ionizante que devem ser aplicados nas situações de uso e exposição:

≈ o uso de materiais radioativos e as fontes de radiação sejam restritos, de modo que, quando não haja um benefício em seu uso, sejam substituídos por materiais e métodos não radioativos;
≈ as pessoas que usam as fontes de radiação estejam bem treinadas e conheçam os perigos para si mesmas e para as demais pessoas;
≈ adequação do pessoal que utiliza material radioativo no dia a dia;
≈ registro e inventário completo de todo o material radioativo empregado;
≈ projeto adequado dos equipamentos que utilizam material radioativo, de modo a minimizar emissões, e procedimentos de manutenção e controles adequados.

f) Aspectos legais e institucionais

No Brasil, existe uma lei que concede o monopólio quase que absoluto, no tocante ao ciclo nuclear e aos materiais radioativos em geral, à União, por meio da Comissão Nacional de Energia Nuclear (CNEN). A CNEN é responsável por todo o conteúdo programático, incluindo o dos institutos independentes, bem como se incumbe do controle das empresas estatais ou privadas ligadas ao programa do ciclo nuclear brasileiro. Ela também fiscaliza o uso e a importação de materiais radioativos e de geradores de raios X, com emprego nas mais variadas atividades.

Na realidade, a equipe técnica incumbida de todo esse controle e fiscalização era limitada e insuficiente para cumprir essa missão. Em 19/1/1976, por meio do Decreto n° 77.052, a fiscalização sobre as atividades no campo da medicina foi delegada às Secretarias Estaduais de Saúde (particularmente, em alguns casos, aos Centros de Vigilância Sanitária). Por ocasião do acidente nuclear ocorrido em Goiânia em 1987, essa lei já se encontrava em vigência; portanto, nesse caso, a responsabilidade pela omissão de fiscalização foi repartida entre os Governos Federal e Estadual.

A CNEN tem emitido uma série de normas com a finalidade de regulamentar assuntos relacionados à segurança tanto do ciclo nuclear quanto do emprego de fontes de radiações ionizadas em geral. Quando, em um campo específico, ainda não houver norma da CNEN, deve-se obedecer à norma da Agência Internacional Atômica, com sede em Viena (Áustria).

Além do controle sobre a aquisição dos materiais radioativos ou de geradores de radiação ionizante, a CNEN libera uma pessoa, uma empresa ou uma instituição a operar com materiais radioativos apenas após o atendimento a uma série de exigências, como a aprovação de um responsável pela Proteção Radiológica e a aprovação da Instalação Radioativa ou Instalação Nuclear de acordo com as normas pertinentes. Portanto, no Brasil, onde quer que haja uma fonte de emissões ionizantes, deve sempre existir um supervisor de Proteção Radiológica (ou Radioproteção) responsável pela unidade perante a CNEN.

Detalhes dos planos de Radioproteção, como aparelhagem exigida, habilitação dos responsáveis e operadores etc., são objeto de normas específicas. Todo o pessoal envolvido com radiação ionizante em suas atividades profissionais é obrigado a portar os chamados dosímetros de leitura indireta (dosímetros termoluminescentes). São dosímetros que acumulam, durante um certo tempo (um mês, por exemplo), a radiação recebida pelo portador nesse período. Ela é medida, após esse período, por uma instituição credenciada, e os resultados são enviados ao cliente e também ao CNEN, que, dessa forma, exerce um outro tipo de controle direto ao usuário de radiações ionizantes.

Por outro lado, ocorre que a CNEN exerce um duplo papel, que é bem visível e que a sociedade e a imprensa encaram com muita sensibilidade: é um órgão que exerce fiscalização sobre si mesmo. Por esse motivo, e também pelo clássico dilema de "segunda opinião", o fato é que, quando ocorre alguma anormalidade potencial relativa a radiações ionizantes, outros órgãos, como a Cetesb ou o Instituto de Física da Universidade de São Paulo (USP), são chamados para medições, inspeções e para emitir pareceres.

Sistema de gestão ambiental 6

Na segunda metade da década de 1990, foi editada a norma internacional ISO 14001:96, que estabeleceu requisitos para a implantação de um sistema de gestão ambiental (SGA).

A série ISO 14.000 surgiu por ocasião da Conferência das Nações Unidas para o Meio Ambiente e o Desenvolvimento (UNCED), realizada no Rio de Janeiro, em junho de 1992. A primeira norma sobre gestão ambiental foi emitida pela BS-7750, que se constitui na base da série ISO 14.000.

Durante a mencionada Conferência, foi proposta a criação de um grupo na ISO para a elaboração de normas de gestão ambiental. Em março de 1993, criou-se um comitê específico para tratar das questões ambientais, o TC-207.

No caso do Brasil, a participação ocorre atualmente por meio da ABNT, que é associada à ISO e tem direito a voto. A ABNT, por sua vez, a partir do segundo semestre de 1994, criou o Grupo de Apoio à Normalização Ambiental (GANA). Esse grupo teve como objetivo acompanhar e analisar os trabalhos desenvolvidos pelo TC-207.

6.1 Definições

Meio ambiente: circunvizinhança em que uma organização opera, incluindo ar, água, solo, recursos naturais, flora, fauna, seres humanos e suas inter-relações

Nota 1: Circunvizinhança pode se estender de dentro de uma organização para os sistemas local, regional e global.

Nota 2: Circunvizinhanças podem ser descritas em termos de biodiversidade, ecossistemas, clima ou outras características.

Sistema de gestão ambiental (SGA): parte do sistema de gestão usado para gerenciar aspectos ambientais, cumprir requisitos legais e outros requisitos e abordar riscos e oportunidades.

Riscos e oportunidades: efeitos potenciais adversos (ameaças) e efeitos potenciais benéficos (oportunidades)

Aspecto ambiental: elemento das atividades, produtos ou serviços de uma organização que interage ou pode interagir com o meio ambiente.

Nota 1: Um aspecto ambiental pode causar impacto(s) ambiental(is). Um aspecto ambiental significativo é aquele que tem ou pode ter um ou mais impactos ambientais significativos.

Nota 2: Aspectos ambientais significativos são determinados pela organização, aplicando um ou mais critérios.

Impacto ambiental: modificação no meio ambiente, tanto adversa como benéfica, total ou parcialmente resultante dos aspectos ambientais de uma organização.

Política ambiental: intenções e direção de uma organização relacionadas ao seu desempenho ambiental, como formalmente expresso pela sua alta direção.

Desempenho ambiental: desempenho relacionado à gestão de aspectos ambientais.

Nota: Para um sistema de gestão ambiental, os resultados podem ser medidos em relação à política ambiental da organização, objetivos ambientais e outro critério, usando indicadores.

Objetivo ambiental: objetivo definido pela organização, coerente com a sua política ambiental.

Melhoria contínua: atividade recorrente para aumentar o desempenho.

Nota 1: O aumento do desempenho é relacionado ao uso do sistema de gestão ambiental para elevar o desempenho ambiental coerente com a política ambiental da organização.

Nota 2: A atividade não precisa ser exercida em todas as áreas de forma simultânea ou ininterrupta.

Parte interessada: pessoa ou organização que pode afetar, ser afetada ou perceber-se afetada por uma decisão ou atividade. Por exemplo, clientes, comunidades, fornecedores, regulamentadores, organizações não governamentais, investidores e funcionários.

Nota: "Perceber-se afetada" significa que a percepção foi levada ao conhecimento da organização.

Auditoria: processo sistemático, independente e documentado, para obter evidência de auditoria e avaliá-la objetivamente, para determinar a extensão na qual os critérios de auditoria são atendidos.

Nota 1: Uma auditoria interna é conduzida pela própria organização, ou por uma parte externa em seu nome.

Nota 2: Uma auditoria pode ser uma auditoria combinada (combinando duas ou mais disciplinas).

Nota 3: A independência pode ser demonstrada pela liberdade de isenção de responsabilidades pela atividade auditada, ou ausência de tendência e conflito de interesse.

Nota 4: "Evidências de auditoria" consistem em registros, declarações de fato ou outra informação pertinentes aos critérios de auditoria e verificáveis; e "critério de auditoria" é o conjunto de políticas, procedimentos ou requisitos usados como uma referência na qual a evidência de auditoria é comparada, como definido na ABNT NBR ISO 19011:2012.

Prevenção de poluição: uso de processos, práticas, técnicas, materiais, produtos, serviços ou energia para evitar, reduzir ou controlar (separadamente ou em conjunto) a geração, emissão ou descarga de qualquer tipo de poluente ou rejeito, a fim de reduzir os impactos ambientais adversos.

Nota: A prevenção da poluição pode incluir redução ou eliminação da fonte; modificações no processo, produto ou serviço; uso eficiente de recursos; substituição de material e de energia; reúso; recuperação; reciclagem; regeneração ou tratamento.

Proteção ambiental: é uma prática de proteger o ambiente natural, para benefício tanto do meio ambiente, como dos seres humanos. A proteção ambiental inclui a prevenção de poluição.

Requisitos legais: legislação ambiental que compreende a constituição, leis, decretos, portarias, resoluções, instruções normativas, entre outros.

Outros requisitos ambientais: acordos com empresas, exigências de clientes, condicionantes de autorizações ambientais, compromissos públicos da organização ou de sua matriz.

Desenvolvimento sustentável: processo de transformação no qual a exploração dos recursos, a direção dos investimentos, a orientação do desenvolvimento tecnológico e as mudanças institucionais se harmonizam e reforçam o potencial presente e futuro, a fim de atender às necessidades e aspirações humanas.

6.2 O Sistema de gestão ambiental

São vantagens decorrentes da adoção de um sistema de gestão ambiental baseado numa norma internacional:

≈ diferencial competitivo: melhoria da imagem, aumento da produtividade e conquista de novos mercados;

≈ melhoria organizacional: gestão ambiental sistematizada, integração da qualidade ambiental à gestão dos negócios da empresa, conscientização ambiental dos funcionários e relacionamento de parceria com a comunidade;

≈ minimização de custos: eliminação de desperdícios, conquista da conformidade ao menor custo e racionalização dos recursos humanos, físicos e financeiros;

≈ minimização de riscos: segurança legal (legislação e outros requisitos), segurança das informações, minimização dos acidentes e passivos ambientais, minimização dos riscos dos produtos e identificação de vulnerabilidades.

Um sistema de gestão ambiental (SGA) está fundamentado na adoção de medidas preventivas à ocorrência de impactos adversos ao meio ambiente e baseia-se em cinco princípios:

≈ conheça o que deve ser feito: assegure o comprometimento da empresa e defina sua política de meio ambiente;

≈ elabore o plano de ação para atender aos requisitos de sua política ambiental;

≈ assegure condições para o cumprimento dos objetivos ambientais e implemente as ferramentas de sustentação necessárias;

≈ realize avaliações qualitativas e quantitativas do desempenho ambiental da empresa;

≈ revise e aperfeiçoe a política ambiental, os objetivos ambientais e as ações implementadas para assegurar a melhoria contínua de desempenho ambiental da empresa.

As seguintes etapas podem ser consideradas na implantação de um SGA: conhecer o que deve ser feito, definir a política ambiental, elaborar plano de ação para atender à política, assegurar o cumprimento dos objetivos ambientais e realizar avaliação periódica e revisão do sistema de gestão.

6.3 A ISO 14001

No Brasil, a ISO 14001 é editada pela ABNT, e sua última versão (terceira edição) foi publicada em 6/10/2015, com validade a partir de 6/11/2015. Para as organizações já certificadas a tempo para a transição é de 3 anos contados da data da validade desta edição.

Essa norma especifica os requisitos relativos a um SGA, permitindo a uma organização formular uma política e objetivos que levem em conta os requisitos legais e as informações referentes aos impactos ambientais significativos.

A finalidade da norma é equilibrar a proteção ambiental e a prevenção de poluição com as necessidades socioeconômicas. A sua adoção não garante, por si só, resultados ambientais ótimos. Ela não aborda e não inclui requisitos relativos a aspectos de gestão de saúde ocupacional e segurança do trabalho.

A ISO 14001 contém requisitos de sistemas de gestão baseados no processo dinâmico e cíclico de planejar, implementar, verificar e agir (PDCA - *Plan*, *Do*, *Check*, *Act*). O PDCA pode ser resumido como:

P = Planejar – estabelecer os objetivos e processos necessários para atingir os resultados em concordância com a política ambiental da organização;

D = Executar – implementar os processos;

C = Verificar – monitorar e medir os processos em conformidade com a política ambiental, os objetivos ambientais, os requisitos legais e outros, e relatar os resultados;

A = Agir – atuar para continuamente melhorar o desempenho do sistema de gestão ambiental.

O sucesso do sistema depende do comprometimento de todos os níveis e funções, especialmente das lideranças.

Essa norma é útil para qualquer tipo de organização, de qualquer porte. Nessa terceira edição da ISO 14001, podem ser observadas duas alterações principais se comparadas com a edição anterior (2004), a saber: alteração na estrutura da norma e de mudanças na abordagem de alguns requisitos.

Em relação à estrutura, o que mudou nas normas ISO é o estabelecimento de um padrão formado por 10 itens, independente se uma norma é referente à qualidade, ao meio ambiente, segurança de alimentos, etc. Assim, todas as normas que forem revisadas passarão a ter 10 itens.

Quanto às alterações na abordagem de alguns requisitos pode-se considerar:

≈ Contexto da organização: é necessário entender esse contexto, principalmente quanto às necessidades e às expectativas das partes interessadas; e sua localização e ocupação no seu entorno.

≈ Liderança: importância na participação dos líderes da organização no processo implementação e manutenção do sistema de gestão ambiental;

≈ Ciclo de vida: perspectiva a ser considerada nos aspectos ambientais identificados;

≈ Riscos e Oportunidades: devem ser considerados em relação aos negócios da organização, na implementação e manutenção do sistema de gestão ambiental; e

≈ Desempenho ambiental: mais enfatizado nessa norma revisada e associado à melhoria contínua do processo no sistema de gestão.

A terceira edição da ISO 14001 de 2015 está estruturada em 10 itens, conforme segue:

1 – Escopo
2 – Referências normativas
3 – Termos e definições
4 – Contexto da organização
5 – Liderança
6 – Planejamento
7 – Apoio
8 – Operação
9 – Avaliação do desempenho
10 – Melhoria

Nos três primeiros itens não há requisitos a serem cumpridos na presente norma. Os requisitos desta terceira edição estão contidos entre os itens 4 (Contexto da Organização) e 10 (Melhoria).

6.4 Requisitos da Norma ISO 14001:2015

a) Contexto da organização (4)

Neste item, é preciso considerar que a organização determine questões externas (partes interessadas) e internas que sejam pertinentes, visando identificar a legislação aplicável, considerando o uso e ocupação do solo; e o que existe no seu entorno – residências, comércios, áreas livres, indústrias.

A organização ainda deve determinar a limitação e a aplicabilidade do sistema de gestão ambiental (SGA) para estabelecer o seu escopo (item 4.3 da norma). O escopo deve também conter atividades, produtos e serviços da organização, bem como o endereço ou os endereços onde o SGA será aplicado. O escopo deve ser mantido como informação documentada.

b) Liderança (5)

A alta direção deve demonstrar liderança e comprometimento com relação ao sistema de gestão ambiental, considerando os seguintes itens:

a. responsabilizando-se por prestar contas pela eficácia do sistema de gestão ambiental;
b. assegurando que a política ambiental e os objetivos ambientais sejam estabelecidos e compatíveis com o direcionamento estratégico e com o contexto da organização;
c. assegurando a integração dos requisitos do sistema de gestão ambiental nos processos de negócios da organização;
d. assegurando que os recursos necessários para o sistema de gestão ambiental estejam disponíveis;
e. comunicando a importância de uma gestão ambiental eficaz e de estar conforme com os requisitos do sistema de gestão ambiental;
f. assegurando que o sistema de gestão ambiental alcance seu(s) resultado(s) pretendido(s);
g. dirigindo e apoiando pessoas a contribuírem para a eficácia do sistema de gestão ambiental;
h. promovendo melhoria contínua;
i. apoiando outros papéis pertinentes à gestão para demonstrar como sua liderança se aplica às áreas sob sua responsabilidade.

A referência a "negócio", na norma, pode ser interpretada de modo amplo, como aquelas atividades centrais para os propósitos da existência da organização.

A alta administração deve definir a política ambiental (item 5.2 da norma) da organização e assegurar que dentro do escopo definido de seu sistema de gestão ambiental, a política:

- seja apropriada ao propósito e ao contexto da organização, incluindo a natureza, escala e impactos ambientais das suas atividades, produtos e serviços;
- proveja uma estrutura para o estabelecimento dos objetivos ambientais
- inclua um comprometimento com a proteção do meio ambiente, incluindo a prevenção da poluição e outro(s) compromisso(s) específico(s) pertinente(s) ao contexto da organização;
- inclua um comprometimento em atender os seus requisitos legais e outros requisitos;
- inclua um comprometimento com a melhoria contínua do sistema de gestão ambiental para aumentar o desempenho ambiental.

Outros compromissos específicos para a proteção ambiental podem incluir uso sustentável de recursos, mitigação e adaptação à mudança climática, e proteção da biodiversidade e dos ecossistemas.

A política é a declaração de compromissos da organização à sociedade (partes interessadas internas e externas), que deve contemplar, no mínimo, a natureza da organização, ou seja, se ela é uma fábrica de parafusos, uma montadora de veículos, uma prestadora de serviços para a perfuração de poços de petróleo, uma empresa que cultiva, processa e comercializa grãos, por exemplo. Outro ponto é que a política proveja estrutura para estabelecer os objetivos ambientais e tenha como principais compromissos a proteção ambiental, a melhoria contínua e o atendimento à legislação aplicável e a outros requisitos.

A política ambiental deve ser mantida como informação documentada; ser comunicada na organização; e estar disponível para as partes interessadas.

As responsabilidades e autoridades para os papéis pertinentes devem ser atribuídas e comunicadas na organização, e asseguradas pela alta direção.

A alta direção deve atribuir a responsabilidade e a autoridade para: assegurar que o sistema de gestão ambiental esteja conforme com os requisitos desta norma; e relatar o desempenho do sistema de gestão ambiental, incluindo desempenho ambiental à alta direção.

c) Planejamento (6)

Ao planejar o sistema de gestão ambiental, a organização deve considerar: as questões quanto ao entendimento da organização e seu contexto; os requisitos referentes às necessidades e expectativas das partes interessadas; o escopo do seu sistema de gestão ambiental e determinar os riscos e oportunidades relacionados aos seus aspectos ambientais, requisitos legais; outros requisitos, outras questões e requisitos, identificados e entendendo a organização e seu contexto, bem como as necessidades e expectativas das partes interessadas, que precisam ser abordadas para:

≈ assegurar que o sistema de gestão ambiental possa alcançar seus resultados pretendidos;
≈ prevenir ou reduzir efeitos indesejáveis, incluindo o potencial para condições ambientais externas que afetem a organização;
≈ alcançar a melhoria contínua.

Dentro do escopo definido no sistema de gestão ambiental, a organização deve determinar os aspectos ambientais (item 6.1.2. da norma) de suas atividades, produtos e serviços, os quais ela possa controlar, aqueles que ela possa influenciar, e seus impactos ambientais associados, considerando uma perspectiva de ciclo de vida. Ao determinar os aspectos ambientais, ela deve levar em consideração: as mudanças, incluindo desenvolvimentos planejados ou novos, e atividades, produtos e serviços novos ou modificados; e as condições anormais e situações de emergência razoavelmente previsíveis.

Aqueles aspectos que têm ou podem ter um impacto ambiental significativo devem ser determinados pela organização, ou seja, os aspectos ambientais significativos por meio do uso de critérios estabelecidos.

Os aspectos ambientais significativos devem ser comunicados, entre os diversos níveis e funções da organização, como apropriado.

Esses aspectos podem resultar em riscos e oportunidades associados tanto aos aspectos ambientais adversos (ameaças) quanto aos impactos ambientais benéficos (oportunidades).

Os aspectos ambientais e respectivos impactos embasam todo o sistema de gestão, no qual é importante saber que o aspecto ambiental (causa) é um elemento das atividades, dos produtos ou dos serviços de uma organização. Esse pode interagir com o meio ambiente, enquanto o impacto (efeito) é a mudança que pode ocorrer no meio ambiente em função do aspecto gerado. Como exemplos de aspectos ambientais, podemos citar: o ruído gerado no processo produtivo; o consumo de água; os efluentes líquidos dos sanitários e/ou vestiários; e o descarte de papel/papelão.

Como exemplos de impactos, temos, respectivamente, a poluição sonora ou o incômodo às partes interessadas externas; o esgotamento de recurso natural; a poluição das águas e/ou do solo, ou ainda, a contaminação das águas e/ou do solo e sua poluição. É importante lembrar que o ruído gerado por uma organização deve ser considerado, fora dos seus limites, como aspecto ambiental (ruído ambiental), e no ambiente interno, como perigo (ruído ocupacional), este a ser identificado e avaliado no sistema de gestão de saúde e segurança do trabalho.

Para determinar se um aspecto é significativo ou não, recomenda-se utilizar um critério de avaliação que considere questões ambientais, questões legais e preocupações com partes interessadas externas e internas. De maneira geral, um aspecto deve ser considerado como significativo quando a organização realiza algum tipo de ação sobre ele. Os aspectos não significativos são aqueles sobre os quais nenhuma ação incide e, como decorrência, eles não implicam impacto ambiental fora dos limites da organização. Numa organização, em geral, a grande maioria dos aspectos identificados são considerados significativos, desde que ela realize algum tipo de ação sobre eles, quer coletando resíduos em recipientes identificados para posterior destino, quer fazendo algum tipo de medição (por exemplo, medindo a quantidade mensal de energia elétrica consumida).

Por outro lado, os aspectos identificados e avaliados como significativos não devem ser objeto de nova avaliação, caso a organização execute uma ação do tipo tratamento de efluentes líquidos antes de lançamento no corpo receptor (rio, córrego, represa). Assim, a organização pode reavaliar um aspecto em relação a sua significância sem considerar a ação tomada para o controle desse aspecto.

Os aspectos e impactos ambientais associados, critérios utilizados para determinar seus aspectos ambientais significativos e aspectos ambientais não significativos devem ser mantidos como informação documentada do SGA.

No caso dos requisitos legais e outros requisitos (item 6.1.3 da norma) a organização deve: determinar e ter acesso aos requisitos legais e outros requisitos relacionados aos seus aspectos ambientais; determinar como esses requisitos legais e outros requisitos aplicam-se à organização; levar requisitos legais e outros requisitos em consideração quando estabelecer, implementar, manter e melhorar continuamente seu SGA.

Os requisitos legais aplicáveis e outros requisitos por ela subscritos devem ser levados em consideração no estabelecimento, na implementação e na manutenção de seu SGA.

No caso dos requisitos legais e outros, é muito comum as organizações contratarem prestadores de serviços especializados nessa matéria para identificar, atualizar e selecionar a legislação aplicável à elas, nos níveis municipal, estadual e federal. Essa contratação é comumente realizada, uma vez que, no Brasil, têm sido editadas muitas legislações novas, assim como alterações naquelas vigentes, principalmente nas esferas federal e estadual.

Na seleção das legislações aplicáveis, devem ser consideradas principalmente aquelas que geram algum tipo de obrigação a ser cumprida pela organização. Outro ponto a considerar diz respeito aos outros requisitos, ou seja, compromissos assumidos pela organização em função de solicitações de partes interessadas (clientes, organizações não governamentais) ou até mesmo a adoção de algum tipo de acordo por parte da organização (por exemplo, carta internacional de comércio, que considera pelo menos 16 itens sobre o meio ambiente).

O atendimento à esse requisito da norma também deve levar em conta a associação entre os aspectos ambientais e a legislação aplicável relacionada àquele aspecto.

Requisitos legais e outros requisitos podem resultar em riscos e oportunidades para a organização. De maneira geral, esse requisito tem sua sistemática estabelecida, implementada e mantida através de procedimento documentado conforme indicado na norma.

O planejamento do SGA de qualquer organização deve ser realizado visando tomar ações para abordar seus aspectos ambientais significativos, requisitos legais e outros requisitos e riscos e oportunidades identificados. Também visa como integrar e implementar as ações nos processos de seu sistema de gestão ambiental (objetivos ambientais, apoio, operação, monitoramento, medição, análise e revisão), ou outros processos de negócio; e avaliar a eficácia dessas ações.

Ao planejar essas ações, é necessário considerar suas opções tecnológicas e seus requisitos financeiros, operacionais e de negócios.

É dever da organização estabelecer objetivos ambientais (item 6.2.1 da norma) nas funções e níveis pertinentes, levando em consideração seus aspectos ambientais significativos e os requisitos legais e outros requisitos associados, considerando seus riscos e oportunidades. Neste requisito a norma não requer procedimento documentado.

Os objetivos ambientais devem ser coerentes com a política ambiental; mensuráveis (se viável); monitorados; comunicados; atualizados, como apropriado.

Ao planejar como alcançar seus objetivos ambientais, é preciso determinar: o que será feito; que recursos serão requeridos; quem será responsável; quando isso será concluído; como os resultados serão avaliados, incluindo indicadores para monitorar o progresso em direção ao alcance dos seus objetivos ambientais mensuráveis (monitoramento, medição, análise e revisão do desempenho ambiental).

A organização deve considerar como as ações podem ser integradas aos seus processos de negócios para alcançar seus objetivos ambientais.

Os objetivos e programas da organização devem ser documentados, analisados e aprovados pela alta administração. Nesse requisito, a organização precisa estabelecer ações que irão promover a melhoria contínua do sistema de gestão ambiental. As ações para atingir o objetivo pretendido farão parte do programa de gestão ambiental, e sempre deverá ser designado um ou mais responsáveis para o acompanhamento do programa.

A aprovação de um objetivo e respectivo programa de gestão ambiental não significa que este não possa ser suspenso e/ou adiado durante seu curso, em função de algum impedimento ocorrido na sua implementação. Caso isso ocorra, esse fato deve ser objeto de registro quando da realização da análise crítica do sistema de gestão pela alta direção. Não é uma boa prática o estabelecimento de um objetivo e o respectivo programa de gestão ambiental que pretenda atender 100% da legislação, pois o atendimento desta é um compromisso da política que deve ser cumprido. O que pode ocorrer, por exemplo, é o estabelecimento de um objetivo ambiental visando à redução dos níveis de ruído provocado por uma determinada operação industrial, o que poderá proporcionar o atendimento dos limites legais.

d) Apoio (7)

Os recursos necessários devem ser determinados e providos pela organização para o estabelecimento, implementação, manutenção e melhoria contínua do sistema de gestão ambiental.

A organização deve:

- ≈ determinar a competência (item 7.2 da Norma) necessária de pessoa(s) que realiza(m) trabalho sob o seu controle, que afete(m) seu desempenho ambiental e sua capacidade de cumprir com seus requisitos legais e outros requisitos;
- ≈ assegurar que essas pessoas sejam competentes, com base em educação, treinamento ou experiência apropriados;
- ≈ determinar as necessidades de treinamento associadas aos seus aspectos ambientais e ao seu sistema de gestão ambiental;
- ≈ onde aplicável, tomar ações para adquirir a competência necessária e avaliar a eficácia das ações tomadas.

Ações aplicáveis podem incluir, por exemplo, a provisão de treinamento, o monitoramento ou a mudança de atribuições de pessoas empregadas no momento, empregar ou contratar pessoas competentes.

Como evidência de competência, a organização deve reter informação documentada.

É necessário assegurar que pessoas que realizam trabalhos sob o controle da organização estejam conscientes (item 7.3 da norma):

- ≈ da política ambiental;
- ≈ dos aspectos ambientais significativos e dos impactos ambientais reais ou potenciais associados ao seu trabalho;
- ≈ da sua contribuição para a eficácia do sistema de gestão ambiental, incluindo os benefícios de desempenho ambiental melhorado;
- ≈ das implicações de não estar em conformidade com os requisitos do sistema de gestão ambiental, incluindo o não atendimento aos requisitos legais e outros requisitos da organização.

Os processos necessários para comunicações internas e externas (item 7.4 da norma) pertinentes ao sistema de gestão ambiental deverão ser estabelecidos, implementados e mantidos pela organização, incluindo: sobre o que comunicar; quando comunicar; com quem se comunicar; como comunicar.

Ao estabelecer os seus processos de comunicação, a organização deve: levar em consideração seus requisitos legais e outros requisitos; assegurar que a informação ambiental comunicada seja coerente com informação gerada dentro do sistema de gestão ambiental e que seja confiável.

As comunicações pertinentes, referentes ao seu sistema de gestão ambiental deverão ser respondidas pela organização. Como evidência de suas comunicações, a organização deverá reter informação documentada.

No que se refere à comunicação interna, é importante:

≈ comunicar internamente as informações pertinentes ao sistema de gestão ambiental entre os diversos níveis e funções da organização, incluindo mudanças no sistema de gestão ambiental, como apropriado;

≈ assegurar que seu(s) processo(s) de comunicação possibilite(m) que qualquer pessoa que realize trabalho sob o controle da organização contribua para a melhoria contínua.

Quanto à comunicação externa: as informações pertinentes ao SGA devem ser comunicadas externamente, como estabelecido pelo(s) processo(s) de comunicação da organização e como requerido por seus requisitos legais e outros requisitos.

O sistema de gestão ambiental de qualquer organização deve incluir informação documentada (item 7.5 da norma), requerida por esta norma, e a que for definida pela organização como sendo necessária para a eficácia do SGA.

A extensão da informação documentada para um sistema de gestão ambiental pode diferir de uma organização para outra em virtude de:

≈ porte da organização e seu tipo de atividades, processos, produtos e serviços;

≈ necessidade de demonstrar o atendimento aos seus requisitos legais e outros requisitos;

≈ complexidade de processos e suas interações;

≈ competência de pessoas que realizam trabalho sob o controle da organização.

Ao criar e atualizar informação documentada, a organização deve assegurar:

≈ identificação e descrições (por exemplo, um título, data, autor ou número de referência);

≈ formato (por exemplo, linguagem, versão do software, gráficos) e meio (por exemplo, físico ou eletrônico);

≈ análise crítica e aprovação quanto à adequação e suficiência.

A informação documentada requerida pelo sistema de gestão ambiental e por esta norma deve ser controlada para assegurar que:

- ≈ ela esteja disponível e adequada ao uso, onde e quando for necessário;
- ≈ ela esteja protegida suficientemente (por exemplo, contra perda de confidencialidade, uso impróprio ou perda de integridade).

Para o controle de informação documentada, é necessário que a organização aborde as seguintes atividades, como aplicável:

- ≈ distribuição, acesso, recuperação e uso;
- ≈ armazenamento e preservação, incluindo preservação de legibilidade;
- ≈ controle de alterações (por exemplo, controle de versão);
- ≈ retenção e disposição.

A informação documentada de origem externa, determinada pela organização como necessária para o planejamento e operação do sistema de gestão ambiental deve ser identificada, como apropriado, e controlada.

O acesso pode implicar uma decisão quanto à permissão para somente ver a informação documentada, ou a permissão e autoridade para ver e alterar a informação documentada.

e) Operação (8)

Os processos necessários para atender aos requisitos do sistema de gestão ambiental, bem como para implementar as ações determinadas em riscos e oportunidades, aspectos ambientais, objetivos e programas, requisitos legais e outros, devem ser estabelecidos, implementados e mantidos pela organização ao estabelecer critérios operacionais para o(s) processo(s) e ao implementar controle de processo(s), de acordo com os critérios operacionais.

Os controles (item 8.1 da norma) podem incluir controles de engenharia e procedimentos. Os controles podem ser implementados seguindo uma hierarquia (por exemplo, eliminação, substituição, administração) e podem ser usados individualmente ou em conjunto.

A organização deve controlar mudanças planejadas e analisar criticamente as consequências de mudanças não intencionais, tomando ações para mitigar quaisquer efeitos adversos, como necessário.

Além disso, também deve assegurar que os processos terceirizados sejam controlados ou influenciados (tipo e extensão do controle ou da influência a serem aplicados ao(s) processo(s) deve(m) ser definidos dentro do sistema de gestão ambiental).

Coerentemente com uma perspectiva de ciclo de vida, é importante:

a. estabelecer controles, como apropriado, para assegurar que o(s) requisito(s) ambiental(is) seja(m) tratado(s) no processo de projeto e desenvolvimento do produto ou do serviço, considerando cada estágio do seu ciclo de vida;

b. determinar seu(s) requisito(s) ambiental(is) para a aquisição de produtos e serviços, como apropriado;

c. comunicar seu(s) requisito(s) ambiental(is) pertinente(s) para provedores externos, incluindo contratados;

d. considerar a necessidade de prover informações sobre potenciais impactos ambientais significativos associados ao transporte ou entrega, uso, tratamento pós-uso e disposição final dos seus produtos e serviços.

A informação documentada deste requisito deve ser mantida na extensão necessária para ter confiança de que os processos sejam realizados conforme planejados.

No atendimento a este requisito, devem ser levados em consideração dois outros pontos. Um deles é a manutenção preventiva de equipamentos e instalações consideradas críticas para o meio ambiente. Um filtro de mangas, por exemplo, usado para conter partículas emitidas por determinado processo industrial, deverá estar incluído no processo de manutenção preventiva como um equipamento crítico ou chave. O outro ponto se relaciona aos prestadores de serviços ou fornecedores ambientais que devem ser qualificados. No processo de qualificação, deve ser considerada a comunicação dos requisitos a serem atendidos pela organização que irá prestar os serviços. Nesse processo, normalmente, os fornecedores de insumos não são considerados, assim como o prestador de serviços que dá suporte aos requisitos legais. Por outro lado, devem ser considerados os transportadores de produtos e resíduos perigosos; as empresas que realizam medições ambientais; e os destinatários de resíduos, sejam eles privados ou públicos. Os prestadores de serviços que executam tarefas permanentes ou eventuais na empresa devem ser qualificados com a finalidade de seguirem os procedimentos contidos no sistema de gestão como um todo. Normalmente, as organizações elaboram procedimentos documentados tanto para o processo de manutenção preventiva como para a qualificação dos fornecedores.

A fim de se preparar e responder às potenciais situações emergenciais (item 8.2 da norma), a organização deve estabelecer, implementar e manter o(s) processo(s) necessário(s):

Dessa forma, é necessário que a organização:

≈ prepare-se para responder pelo planejamento de ações para prevenir ou mitigar impactos ambientais adversos de situações de emergências;
≈ responda à situações de emergências reais;
≈ tome ações para prevenir ou mitigar as consequências decorrentes de situações de emergência, apropriadas à magnitude da emergência e ao potencial impacto ambiental;
≈ teste periodicamente as ações de resposta planejadas, onde viável;
≈ periodicamente, analise criticamente e revise o(s) processo(s) e as ações de resposta planejadas, em particular, após a ocorrência de situações de emergência ou testes;
≈ prove informações pertinentes e treinamento relacionado à preparação e resposta à emergências, como apropriado, para as partes interessadas relevantes, incluindo pessoas que realizam trabalho sob o seu controle.

Este requisito, que, em geral, fica sob responsabilidade da área de segurança do trabalho nas organizações, tem sido estabelecido com base em procedimento documentado específico. O procedimento deverá levar em conta, no mínimo: as hipóteses emergenciais identificadas a partir de listagem de aspectos ambientais avaliados como emergenciais; a qualificação dos colaboradores que farão parte da brigada ou equipe de resposta às emergências; as formas de comunicação interna e externa; os processos para a avaliação das emergências; a programação de teste periódico dos procedimentos de emergência (simulados); a lista de pessoas chaves e de órgãos do governo; as rotas de evacuação e os pontos de encontro; a lista de equipamentos disponíveis para o combate e a possibilidade de assistência mútua entre organizações vizinhas.

No caso dos simulados, as boas práticas têm indicado o estabelecimento de um cronograma anual cobrindo as hipóteses emergenciais que podem ser estendidas em função do número de hipóteses e de locais considerados em um período igual ou maior que 12 meses. Outro ponto importante a considerar nos simulados, é que estes podem ser realizados num determinado local e com a participação apenas da brigada. Após a realização de cada simulado, deve-se registrar e analisar os dados colhidos com o intuito de verificar a necessidade ou não de revisão dos documentos de resposta à emergência.

Tanto o simulado como a emergência real podem também servir para identificar a ocorrência de um ou mais aspectos ambientais novos, possibilitando assim a identificação e inclusão desses nas planilhas de aspectos e impactos ambientais.

Uma sistemática de manutenção dos equipamentos de resposta a emergências também é importante ser estabelecida e mantida.

f) Avaliação do desempenho (9)

A organização deve monitorar, medir, analisar e avaliar seu desempenho ambiental (item 9.1 da norma).

Ela deve determinar: a) o que precisa ser monitorado e medido; b) os métodos de monitoramento, medição, análise e avaliação, como aplicável, para assegurar resultados válidos; c) os critérios pelos quais a organização irá avaliar seu desempenho ambiental e indicadores apropriados; d) quando o monitoramento e a medição devem ser realizados; e) quando os resultados de monitoramento e medição devem ser analisados e avaliados.

O equipamento de monitoramento e medição deve ser mantido calibrado ou, no caso de contratação de terceiros, o laboratório deve ser certificado na norma ISO/EAC 17025:05.

O desempenho ambiental e a eficácia do sistema de gestão ambiental da organização deverá ser avaliado com base nos resultados das medições.

A organização deve comunicar interna e externamente as informações pertinentes sobre o desempenho ambiental, como identificado em seu(s) processo(s) de comunicação e como requerido por seus requisitos legais e outros requisitos.

Os dados de monitoramento, medição, análise e resultados da avaliação deverão ser retidos como informação documentada pela organização como evidência objetiva.

A avaliação do atendimento aos seus requisitos legais e outros requisitos (item 9.1.2 da norma) deverá ser estabelecida, implementada e mantida para dar suporte ao atendimento desse requisito.

Na sistemática estabelecida para esse requisito, a organização deve:

- ≈ determinar a frequência com que o atendimento aos requisitos legais e outros requisitos será avaliado;
- ≈ avaliar o atendimento aos requisitos legais e outros requisitos e tomar ações, se necessário;
- ≈ manter o conhecimento e o entendimento da situação do atendimento aos seus requisitos legais e outros requisitos.

Como evidência do resultado da avaliação do atendimento aos seus requisitos legais e outros requisitos, a organização deverá reter informação documentada desse requisito. A informação documentada relacionada ao procedimento para atender esse requisito poderá ser incluída no procedimento de requisitos legais e outros requisitos (item 6.1.3 da norma).

As auditorias internas (item 9.2 da norma) devem ser conduzidas em intervalos planejados para prover informação sobre se o SGA: está conforme com: 1) os requisitos da própria organização para o seu sistema de gestão ambiental; 2) os requisitos desta norma; está implementado e mantido eficazmente.

Um programa de auditoria interna deve ser estabelecido, implementado e mantido, incluindo a frequência, métodos, responsabilidades, requisitos para planejar e para relatar suas auditorias internas.

Ao estabelecer o programa de auditoria interna, a organização deve levar em consideração a importância ambiental dos processos concernentes, as mudanças que afetam a organização e os resultados de auditorias anteriores. Na sistemática definida para esse requisito, os seguintes itens devem ser considerados: definição dos critérios de auditoria e o escopo de cada uma delas; seleção de auditores e condução das auditorias para assegurar a objetividade e a imparcialidade do processo; assegurar que os resultados das auditorias sejam relatados para a gerência pertinente.

A seleção de auditores e a condução das auditorias devem assegurar objetividade e imparcialidade no processo de auditoria.

Este requisito geralmente é atendido utilizando-se um procedimento específico documentado. Este deve conter, no mínimo, a seleção e o critério de qualificação dos auditores, o programa de auditoria, o plano e os itens mínimos para a elaboração do relatório da auditoria.

Os auditores podem ser selecionados internamente ou contratados, e, para tanto, eles devem ser submetidos a requisitos mínimos para a realização da auditoria. Os internos devem conhecer a norma, ter participado de algum curso de auditoria e acompanhar pelo menos uma auditoria ao lado de um auditor qualificado. O contratado deve, preferencialmente, apresentar evidências de ter participado de curso de auditor líder na norma ISO 14001:15 ou em outra norma internacional, mas que tenha realizado curso de interpretação na ISO 14001:15. O contratado deve também apresentar evidências de participação em pelo menos uma auditoria de ISO 14001:15 como líder.

O programa de auditoria pode ser estabelecido para um ou mais anos e normalmente o mês ou os dias em que auditoria será realizada também são estabelecidos, podendo essa ser programada de forma parcial ao longo do ano. A auditoria interna deve, preferivelmente, ser programada antes da auditoria do órgão certificador (auditoria externa).

Além do programa a organização poderá estabelecer um plano de auditoria, que é o detalhamento do programa, o qual deve considerar todos os requisitos da norma e setores da organização a serem auditados.

O programa de auditoria, o plano da auditoria e os resultados da auditoria deverão ser retidos como informação documentada de forma a evidenciar a implementação desse requisito.

A alta direção deve analisar criticamente (item 9.3 da norma) o sistema de gestão ambiental da organização, a intervalos planejados, para assegurar sua contínua adequação, suficiência e eficácia. Esse requisito não requer procedimento documentado, mas deve ser estabelecida uma frequência mínima anual para a análise crítica do SGA.

A análise crítica pela direção deve considerar como entradas do processo:

- a situação de ações provenientes de análises críticas anteriores pela direção;
- mudanças em: questões internas e externas que sejam pertinentes para o sistema de gestão ambiental; necessidades e expectativas das partes interessadas, incluindo os requisitos legais e outros requisitos; seus aspectos ambientais significativos; riscos e oportunidades;
- extensão na qual os objetivos ambientais foram alcançados;

- ≈ informações sobre o desempenho ambiental da organização, incluindo tendências relativas a: não conformidades e ações corretivas; resultados de monitoramento e medição; atendimento aos seus requisitos legais e outros requisitos; resultados de auditorias;
- ≈ a suficiência de recursos;
- ≈ comunicação(ões) pertinente(s) às partes interessadas, incluindo reclamações;
- ≈ oportunidades para melhoria contínua.

As saídas de análise crítica pela direção devem incluir:

- ≈ conclusões sobre a contínua adequação, suficiência e eficácia do sistema de gestão ambiental;
- ≈ decisões relacionadas às oportunidades para melhoria contínua;
- ≈ decisões relacionadas a qualquer necessidade de mudanças no sistema de gestão ambiental, incluindo recursos;
- ≈ ações, se necessárias, quando não forem alcançados os objetivos ambientais;
- ≈ oportunidades para melhorar a integração do sistema de gestão ambiental com outros processos de negócios, se necessário;
- ≈ qualquer implicação para o direcionamento estratégico da organização.

É dever da organização reter informação documentada como evidência dos resultados das análises críticas pela direção.

g) Melhoria (10)

A organização deve determinar oportunidades para melhoria e implementar as ações necessárias para alcançar os resultados pretendidos pelo seu sistema de gestão ambiental.

Na ocorrência de um desvio em relação a qualquer requisito da norma e consequente abertura de uma não conformidade (item 10.2 da norma), a organização deve:

- ≈ reagir a não conformidade e, como aplicável: 1) tomar ação para controlá-la e corrigi-la; 2) lidar com as consequências, incluindo mitigar impactos ambientais adversos;
- ≈ avaliar a necessidade de uma ação para eliminar as causas da não conformidade, a fim de que ela não se repita ou ocorra em outro

lugar: 1) analisando criticamente a não conformidade; 2) determinando as causas da não conformidade; 3) determinando se não conformidades similares existem ou se poderiam potencialmente ocorrer;

- implementar qualquer ação necessária;
- analisar criticamente a eficácia de qualquer ação corretiva tomada;
- realizar mudanças no sistema de gestão ambiental, se necessário.

As ações corretivas devem ser apropriadas à significância dos efeitos das não conformidades encontradas, incluindo o(s) impacto(s) ambiental(is).

Este requisito tem sido estabelecido com base em procedimento documentado e específico. Os desvios evidenciados em relação a qualquer requisito da norma devem ser tratados neste item.

Algumas organizações de maior porte têm utilizado *software* específico para tratar não conformidades, e outras utilizam um formulário. Em ambos os casos, devem ser considerados, no mínimo, os itens de (a) a (e), já apontados neste requisito.

Na investigação da causa-raiz, é importante o uso de alguma ferramenta, como: teoria dos 5 porquês, método de Ishikawa (espinha de peixe), ou ainda, método do diagrama de causa-efeito, entre outras, a fim de encontrar a causa para evitar que o fato volte a acontecer.

Como evidência, a organização deve reter informação documentada quanto à natureza das não conformidades e quaisquer ações subsequentes tomadas; e aos resultados de qualquer ação corretiva.

Ela também deve melhorar continuamente a adequação, suficiência e eficácia do sistema de gestão ambiental para aumentar o desempenho ambiental.

Referências bibliográficas

ABNT - ASSOCIAÇÃO BRASILEIRA DE NORMAS TÉCNICAS. NBR *ISO* 14001: Sistemas da gestão ambiental - Requisitos com orientações para uso. Rio de Janeiro: ABNT, 2015.

ABNT - ASSOCIAÇÃO BRASILEIRA DE NORMAS TÉCNICAS. NBR 9653:2005 - *Guia para avaliação dos efeitos provocados pelo uso de explosivos nas minerações em áreas urbanas*. Rio de Janeiro: ABNT, 2005.

AGUDO, E. G. *Guia técnico de coleta e preservação de amostras de água*. São Paulo: Cetesb, 1988.

AZEVEDO NETTO, J. M. de; ACOSTA, G. A. *Manual de hidráulica*. 6. ed. São Paulo: Edgard Blücher, 1973.

CARTA EUROPEIA DA ÁGUA. Tradução de R. Silveira. São Paulo: Cesp,1984.

CETESB - COMPANHIA DE TECNOLOGIA DE SANEAMENTO AMBIENTAL. *Resíduos sólidos industriais*. v. 1. Cetesb, 1985.

CETESB - COMPANHIA DE TECNOLOGIA DE SANEAMENTO AMBIENTAL. *Recuperação da Qualidade das águas*. Treinamento a Distância. São Paulo, 1988.

CETESB - COMPANHIA DE TECNOLOGIA DE SANEAMENTO AMBIENTAL. *Qualidade das águas interiores do Estado de São Paulo*. Relatórios Cetesb, São Paulo, 1995.

CETESB - COMPANHIA DE TECNOLOGIA DE SANEAMENTO AMBIENTAL. *Qualidade das águas superficiais no Estado de São Paulo - 2010* [recurso eletrônico]. São Paulo: Cetesb, 2011a.

CETESB - COMPANHIA DE TECNOLOGIA DE SANEAMENTO AMBIENTAL. *Qualidade do ar no Estado de São Paulo 2010*. São Paulo: Cetesb, 2011b.

CHRISTMAN, L. R. et al. *The Natural Environment*: wastes and control. EUA: Goodyear Publishing Company, 1974.

DECEA - DEPARTAMENTO DE CONTROLE DO ESPAÇO AÉREO. *Manual de análise do diagrama SKEW T LOG P - MMA DR 105 07*. Rio de Janeiro: DRA, 1969.

GRIFFIN, R. A. et al. *Attenuation of Pollutants in Municipal Landfill Leachate by Passage through Clay*, 1878.

MONTGOMERY, H. A. C.; HART, I. C. The Design of Sampling Programs for Rivers and Effluents. *Water Pollution Control*, n. 73, p. 77-101, 1974.

REVISTA SAÚDE PÚBLICA, n. 8, ano III, 1977.

STREETER, H. W.; PHELPS, E. B. A study of the pollution and natural purification of the Ohio River. Vol III, *Public Health Bulletin*, n. 146, U.S. Public Health Service, 1925.

VALLERO, D. A. *Fundamentals of air pollution*. 4. ed. Elsevier, Academic Press, 2008.

VARGAS, M. *Introdução à Mecânica dos Solos*. São Paulo: McGraw-Hill; Edusp. 1997.